Geulnuri
2015-D-01

구속사 신학의 주창자

모스카 훌만

미 달

글누리
HNU

❙ 머리말

오스카 쿨만(1902-1999)은 20세기의 가장 위대한 신학자 중의 한 사람이다. 그의 이름은 "구속사 신학"이라는 학문적 입장 때문에 널리 알려졌다. 그리고 당대의 유명한 신학자들인 루돌프 불트만(Rudolf Bultmann), 칼 바르트(Karl Barth) 등과 어깨를 나란히 하면서 독자적인 신학을 개척하였고, 자유주의 신학과 변증법적 신학에 대항하면서 성서적인 복음주의 신학을 이끌었다.

쿨만은 오늘날 새롭게 평가받아야 할 인물이다. 한편에서는 그를 보수적인 성서주의자라고 하여 학문성을 인정하지 않으려는 경향이 있는가 하면, 또 다른 한편에서는 교회와 성서 중심의 참다운 신학자라고 한껏 높이 평가하는 사람들도 있다. 이러한 주장은 각각 나름대로 이유가 있겠지만, 그것이 자신이 속한 신학적 입장이나 편견에서 비롯된 것이라면 문제가 될 수 있다. 이러한 논란의 중심에서 쿨만은 정당한 평가를 받아야 할 필요가 있다. 이 책은 쿨만에 대한 객관적인 평가에 도움을 줄 목적으로 기록되었다.

이 책에서는 쿨만의 신학을 그의 저작물들을 중심으로 소개하고 평가해 보려고 하였다. 될 수 있는 대로 그의 글을 많이 접하는 가운데 독자 스스로 생각하고 판단할 수 있도록 배려하였다. 쿨만의 중요한 저서들은 많이 번역되어 있어서 독자들이 직접 그의 신학 사상을 접할 수 있다. 그러나 여기에서는 쿨만의 신학 사상이 나타나게 된 배경과 다른 학자들과의 주장과의 비교를 통해 연대순으로 그의 글을 섭렵해 봄으로써, 보다 쉽게 그의 신학 사상에 접해 보는 기회를 제공하려고 하였다.

특히 배경 소개와 신학적인 분석에 월리스 교수의 논문(Wallace, David H. "Oscar Cullmann," *Creative Minds in Contemporary Theology*. Philip E. Hughes. ed. 2nd edition. Grand Rapids: Eerdmans, 1969)과 도르만 교수의 책(Dorman, Theodore M., *The Hermeneutics of Oscar Cullmann*. San Francisco: Mellen Research University Press, 1991)이 많은 도움이 되었다.

이 책은 일반 독자들을 대상으로 쓴 것이다. 그래서 쿨만과 관계된 중요한 학자들을 제외한 학자들의 이름이나 전문적인 용어를 될 수 있는 대로 피하려고 노력하였다. 그럼에도 불구하고 난해한 용어나 개념들이 등장한다면 그것은 불가피한 선택이었다고 보면 좋을 것이다. 그러한 경우 이해하기 쉽도록 설명을 부가하려고 하였으며, 그 주제를 반복적으로 취급함으로써 이해의 폭을 넓히고자 하였다.

새로운 시대에는 새로운 신학이 요구된다. 어떠한 신학적 입장과 방법론을 가지느냐에 따라 그 신학적 사유와 결과는 사뭇 다르게 나타날 수 있다. 그러나 성서를 중요시하는 기본 입장은 언제나 중요한 경향성을 대변하여 왔다. 쿨만은 그러한 의미에서 보수적인 신학자라고 평가된다. 다원주의 시대, 포스트모던 시대라고 일컬어지는 때를 맞이하여 성서적 메시지에 충실한 신학을 발전시킨 쿨만의 노력은 혼란을 더해 가는 시대에 하나의 뚜렷한 이정표로서 앞으로도 많은 주목을 받을 것이라고 확신한다.

▌목 차

I

오스카 쿨만의 생애

I 오스카 쿨만의 생애

오스카 쿨만은 1902년 2월 25일에 독일어와 불어를 함께 쓰는 알사스 지방의 스트라스부르크에서 태어났다. 그리고 1999년 97세로 죽기까지 그야말로 20세기 전체를 살다 간 20세기의 신학자였다. 쿨만이 학문 활동을 시작한 때는 19세기에 꽃피웠던 독일의 자유주의를 거친 후 두 차례의 세계 대전으로 인한 문화적이고 신학적인 경향이 급격하게 변하던 시기였다. 신약 성서의 주석가이며 신학자요 초대 교회의 역사가였던 쿨만은 이러한 변화의 시대에 신학계에서 중요한 역할을 하였다. 그는 칼 바르트처럼 위대한 조직신학자는 아니었지만, 누구 못지않게 신약 성서 신학을 나름대로 체계적으로 정립하고자 한 학자였다. 또한 그는 루돌프 불트만처럼 신학계에 영향력을 끼친 정도가 달랐을지 모르지만, 불트만에 당당하게 반기를 들었던 소신 있는 신학자였다. 그를 20세기의 가장 위대한 신학자 중 한 사람이라고 부르는데 주저하는 사람들도 있지만, 성서와 교회를 중시한 그의 신학적 입장 때문에 그는 누구보다도 교회의 사랑을 많이 받았던 신학자이기도 하였다.

오스카 쿨만이 태어나 성장한 스트라스부르크는 당시에는 라인강 서쪽에 위치한 독일 영토였다. 그곳에는 웅장한 성당과 알사스 지방의 대학 본부가 있었다. 스트라스부르크는 1871년에 독일의 정치적 지배를 받게 되었지만, 중심에는 프랑스 문화가 흐르고 있었다. 그러한 성격은 1919년에 알사스가 프랑스의 주권 아래로 돌아오는데 영향을 미쳤다. 쿨만의 고향은 알사스 북쪽이었는데, 이곳은 알사스 남쪽이 대부분 가톨릭이었던데 비해 개신교가 약 반을 차지하는 종교적 분위기를 가지고 있었다. 알사스 주민의 약 70%는 프랑스어를 사용하며, 약 90마일 남쪽에 위치한 바젤에서 사용되는 독일어와 크게 다르지 않은 알사스 방언도 사용한다. 이러한 연유로 인하여 쿨만은 프랑스어와 독일어를 모국어로 사용하며 자라났고, 이 지방의 개신교 전통은 그의 루터교 신학에 기초를 제공하였으며, 이것은 아마 그가 교회 일치 운동에 관심을 가지게 된 배경이 된 것으로 보인다.

오스카 쿨만은 일찍이 스트라스부르크에서 독일 신학 교육을 받은 사람들로부터 수학하였다. 그가 겨우 열 여섯이었을 때, 당시 유행하던 자유주의 신학에 대한 확신을 심어준 슐라이어마허의 『종교론』을 읽었다. 쿨만은 신학에 점차 흥미를 더해가는 중, 1566년에 세워진 스트라스부르크 대학에 입학하여 신학과 고전어를 공부하기 시작하였다(1920년). 이 때에 쿨만은 목회보다는 학문적인 성취에 더 관심이 있었다. 쿨만은 대학에서 동향인이었던 선배 신학자 알버트 슈바이처가 쓴 『역사적 예수의 탐구』를 읽고 정통주의를 거부한 방법론에 매료되기도 하였다. 쿨만은 이 당시 등장한 양식 비평 연구에서 학문적 희열을 맛보았고 그것이 그의 초기 학문 활동을 이끈 자극제가 되었다. 쿨만은 스트라스부르크대학에서 1924년 신학사 학위를 받았다.

쿨만은 신학사 학위를 받은 직후 파리에 있는 대학(École des Batignolles)에서 헬라어와 독일어 강사가 되었다. 이 기회를 이용하여 그는 소르본느에서 수학하였고, 파리의 또 다른 대학(École des Hautes-Études)에서 가르치던 롸시(A. Loisy) 교수 밑에서 공부하기도 하였다(1924-1925년). 쿨만 자신이 가장 생산적인 학문 연마의 기회가 되었다고 고백한 바 있는 2년 동안의 파리 수학은 그가 나중에 초기 교회사와 역사 신학을 연구하는데 밑거름이 되었다.

오스카 쿨만은 24세가 되던 1926년 파리에서 스트라스부르크로 다시 돌아와 스트라스부르크에서 토마스스티푸트(Thomasstift) 연구소의 소장이 되었고 1930년까지 그 직을 수행하였다. 그것은 동향인이었던 알버트 슈바이처가 앞서 가지고 있었던 직위였다. 이 당시 쿨만은 클레멘트 위서(Pseudo-Clement) 연구에 많은 시간을 보냈다. 그리고 칼 바르트의 주석 방법에도 관심을 기울였다. 쿨만이 학자로서의 명성을 얻은 것은 1930년에 모교에서 신약 성서 신학 분야에 정교수직을 부여받은 일이었다. 1936년에는 쎄스톤(W. Seston) 교수의 뒤를 이어 초기 교회사도 가르치기 시작하였다.

쿨만은 신약 성서와 초기 교회사를 다 가르칠 수 있는 능력을 가지고 있었기 때문에 다른 사람보다 특별한 위치를 가질 기회가 많이 주어졌다. 1938년에는 세계적으로 유명한 바젤대학에서 피쉬(E. Visher) 교수의 후임으로 신약 성서와 초기 교회사를 함께 가르쳐 줄 것을 제의받고 스위스로 건너갔다. 그가 고향을 떠나는 것은 결코 쉬운 일은 아니었다. 그가 바젤로 간 것은 독일어와 불어를 공용으로 사용하는 스트라스부르크 출신인 쿨만에게는 하나님의 섭리에 속하는 일이었던 셈이다. 바젤은 이미 제2차 세계대전 이전부터 각국에서 교파를 초월하여 많은 신학생들이 모여와서 공부하고 있던 곳이었다. 바젤은 서부 유럽의 중심지에 위치해 있으면서 유럽 각국은 물론 영국과 미국에서 몰려온 많은 학생들에게 영향력을 끼칠 수 있는 장소였기 때문에 쿨만에게 매력을 주었다. 바젤은 또한 오래동안 인문주의적 전통이 자리 잡고 있었다. 쿨만은 1945년 신학 박사 학위를 받았다.

1948년에 쿨만은 바젤에서 계속 가르치는 가운데, 파리에서 신학을 가르칠 기회를 갖게 되었다. 1949년부터 롸시(A. Loisy) 교수의 후계자로서 그가 한때 공부했던 대학(École des Hautes-Études)에서 초기 기독교회사 교수를 겸직하였고, 1950년에는 파리의 개신교 신학대학(Faculté Libre de Theologie Protestant)에서 신약학 교수를 겸직하였다. 다시 1953년부터는 파리의 소르본느 대학 철학과에서 초기 교회사 교수를 겸직하였다. 그 후 로마에 있는 신학교(Waldensian Seminary)에서 강의를 하기도 하였다. 이리하여 쿨만은 유럽의 주요한 세 도시(바젤, 파리, 로마)에서 학문적인 영향력을 넓혀갈 수 있었다. 쿨만은 이처럼 불어로 가르치고 논문을 쓰면서 유럽 학계에 복음서의 양식사적 비평 방법을 포함한 신약 신학과 초기 교회사를 소개하는 역할을 하였다. 파리에서 쿨만은 또한 많은 가톨릭 학자들과도 대화할 수 있는 기회를 가질 수 있었다. 프랑스 여러 대학에서 가르치는 중에도 바젤에서의 교수직은 여전히 수행하고 있었다. 그 외에도 1954년, 1959년, 1964년에 미국의 많은 대학교와 신학교에서 특강을 하기도 하였고, 스칸

디나비아, 영국 등지의 무수한 대학에서 강의 및 특별 강연을 행하였다.

오스카 쿨만은 1962년 60세를 맞이하였다. 이 때 유럽과 미국의 학자들이 그의 회갑 기념 논문집을 출판하여(*Neotestamentica et Patristica*) 그의 학문적인 업적을 기리고 존경과 사랑을 표현하였다. 이 논문집에는 신약 성서 신학과 교회사 분야에 관한 논문 29편이 실려 있다. 기고자들은 개신교 학자와 가톨릭 학자, 프랑스와 독일, 스위스와 영국, 네덜란드와 스칸디나비아, 그리고 미국의 학자들로 구성되었다.

쿨만은 1925년 처음으로 학적인 논문을 발표한 이래, 신약 신학과 교부 연구 분야에 관한 무수한 논문과 단행본과 저서들을 세상에 내놓았다. 그리고 그의 글은 세계 각국어로 번역되었다. 이것은 그의 영향력이 단지 서구 세계에만 머물지 않고 동양에까지도 확장된 것을 보여준다. 한국에서도 그의 대부분의 주요 저서들이 번역되었고, 서평을 비롯한 그의 신학에 관한 소개가 비교적 잘 이루어졌다고 볼 수 있다.

쿨만은 바젤대학에서 신약 신학과 교회사 교수로 재직하면서 그 대학의 기숙사(Theologisches Alumneum) 사감으로서 은퇴 시까지 시무하였다. 1972년 바젤과 파리의 두 대학에서 정년을 맞아 은퇴한 후, 프랑스 학회의 회원이 되었고, 그곳에서 계속 많은 신학적인 저술을 하였다. 쿨만이 은퇴한 자리에는 그의 학문적 토론자였던 칼 바르트의 아들인 신약 학자 마커스 바르트(Marcus Barth)가 후계자로 앉게 되었다.

특히 1962년부터 65년까지 로마에서 열렸던 제2차 바티칸 공의회에 옵저버로 참석하기도 하였다. 가톨릭교회와의 활발한 교류로 인하여 쿨만의 이름은 교회 일치 운동(ecumenicity)의 주도적 역할을 했던 인물로서 기억될 것이다. 그는 교회 일치 운동이 유행하기 오래 전에 가톨릭과 루터교 사이에 대화를 시작하고 정착시키는데 영향력을 발휘하였다. 칼 바르트는 이를 두고 쿨만과 농담을 하면서 그의 묘비에 **세 명의 교황의 고문 역할을 함**이란 비명을 새기게 될 것이라고 하였다. 쿨만은 교회 일치 회합에서 여러 번 좌장을 맡았으며 또 많은 회의에 참석하였다. 쿨만은 루터교 전통을 저버리지 않으면서도, 수 세기 동안 악의와 오해로 인해 단절되어 있었던 두 진영의 대화를 성사시킬 수 있었다. 쾌활한 성격을 가지고 있었고 능력 있는 연사였던 쿨만은 교회를 위하여 그의 신학과 재능을 사용하였던 것이다. 쿨만은 독신으로서 기숙사 사감으로서 반평생을 그의 누이와 함께 지낸 사실이 교황과 독신이라는 면에서 공통점을 느끼는 연결 고리가 되었고, 그 때문에 아마 가톨릭에 더 호의적일 수 있지 않았나 생각되기도 한다. 바젤의 학생 중 어떤 사람은 로마에 있는 교황과 비교해서 바젤의 교황은 쿨만이라고 하면서, 쿨만의 애칭인 **쿨리**(Culli)라는 농담으로 칭하기도 하였다고 한다. 어쨌든 그의 구속사 신학은 가톨릭 학자들에게 영향을 주어 실제로 제2차 바티칸 공의회의 결의문에 구속사적 개념이 반영되는 결과를 낳기도 하였다. 그리고 개신교 신학자들이 별 관심을 보이지 않는 베드로에 관한 저술(*Peter: Disciple, Apostle, Martyr*)을 펴내기도 하였다. 이러한 쿨만의 관심과 열정은 교회 일치 운동을 위해 모금하는데도 앞장을 서게 만들었고, 급기야는 교황과의 회담에서 예루살렘에 연구소를 설립하기로 하였고, 그 후 1년 간 예루살렘에 머무르면서 연구소 일을 보기도 하였다. 그러나 쿨만은 교회 일치 운동이 승리주의나 감상주의로 흐르는 것을 경계하였다. 그는 한편 개신교회가 성서를 인위적으로 해석하여 구속사적 원리를 배격하는 것을 논박하였고, 가톨릭교회가 구속사를 제도화와 결부시켜 무오성을 주장하는 것에도 찬성하지 않았다.

그런데 바젤의 학생들에게 쿨만은 그렇게 높이 평가된 것 같지는 않다. 쿨만에게서 수학한 김광식 교수의 증언에 따르면, 바젤의 신학생들은 당시에 쿨만이 위대한 신학자라고 생각하지 않았던 것은 물론 신학자라는 사실에 대해서조차 의심하면서 농담을 주고받았다는 것이다. 바젤의 학생들은 칼 바르트가 죽기 전부터 다음과 같은 유머를 말하곤 했다고 한다: "바르트가 죽어서 천국에 가려고 막 천국 문에 다다랐다. 천국 문에는 예수님의 수제자인 베드로가 천국 열쇠를 들고 서 있었다. 그래서 바르트는 베드로에게 천국 문을 열어 달라고 하였다. 그랬더니 베드로가 '당신은 누구요?' 하고 묻는 것이었다. 바르트가 '나는 칼 바르트요' 하고 대답하였다. 베드로가 '그런 이름 가진 사람이 어디 한 둘이요?' 하고 되물었다. 그래서 바르트는 자존심이 상하지만 하는 수없이 '나는 바젤에서 신학을 가르치던 칼 바르트요'라고 소개하였다. 그러자 베드로가 말하기를, '뭐요? 신학자라면 천국에 들어갈 수가 없소!'라고 하는 것이었다. 마침 그 때 천국문이 열려서 안을 들여다보니 오스카 쿨만이 보이는 것이었다. 그래서 바르트는 '저기 나의 동료 교수인 오스카 쿨만이 있지 않습니까?' 하고 애원하듯이 베드로에게 물었다. 그러자 베드로는 '쿨만도 신학자란 말이요?'라고 되묻고는 문을 꽝 닫아 버렸다." 이러한 이야기는 쿨만이 위대한 신학자인 바르트와 비교될 수 없는 인물이라는 것을 해학적으로 보여주려는 의도에서 회자된 것이었을 것이다. 그러나 쿨만을 학문성이 결여된 학자라고 보는 것은 잘못이다. 오히려 철학적 사변을 배격하고 오로지 성서만을 위주로 구속사 신학을 펼쳐 보이려고 하였기 때문에, 쿨만을 학문적 개방성이나 전문성이 부족하다고 여긴 데서 온 오해라고 생각된다.

한편으로 20세기의 개혁교회 신학자가 아닌 사람 중에서 아마 쿨만 만큼 개혁적인 성서 신학계에 영향력을 크게 끼친 인물도 없었을 것이다. 쿨만은 신약 성서 종말론과 기독론을 연구하였고, 그로 인하여 보다 많이 알려진 다드(C. H. Dodd)와 알버트 슈바이처(Albert Schweizer)의 입장에 맞서 제3의 입장을 제시할 수 있었다. 그 입장은 **구속사**였다. 그것은 그리스도의 삶과 죽음과 부활과 더불어 종말은 이미 시작되었으나 구속의 절대적이고 우주적인 완성은 여전히 미래에 놓여 있다는 주장이다. 그리하여 **이미 성취된 것**과 **아직 완성되지 않은 것** 사이에 존재하는 긴장을 쿨만은 매우 중요하고 결정적인 것으로서 이해하였다. 그것은 그리스도와 함께 시작하고 그의 재림과 함께 끝나게 되는 종말론적 중간 시간 안에서 파악되는 독특한 **중복적** 차원이다.

Ⅱ

신학 사상의 형성기

Ⅱ 신학 사상의 형성기

Ⓐ 시대적 배경: 자유주의와 변증법적 신학

오스카 쿨만의 신학은 칼 바르트가 쓴 로마서 주석(1919)이 신학적 논쟁을 불러일으킨 시점에서 태동하였다. 쿨만은 처음에는 바르트와 함께 19세기의 자유주의 신학을 거부한 루돌프 불트만과 더불어 입장을 같이 하였다. 그러나 점차 쿨만의 신학은 **역사적 예수**를 발견하려고 시도했던 자유주의 신학과 하나님의 계시에 있어서 역사적 차원을 전적으로 거부한 변증법적 신학 사이에서 제3의 길을 찾아 나섰다.

먼저 19세기의 자유주의 신학을 살펴보자. 19세기는 신약 성서에서 일차적으로 윤리와 종교적 모범이 되는 교사로서 **역사적 예수**를 탐구하려는 지적인 풍토 속에서 생겨난 자유주의가 풍미하고 있었다. 18세기의 계몽주의가 추구하던 신약 성서의 기적적이고 종말론적 요소에 대한 갈망은 이제 더 이상 존재하지 않는 듯이 보였다.

18세기의 계몽주의 시대에는 이신론, 합리주의, 그리고 낭만주의라는 주요 철학 사조가 있었는데, 모두 초자연주의에 극도의 혐오감을 나타냈다.

긍정적인 측면에서 말하면, 계몽주의 철학은 인간이 하나님과 근본적인 조화를 이루고 있다고 주장하였다. 이러한 낙관적인 자연주의 철학이 성서와 신학 연구에 영향을 끼치기 시작할 때, 성서의 영감과 권위, 그리고 그리스도의 신성에 관한 기독교의 전통적인 견해는 공격을 받게 되었다. 그리하여 성서와 하나님의 말씀을 구분해야 한다거나 성서의 기적 이야기는 역사가 아니라 **신화**라고 하는 주장이 나오기도 하였다. 만약 정말 **역사적 예수**가 기적과는 상관없는 종교 교사라면, 그를 경배하는 것은 말도 되지 않는다고 생각되었다.

이러한 이유로, 자유주의 신학은 기독교를 예수에 **관한** 것으로서가 아니라 예수**의** 종교로서 정의하였다. 예수는 오직 양적인 의미에서만 일반 그리스도인들과 다르다고 생각하게 되었다. 간단히 말하면, 예수는 구주가 아니라 본받을 만한 그리스도인이다. 그리스도인들로서 우리는 예수를 신앙하도록 부름을 받은 것이 아니라, 예수와 함께 아버지 하나님을 믿도록 부름을 받은 것이라고 하였다.

슐라이어마허는 이러한 관점에서 기독교의 초점이 **객관적인** 신앙으로부터 **주관적인** 신앙으로 변화되었다고 말했다. 그의 신학적인 주제는 신앙의 대상으로서의 그리스도의 인격이 아니라, 예수와 신약 성서 기자들의 주관적인 신앙이었다. 그는 **절대 의존의 감정**으로서 하나님과 함께 한다는 의식에 대해서 말하였다.

기독교가 이처럼 예수와 신약 성서 기자들의 주관적 신앙이나 **심리학**이라는 용어로 정의되었기 때문에, 신약 성서 해석의 목표는 문법적이면서 심리학적인 해석이 되어야 했다. 슐라이어마허는 예수 그리스도를 포함한 모든 사람이 근본적으로 유사하기 때문에 보편적인 이해를 공유한다고 주장하였다. 이처럼 슐라이어마허는 기독교를 순수하게 주관적인 용어로 정의를 내림으로써, 기독교를 그 시대의 문화와 일치시키고, 나아가서 신약 성서의 기적적인 요소들은 신앙의 대상이 될 필요가 없다고 선언하였다. 대부분의 19세기 해석학은 성서가 스스로 말하는 것을 허용하지 않고 오히려 성서에 대하여 당시의 세계관을 덮어 씌웠다.

그러나 19세기 말에 가까워지면서, 초자연적 요소를 배제하며 예수를 일반적인 인간성의 관점에서 보던 균형을 잃은 역사주의는 공격을 받기 시작했다. 예수를 인간사에 대한 하나님의 초자연적인 개입에 무관심한 위대한 도덕 교사로서만 보던 시각은 사라져 갔다. 그리고 예수가 하나님 나라에 대하여 가르친 것에 주목하였다. 예수를 독특한 하나님의 계시로서 강조하면서도 여전히 반-초자연적인 용어로 설명하는 자유주의적인 **예수의 생애**는 내적인 모순을 내비친 것이다. 예수를 순전히 역사적인 기반 위에서 설명한다면, 어떻게 그가 하나님으로부터 우리에게 계시를 전해줄 수 있을 것인가? 부활의 주는 복음서 배후에 있는 역사적인 예수가 아니라, 사도적 설교였던 그리스도인데, 그것은 신약 성서 전체의 내용이었다.

복음서에 대한 이해도 달라져서, 자유주의 신학에서는 마가복음서의 기본적인 관심사를 역사적인 것으로 보았지만 이제는 신학적인 것으로 보게 되었다. 『역사적 예수의 탐구』에서 슈바이처는 복음서 이야기의 역사적인 모습을 찾아 예수의 메시지를 순전히 자연적인 용어로 정의하려던 자유주의 신학의 노력은 수포로 돌아갔다고 결론짓는다. 왜냐하면 주어진 역사적인 증거는 예수에게서 초자연적인 요소를 벗겨내는 방식으로 추론될 수 없기 때문이다. 슈바이처는 예수의 종말론적 설교가 가진 초자연주의를 받아들일 수밖에 없었다. 그는 신약 성서의 신앙을 변호하려고 하지 않고 다만 역사적인 정보를 정직하게 다루려고만 하였기 때문에 다른 사람들보다 더 설득력이 있었다.

오스카 쿨만은 스트라스부르크 시절 바로 이러한 슈바이처의 주장에 접하게 되었다. 젊은 쿨만은 그 당시 자유주의 전통에 매료되어 있었고, 정통주의는 성서를 선험적인 신학적 판단을 억지로 부과하려는 경향이 있다고 생각하고 있었다. 그러나 슈바이처를 읽고 나서 쿨만은 자유주의도 정통주의만큼 검증되지 않은 견해를 부과하는 문제가 있다고 결론을 내리게 되었다. 슈바이처의 『역사적 예수의 탐구』는 쿨만의 사고에 부정적인 요인으로서 영향을 주었다면, 칼 바르트의 『로마서』에서 처음 표현된 **신학적 주석**과 양식 비평이라고 알려진 역사 비평 방법은 쿨만에게 긍정적인 요인으로서 작용하였다.

칼 바르트가 자유주의와 결별하는 과정은 **변증법적 신학**이라는 형태로 나타났다. 그는 하나님과 인간 사이에 근본적인 조화가 존재한다고 주장하는 자유주의에 도전하였다. 바르트는 하나님과 세계 사이에 철저한 불연속성이 존재하기 때문에 하나님은 역사 속 어디에서도 발견될 수 없다고 생각하였다. 이러한 이유 때문에 바르트는 성서 이야기 배후에서 **역사적 예수**를 발견하고자 한 자유주의의 노력을 시간 낭비라고 간주하였다. 바르트가 보기에는 자유주의에서 말하는 역사적 방법이 여전히 해석되어야 할 단순한 사실들만을 남겨놓고 있기 때문에 문제 해결 방법이 되지 않는다고 생각하였다.

그렇기 때문에 바르트는 그 대신 역사를 꿰뚫어 보고 초월하기 위해 역사적 사실들에 대한 경외심을 벗어버리고 성서의 영, 즉 영원한 성령을 찾고자 결심하게 되었다. 바르트의 말대로, 성서는 하나님에 대한 사람들의 사상사에 관한 것이 아니라 하나님에 관한 책이기 때문이다. 바르트의 방법론은 그러므로 비역사적이라는 말을 들을 만했다. 바르트에게 있어서 문법-역사적 자료를 단지 모으는 일은 성서를 주석하는데 충분하지 못하였다. 보다 광범한 지식은 하나님의 성령인 자체로부터 오는 것이어야 한다고 보았다. 바르트의 주석 방법은 하나님의 말씀이라는 독특한 주제의 관점에서 성서를 해석하는 **주제적 주석**(*sachliche Exegese*)이었다. 불트만 역시 이 점에서는 같았다.

불트만은 자유주의적 역사 비평은 **본문의 배후에 있는 사건들**에 집착하여 그것을 역사적으로 재건하는 일에 최선을 다하려 하지만 그것 이상을 넘어서지 못하기 때문에 실패할 수밖에 없다고 비판하였다. 주석은 **말해진 것**을 뛰어넘어 **의미한 바**를 찾아야 하는 것이라고 생각하였다. 성서의 의미는 개인적인 편견에서 벗어나 **거리를 두고** 본문을 보는 방식으로는 찾아질 수 없고, 본문이 다루고 있는 주제와 내적으로 관계를 맺는 가운데서 이루어질 수 있는 것으로 보았다.

그러나 불트만은 바르트와 견해를 달리하는 부분이 있었다. 불트만은 바르트의 로마서 주석 재판에 대한 서평에서, 바르트가 역사-비평적 방법을 철저하게 적용하지 못했기 때문에, 바울의 사상이 **핵심 주제**와 연결되고 있는지의 여부를 제대로 밝히지 못했다고 비판한다. 바르트나 불트만은 모두 하나님은 인간의 이해 범위를 넘어서 있는 분이라고 생각하였다. 그들이 말하는 변증법적 신학은 인간이 하나님을 객관적으로 알 수 있다고 보지 않았다.

젊은 신학자로서 오스카 쿨만은 바르트와 불트만 사이의 간격을 메우는 일을 해야만 하였다. 바르트처럼 쿨만은 하나님의 핵심 주제인 주 예수의 영과 만나기 위해서 신약 성서 주석은 역사 비평적 차원을 넘어서야 한다고 주장하였다. 그러나 불트만과 같이 쿨만은 핵심 주제의 관점에서 신약 성서를 이해하기 위해서는 그러한 **신학적 주석**이 역사적 통제에서 벗어나서는 안된다고 생각하였다.

쿨만은 동시에 신학적 작업에 있어서 바르트와 불트만과는 분명히 다른 점을 가지고 있었다. 특별히 쿨만은 **전적인 타자**로서의 하나님을 강조하는 변증법적 신학에 내재되어 있는 급진적인 이원론을 거부하였다. 그는 두 신학자의 경계를 뛰어넘어 하나님과 객관적이고 인지론적 만남이 가능하다고 주장하였다. 쿨만은 신약 성서 안에 다른 종교나 철학과 다른 새로운 무엇이 있는지 역사적 탐구를 통해서 발견하려고 하였다. 그렇게 함으로써 정통주의와 자유주의의 임의적인 도그마를 피할 수 있다고 보았으며, 또한 변증법적 신학에 내재되어 있는 주관주의적 경향성에 빠지지 않게 될 것이라고 생각하였다. 이러한 목적을 달성하기 위해서 쿨만은 자유주의에서 차용한 역사적 방법을 거부하고 보다 새로운 양식 비평적 방법론을 선호하였다.

쿨만이 학문 활동을 하던 시기는 양식 비평이 새롭게 연구되기 시작한 때였다. 그가 처음으로 쓴 논문 "Les recéntes études sur la formation de la tradition evangelique"(**복음서 전승의 형성에 관한 최근의 연구**) 역시 양식 비평에 관한 것이었다. 쿨만은 1925년 23살 약관의 나이에 이 논문을 썼는데, 이 논문에서 그는 원시 교회가 산출한 구전 전승에 복음서보다 앞섰다는 것을 인식하고 그 양식 비평적 방법론의 효용성을 지지하였다. 이것은 19세기의 자유주의 신학의 방법론을 비판하면서 등장한 것이었다. 자유주의 신학은 확실한 역사적 연구에 기초한 과학적인 신학만을 고집하였기 때문에 잘못을 범하였다고 보았다. 그렇게 비판한 이유는 자유주의 신학자들이 본문을 비평하는데 모든 노력을 경주한 반면에, 본문의 형성, 즉 구전 전승과 전달 과정은 간과하였기 때문이다.

쿨만은 이 논문에서 네 명의 20세기의 영향력 있는 신학자들인 디벨리우스(Martin Dibelius), 슈미트(K. L. Schmidt), 불트만(Rudolf Bultmann), 버트람(Georg Bertram)을 양식 비평의 선구자들로 소개한다. 복음서 기자들은 이제 더 이상 예수의 전기를 기록한 사람들이 아니라 초대 교회의 구전 전승을 수집한 사람들로 간주되었다. 그리고 이러한 구전 전승은 초대 교회의 예배라는 삶의 자리를 통해서 형성된 것으로 보았다. 쿨만은 양식 비평 방법을 옳다고 생각했는데, 왜냐하면 그것은 신약 성서가 형성된 방식과 일치하며 접근이 불가능한 **역사적 예수**를 찾으려고 시도하지 않기 때문이라는 것이다.

부정적으로 말하면, 양식 비평은 증거의 성격상 불가능한 **역사적 예수**를 찾으려고 시도한 합리적인 역사주의로부터 신학을 구해 내는 것이다. 그러나 긍정적으로는, 이 새로운 방법의 목표는 예수가 그의 믿는 제자들에게 무엇을 의미했었는지를 찾아내려는 것이다. 보다 자세하게 말한다면, 복음서 전승의 각 부분들을 생성시킨 요소가 무엇인지를 찾아내려는 것이다. 초대 교회 공동체는 이러한 전승을 다듬었을 뿐만 아니라 만들어내기도 하였다. 초대 교회 삶의 여러 요소들(예배, 설교, 변증 등)은 그 성격상 초역사적이었기 때문에, 초대 교회는 단지 **예수의 생애**를 사실적으로 재현해 내는데 관심을 가지고 있었던 것이 아니라 그들 가운데 임재하여 부활하신 그리스도와 함께하는 경험을 중시하였다. 그리하여 주 예수를 역사적인 우연성에서 풀어내어 그들 자신의 삶에 주권을 행사하는 그리스도의 중요성을 부각시키려고 하였다.

그렇다고 해서 양식 비평 방법이 역사적 탐구에 관심이 없다는 말은 아니다. 양식 비평은 예수의 **진정한** 말씀과 교회 공동체가 만들어낸 말씀들을 구별하고자 노력한다. 그러나 이러한 사실이 후자를 진정성이 떨어지는 말씀이라고 하지는 않는다. 왜냐하면 모든 것은 성령의 영감을 통해 기록되었기 때문이다. 그러므로 우리의 관심은 예수 그리스도가 초대 기독교 공동체에 어떤 영향을 주었는지를 살피고 난 뒤, 그 신앙의 내용은 물론 초대 교회의 신앙 경험의 발전을 이해하는데 있다.

쿨만은 양식 비평을 **새로운 방법론**이라고 불렀다. 그는 양식 비평을 사회학적 방법론의 일종으로 보면서 대중적인 전승이 어떠한 법칙 하에서 발전하는지 살펴야 한다고 생각하였다. 쿨만은 이러한 점에서 불트만의 연구가 단지 가설에 지나지 않는다고 통박한다. 단순한 전승사 연구는 구전의 발전과 그것이 우리가 알고 있는 보다 큰 지식과 비교하여 연결시키지 못하기 때문이라는 것이다. 자유주의는 예수를 단지 인간적 품격을 가진 분으로 보아 예배의 대상이 될 수 없다고 보았지만, 새로운 양식 비평 방법은 가장 오래된 전승층이 예수를 **육체로 오신 하나님**으로 묘사함으로써 이러한 주장을 뒤집었다.

따라서 기독론은 이러한 전승의 핵심 요소들을 무시하지 않을 때 유효한 것이 될 수 있다고 쿨만은 주장한다. 물론 초대 교회의 구전 전승은 예수가 **완전한 인간**이라는 전승층도 가지고 있음을 보여준다. 그리하여 인성을 가진 예수와 신성을 가진 예수, 또는 **역사의**

예수와 **신앙의 그리스도** 사이에 어떠한 구별도 시도하지 않는다. 교회는 이 문제에 관하여 두 가지 해결책을 시도하였다고 쿨만은 말한다. 하나는 그리스도의 양성에 관하여 숙고한 에큐메니칼 신조에 나와 있고, 다른 하나는 복음서 전승에 의해 주어진 **백성들의 무의식적이고 자연스러운 창조**라고 하는 초대 교회의 해결 방안이 그것이다. 그리스도의 독창성은 그가 말하거나 행한 것에 달린 것이 아니라, 그가 예배를 통해 그의 제자들에게 불러일으킨 반응에 달려 있다. 이것이 쿨만이 요한복음서가 공관복음서보다 아마 더 진실된 복음서라고 말하는 이유다.

쿨만은 1928년에 쓴 또 다른 논문인 "Les problemes posés par la méthode exégétique de l'ecole de Karl Barth"(**칼 바르트의 주석적 방법론이 제기한 문제들**)에서 칼 바르트의 주석 방법을 비판한다. 성서로부터 신학적 개념들을 식별해낼 뿐만 아니라 그것들을 해석하지 않으면 안된다고 한다. 이처럼 쿨만은 **이해를 추구하는 신앙**을 강조한다. 그는 바르트가 신학적 해석에 편중되어 있다고 보면서 역사적 해석 방법을 보완할 것을 촉구한다. 그러나 역사적인 해석은 단지 **예비적**인 성격을 지닌다고 함으로써 바르트에 접근한다.

쿨만은 역사적 연구에서 출발하여 역사적 투명성을 확보한 다음, 본문 안에 포함된 진리에 대한 계시적 종교 체험으로 나아가야 한다고 생각한다. 그러나 우리의 신학적 해석을 본문의 역사적 요소에 종속시킴으로써 성서에 대한 주석을 계속해야 한다고 가르친다. 성서의 이해에 있어서 성령의 역할이 매우 중요한데, 이는 성서가 인간의 언어로 계시가 표현되므로 계시의 형식(본문)과 내용(핵심 주제)에 성령이 관여하고 있기 때문이라고 한다. 그러므로 본문은 우리의 해석을 통제하는 반면에 또한 우리의 해석이 본문을 명료하게 한다고 말한다.

쿨만에 따르면, 바르트의 결점은 본문을 통제 장치로서가 아니라 투명한 것으로만 보려고 했다는 데 있다. 이것은 논리적으로 계시를 역사 밖에 위치시키는 신칸트적 이원론을 따르는 결과를 가져왔다. 쿨만은 역사와 신학 사이에 영속적인 호환성을 중요시하지 않는 바르트의 문제점은 우화적 해석(allegorical interpretation)으로 이끌 위험성이 있다고 지적한다. 바르트가 **이스라엘 백성**을 **교회**와 일치시키는 것은 바로 그러한 예에 속한다. 쿨만은 역사적 관점과 **객관적** 관점 사이에 영속적인 호환성을 유지함으로써 이러한 통제가 가능하다고 재차 강조한다.

바르트와 불트만은 자유주의적 역사주의에 반기를 들면서 계시를 비역사적이고 비인식적인 용어로 설명하였다. 두 사람은 모두 하나님의 계시를 하나님이 내려주신 지식이나 역사의 흐름 속에서 나타난 하나님의 행동으로서 보려고 하지 않았다. 그 대신에 변증법적 신학은 계시를 그리스도의 영과 인류 사이에 존재하는 개인적인 만남으로서 정의하였다. 그렇지만 두 사람은 개인적인 해후로서의 계시에 대해 다르게 말한다. 바르트는 계시는 인간이나 역사와 관계없이 개인에게 다가오는 **전적으로 다른** 무엇이라고 보았다. 한편 불트만은 모든 인간은 계시에 대한 일종의 내재된 전이해를 갖고 있다고 주장했다. 다른 말로 하면, 바르트는 우리에게 다가오는 분(그리스도의 영)을 강조한 반면에, 불트만은 말씀을 수요한 존재(개인)에 강조점을 두었다.

계시에 대한 쿨만의 견해는 계시의 수여자(그리스도)와 수용자(교회)를 다 같이 강조하고자 하였다. 그리고 그는 비록 계시가 우리 자신 밖에서 오는 것이지만 역사의 틀 안으로 들어왔기 때문에,

하나님에 대한 인지적 지식이 가능하다고 생각하였다. 쿨만은 역사적 주석이 신학적 임무에 대해 긍정적인 통제 기능을 행사할 수 있다고 보았기 때문에, 바르트의 가현설적 경향(전적으로 다른 계시)과 불트만의 잠재적 주관주의(인간에 의해 이미 이해된 계시)를 피할 수 있었다.

그럼에도 불구하고 쿨만 역시 변증법적 신학과 두 가지 확신을 공유하였다. 전체 신약 성서가 역사 위에 존재하는 **그리스도의 영**을 가리키고 있다는 믿음이 첫째고, 역사적 탐구가 시작되기 이전에 그리스도의 영과 만남이 선행되어야 한다는 주장이 둘째다. 그렇다면 쿨만은 신학적 해석을 역사적 탐구가 통제하는 것을 지지하는가? 쿨만의 주장은 오히려 핵심 주제의 관점에서 성서를 해석해야 한다고 보았다. 쿨만에게 있어서는 주관주의를 피하는 것이 매우 중요하였다. 이처럼 쿨만의 신학적 배경에는 자유주의와 그것을 극복하려는 과정에서 등장한 변증법적 신학의 경향이 놓여 있었다. 이러한 상황 속에서 쿨만은 나름대로 고민하면서 독자적인 길을 모색하고자 한 것으로 볼 수 있다.

B 신약 신학의 핵심 과제로서의 종말론

오스카 쿨만에게 있어서 신학적인 핵심 과제는 종말론이었다. 이것이 그의 신학적 작업에 있어 초기의 연구를 이끌었던 주제였다. 그러나 쿨만은 계시가 역사를 통해서 매개된다고 하는 주장을 펼쳤으나, 그 자신이 초기에는 변증법적 신학에 영향을 받고 있었기 때문에 신약 성서의 전승사를 탐구하는데 있어서 그리스도의 영과 먼저 만남이 있어야 한다는 그의 생각과 갈등이 생겨날 수밖에 없었다.

쿨만은 1931년 스트라스부르크 대학의 신약 교수로 임명받은 직후 이러한 갈등을 인식하기 시작하였다. 그래서 이것은 쿨만으로 하여금 자신의 방법론을 **순수하게 역사적인**(purely scientific) 방법론으로 바꾸게 된 계기가 되었다. 이전에는 핵심 주제와의 만남이 역사적 탐구에 선행해야만 한다고 생각했었으나 이제는 핵심 주제에 대한 이해에 앞서서 **순수하게 역사적인** 방법으로 신약 성서 전승을 탐구해야 한다고 생각하게 된 것이다. 쿨만이 1930년 이후의 자신의 주석 방법론을 **순수하게 역사적인** 것으로 지칭하게 된 것은 신학적 요인들에 의해 이루어진 것이 아니었다. 오히려 신약 성서 자체가 스스로 말하도록 하기 위해 그가 가진 신학적 전제들을 버려야만 한다고 확신하였다. 물론 이러한 통찰력은 갑자기 이루어진 것은 아니었다. 쿨만은 슈바이처의 **철저 종말론**(thoroughgoing eschatology)과 다드(C. H. Dodd)의 **실현된 종말론**(realized eschatology)간의 틈바구니에서 고민하는 가운데서 그 어느 쪽도 아닌 통합의 길, 즉 **이미, 그리고 아직도 아니**(already and not yet) 라는 해답을 찾아냈다.

쿨만은 초창기 신학의 형성 과정을 거쳐 이제 본격적인 신학의 핵심을 파고들기 시작하였다. 특히 1936-1943년 사이에 쿨만은 종말론을 신약 신학의 주요 과제로서 파악하고 연구하였다. **이미, 그리고 아직도 아니**라는 공식을 주장하는 가운데서도 그리스도의 현재적 통치에 강조점을 두면서 종말론에 대한 연구를 보여주었다. 쿨만은 이러한 신약 성서 종말론의 요소가 사도적 교회의 핵심 주제이며, 신약 성서 전체를 이해하는데 필수적이라고 파악하였다.

쿨만은 1936년 신약 성서의 종말론에 관한 두 편의 논문을 썼다. 첫째 논문은 "**원시 기독교에서 주의 만찬이 가지는 의미**"인데, 이 논문에서 쿨만은 원시 기독교가 성만찬의 제의적 행동을 통해 나타내려 한 의미를 탐구하고자 하였다. 우선 쿨만은 고대 성만찬 형태가 두 가지 기본적인 형태를 가지고 있다고 말한다. 첫째는 **그리스도의 죽음**을 강조하는 것으로서 바울과 공관복음서가 그것을 증거하는 것이다. 둘째는 **주의 재림과 현재적인 친교**를 강조하는 것으로서, 그리스도의 죽음에 대한 언급이 없다는 특징을 가지고 있다. 쿨만은 후자가 더 원시적인 형태라고 생각한다. 그리고 이것은 최후의 만찬에로 소급되는 전통을 가지고 있지 않고, 부활 이후 그리스도와 제자들 사이에 있었던 **기쁨의 식사**가 그 기원이라고 한다. 그리고 쿨만은 이것을 **주의 만찬**이라는 용어로 구별한다. 그리고 쿨만은 바울이 후대에 그리스도의 죽음에 대한 기억을 강조하게 된 것은 이 기쁨의 식사에 때때로 따라오기도 한 과도한 열광주의를 가라앉히기 위한 것이라고 설명한다. 물론 최후의 만찬(그리스도의 죽음)과 주의 만찬(그리스도의 임재) 사이에는 내적인 연결점이 있다고 말한다. 그 연결점은 바로 그리스도의 죽음이 가지는 구속적인 의미다. 그러므로 초대 기독교인들에게 있어 성만찬의 의미는 그리스도가 **이미** 임재하고 있는데 그것의 최종적인 메시아적 영광은 **아직** 오지 않았다고 하는 것이었다. 물론 쿨만은 전자에 더 강조점이 주어져 있다고 보고 있다.

쿨만이 1936년에 쓴 두 번째 논문은 "**선교적 임무의 종말론적 성격**"이라는 논문이다. 이 논문에서 쿨만은 앞의 것과 마찬가지로 그리스도의 초림과 재림 사이의 중간 시간을 특징짓는 **이미/아직 아니**의 긴장 관계를 강조한다. 특히 이 논문에서 쿨만은 데살로니가후서 2:6-7에 나오는 적그리스도의 도래를 **막는 자**가 흔히 생각하듯 이 로마 제국이 아니라 교회의 이방인 복음 선교라고 주장한다. 이렇게 신화적인 해석을 배제하고 선교적인 관점에서 본문을 봄으로써 이방인 선교가 가진 종말론적 성격을 부각시키고 있다. 세상의 끝이 오기 전에 그리스도가 **이미** 왔고 하나님의 나라가 시작되었으며, 그 사역이 마지막 때에 이방인 선교에까지 연장되고 있다고 본 것이다.

쿨만은 1938년에도 두 편의 논문을 썼다. 1936년에 쓴 두 논문이 초대 교회의 독특한 종말론적 관점에 대한 신약 성서의 증거에 초점을 맞추고 있다면, 1938년에 쓴 논문 중 한편은 특히 우리의 논의와 연관이 깊다. 그것은 "**하나님의 나라는 언제 올 것인가?**"라는 제목의 논문인데, 제목이 2세기에 유대교 사상에 자주 나타났던 질문과 같다. 그런데 역사적으로 이 질문은 두 가지 주요한 반응을 불러일으켰다고 한다. 첫째 반응은 랍비 엘리에젤이 대표적으로 보여주는 것으로서, 하나님의 나라는 **이스라엘의 회개**에 달려 있다고 보는 견해다. 그리고 둘째 반응은 랍비 여호수아의 것으로서 하나님의 나라는 인간의 어떠한 행위와도 관계없이 **정해진 시간**(주후 240년)에 온다고 하는 견해다. 쿨만은 이 두 주장이 모두 하나님의 주권을 제한하는 문제점을 지니고 있다고 비판한다.

하나님의 나라의 도래에 관한 이 두 질문은 초대 기독교인들에게도 딜레마였다. 쿨만은 초대 기독교인들이 이 딜레마를 다음과 같이 풀었다고 말한다. 즉, 복음이 모든 이방인에게 전파되기 전에는(그 시간은 오직 하나님만이 아신다) 하나님의 나라가 오지 않는다고 생각했다는 것이다. 사실 2세기 초에 벌써 이러한 원시 기독교적 종말론은 그 빛을 잃어가고 있었고, 그 증거로서 바나바서와 클레멘트

2서를 들 수 있다. 쿨만은 또한 동시에 종말론과 이방인 선교의 상관관계에 대한 원시 기독교의 전승을 보존하고 있는 사도 후기 시대의 글들도 있다고 언급한다. 그 예로 **베드로의 설교**라고 알려진 반바울적인 영지주의 문서를 들고 있다. 비록 이단적이지만 이 문서는 이방인 선교를 하나님 나라의 도래에 선행하는 매우 중요한 사건으로 규정하고 있다. 쿨만은 이러한 논의를 통해 하나님 나라의 도래라는 주제가 신약 성서뿐만 아니라 후대의 사도적 관점에도 나타나고 있다는 것을 지적한다.

쿨만은 1941년부터 예수 그리스도의 초림과 재림 사이의 중간시기의 중요성에 관한 세 편의 글을 썼다. 『**그리스도의 왕권과 교회**』(1941), 『초기 기독교 신앙고백』(1943), 그리고 『**그리스도의 재림**』(1943)이 그것이다. 이 중에서 『초기 기독교 신앙고백』이 그리스도의 현재적인 주되심에 관한 가장 중요한 내용을 담고 있기 때문에 이를 중심으로 쿨만의 주장을 살펴보려고 한다.

쿨만은 『초기 기독교 신앙고백』에서 그리스도의 현재적 주되심이라는 주제가 신약 성서를 이해하는 열쇠로 보고 있다. 이 소책자에서 쿨만은 신약 성서를 해석하는데 있어서 역사적인 통제 장치를 마련하기 위해서, 역사적 탐구와 연결성을 가질 필요가 없는 철학적이고 신학적인 신조보다는 역사적 기반을 가진 신조라는 형식에 초점을 맞춘다. 쿨만은 이 글에서 신약 성서의 핵심적인 메시지를 정당화하려고 하며, 이 기준은 해석자와 그리스도의 만남에 두지 않고 초기 기독교 신조의 본질적인 내용에 두고자 한다. 또한 이러한 사도 후기의 신앙고백문들을 탐구한 후 그 자신이 초기에 전승사적 복음서 연구를 통해 얻은 것보다 훨씬 견고한 결과를 얻었다. 왜냐하면 이 신앙고백문들은 기록되기 이전의 역사가 있었기 때문이다. 이러한 이유로 쿨만은 신앙고백 양식들을 1세기부터 검토할 것을 제안한다.

쿨만은 이러한 신앙고백 양식들이 초기 공동체에서 차지한 위치를 재구성하기 하는데 있어서 다섯 가지 삶의 자리를 지적한다: 세례와 요리 문답, 정기 예배, 축귀, 박해, 논쟁의 상황이 그것이다. 따라서 다양한 상황 속에서 나타난 초기의 신조들이 사도들에 의해서 쓰여진 것은 아닐지 모르지만 그 내용은 **사도적**이다. 그런데 모든 신조들에 공통적인 요소는 기독론적인 것이다. 삼위를 다 포함하는 양식들은 아직 나타나지 않고 있다. 그러나 드물게 하나님과 그리스도를 포함하는 양식은 발견되고 있다. 이것은 초기 기독교 신조들이 기독론적 → 기독론 + 신론적 → 기독론 + 신론 + 성령론적인 형태로 발전했음을 보여준다. 하나님에 대한 신앙은 그리스도에 대한 신앙에 기초하고 있으며, 거꾸로 이해될 수는 없다. 삼위 하나님에 대한 양식 역시 기독론의 우위성을 가리키고 있다.

신약 성서에 나오는 가장 짧은 신앙고백 양식 둘은 "예수는 하나님의 아들이시다"(행 8:37)와 "예수 그리스도는 주님이시다"(고전 12:3)라는 신조다. 바울은 로마서 1:3에서 이 두 개념을 결합한다. 이 두 신조는 그리스도의 과거 도래와 현재적 사역을 각각 가리킨다. 하나님의 아들되심과 주님으로서의 승귀라는 과거 및 현재적 요소는 대다수의 초기 기독교 신앙고백문들에서 본질적인 요소로 밝혀진다. 그런데 이 두 요소 중 아들되심의 요소는 몇몇 신조들에서 결여되어 있는 경우가 있지만(고전 15:3 이하; 벧전 3:18 이하; 딤전 3:16; 딤후 4:1 등), 부활한 주님의 승귀라는 요소는 결코 빠지지 않는다. 이처럼 초대 교회 교인들에게 있어서 그리스도의 현재적 통치는 하나님의 구원의 다른 모든 양상을 결합시키는 것이었다.

다른 말로 하면, 하나님의 구원사는 현재를 포괄하지만, 그 현재는 과거와 미래와 연합되어 있다.

이상의 논의를 보면, 우리는 오스카 쿨만이 1936년부터 1943년까지 지적 순례를 통해서 성경 역사의 순차적(sequential) 내지 **선적**(linear) 성격을 점점 더 중요하게 생각하게 된 것을 알 수 있다. 그 이전에도 역사적인 해석을 강조하였지만 이만큼 순차적 성격을 강조하지는 못하였다. 전승사나 개별적인 사건들을 초역사적인 그리스도의 영과 관련시켰지만 그것이 어떻게 하나님의 구원사로서 서로 연결되고 있는지 밝히지 못하였다는 말이다. 초기의 논문에서는 그리스도의 승천과 재림 사이의 중간 시간을 특징짓는 긴장을 찾아낼 수 없다. 다시 말해서, 메시아의 시대가 이미 왔지만 아직 온전히 성취되지 못하였다는 긴장이 발견되지 않는다. 쿨만의 이러한 **역사적 이원론**은 우주적이고 수직적인 이원론과 대조되는 것인데, 이는 그리스도의 현재적 주되심을 새로운 관점에서 제시하고 있다. 그리스도의 주되심은 현 시대에만 국한되지 않고 장차 올 시대까지 연관되며, 그리스도는 더 이상 교회의 주님으로만 머물지 않고 모든 역사의 주님으로 인식된다.

만약 하나님의 계시의 핵심 주제가 구원사라면, 신학적 탐구의 일차적 대상은 그리스도의 영과의 직접적인 만남과 반대되는 바로 그 구원사가 되지 않으면 안된다. 그 구원사는 간접적인 방식으로 매개된 계시로서 이해된다. 그렇기 때문에 쿨만은 올바른 해석이란 성서적 사건들로부터 성서적 해석(그것이 케리그마든 신화든)을 분리하려고 해서는 안된다고 생각한다. 왜냐하면 하나님은 사건들과 그 해석을 모두 포함하는 구원사 안에서 자신을 계시하였기 때문이다. 그러했기 때문에, 사건들의 해석에서 성서적 사건들을 벗겨버리려 했던 19세기의 자유주의자들이나 사건들로부터 케리그마적 해석을 벗겨내려고 했던 20세기의 변증법적 신학자들이 모두 잘못을 범한 것으로 보았다. 바로 이러한 연장선상에서 비신화화 작업은 비판된다. 결론적으로, 쿨만은 구속사의 해석학이 신앙의 바른 해석을 위해서 역사 비평적 작업을 긍정적으로 수용할 수 있음을 보여준 셈이다.

Ⅲ

주요 저서에 나타난 신학 사상

Ⅲ 주요 저서에 나타난 신학 사상

앞에서 쿨만의 신학 사상이 형성되는데 기여했던 시대적 배경으로서 자유주의와 변증법적 신학에 관해 서술하였고, 그의 신학적 핵심 과제로서 특히 초창기 연구의 주제였던 신약 성서의 종말론에 대해서 쿨만의 사상을 살펴보았다. 이제는 이에 기초하면서 더욱 발전된 형태로 나타나는 그 후의 쿨만의 신학 사상을 그의 주요 저서를 통해 짚어보려고 한다. 쿨만은 많은 저서와 논문을 썼지만, 그의 주요 저서가 번역되어 있는 관계로 번역된 그의 저서를 중심으로 그의 주장을 이해하고 정리하는 것만으로도 쿨만의 주요 사상을 알아보려는 우리의 목적을 달성하는데 충분하다고 판단된다. 이러한 목적을 위해서 쿨만의 주요 저서를 핵심적으로 요약하고 비판하게 될 것이다.

Ⓐ 『그리스도와 시간』 : 구속사적 종말론

오스카 쿨만의 초기 역작에 속하는 『그리스도와 시간』은 그의 신학을 이해하는데 중요하다. 쿨만은 이 책을 철저 종말론(consistent eschatology)과 비신화화 논의가 한창이던 1차 세계 대전 후의 상황을 배경으로 쓰여졌다. 비록 이 책이 처음 출판된 것은 2차 세계대전이 한창이던 1946년 쓰였지만, 쿨만이 이전에 쓴 『그리스도의 왕권과 교회』(1941)와 『초대 기독교 신앙고백』(1943)을 비롯한 10여년의 연구가 기초가 되었다. 『그리스도와 시간』의 목적은 기독교적 선포에 있어서 무엇이 핵심적인 것인지를 결정하려는 것이다. 다시 말해, 신약 성서 계시에서 특별히 기독교적인 요소는 어디에 존재하는가 하는 문제를 다룬다.

쿨만은 신약 성서에 대한 주석에 근거를 두고 슈바이처의 철저 종말론적 입장과 달리 오히려 현재(이미 완성됨)와 미래(아직 성취되지 않음) 사이의 긴장이 존재하는 구속사의 관점에서 종말론을 이해하였다. 쿨만은 불트만이나 슈바이처가 비판하는 구속사관을 고수하면서 신약 성서 신학을 전개하였다. 그리고 구속사의 핵심은 시간의 중심을 그리스도에게 두는 것이다. 이 중심점은 양적으로 양분된 시간의 중간을 의미하는 것이 아니라 오히려 그 시간의 결정적인 절개(incision)를 뜻한다. 따라서 쿨만은 그의 관심은 시간 자체가 아니라 선적 시간(linear time) 속에 나타난 하나님의 구속 사역이라고 강조한다. 그래서 선적 시간은 쿨만의 구속사를 위한 틀로서 기능할 뿐이다.

앞에서 제시한 전제를 가지고 쿨만은 구속사 신학을 내세우게 된 문제의 배경을 설명한다. 그는 먼저 현재 그리스도를 중심으로 하는 기독교 시간 계산법을 무의식적으로 사용하고 있다는 점을 지적하면서 논의를 시작한다. 그러나 그것은 사실상 18세기에 이르러서야 정착된 것이었다고 한다. 그런 다음 초대 기독교는 모든 역사적 사건을 세속사에 관심을 두지 않고 기록하고 있다는 점을 지적한다. 오로지 그리스도가 시간의 중심점과 의미가 되고 있다는 점을 강조한다. 성서는 역사를 그리스도를 중심으로 전개되는 것으로 파악하여 **그리스도 과정**(Christ-process)라고 명명할 수 있고, 세속사 또한 이러한 관점에서 보기 때문에 진정한 의미에서 세속사란 존재하지 않는다고 한다. 다시 말해서 성경 역사가 모든 역사인 셈이다. 그래서 순수 역사가에게는 성서 역사가 편집된 역사처럼 보이겠지만, 기독교인에게는 역사는 예수 그리스도의 역사적인 사역을 중심으로 한 절대적인 하나님의 계시라는 신학적 문제로 귀결된다.

쿨만은 모든 기독교 신학은 본질상 성경 역사라고 보는 입장이다. 요한복음 1:1에서 말하고 있는 것처럼 로고스의 성육신을 통한 하나님의 계시보다 더 분명한 계시는 없다는 것이다. 이 계시는 역사적인 과정은 물론 우주적인 모든 과정에 관계하는 것으로 파악한다. 그렇기 때문에 신약 성서는 구약 성서의 하나님과 주라는 표현이 그리스도를 가리키는 것으로 인용하는데 아무런 장애도 느끼지 않았다. 하나님의 계시 역사는 하나님의 사랑에 기초한 구속사이며, 또한 그것은 성경 역사라고 본다.

쿨만은 슈바이처의 철저 종말론적 입장이 미래만을 고집하기 때문에 과거와 현재까지도 관련되어 있는 전체적인 구속선(entire redemptive line)과 분리시키고 있다고 비판한다. 또한 불트만의 비신화화는 **케리그마의 시간성**을 벗겨냄으로써 본질을 놓치고 있다고 역시 비판하고 있다. 쿨만은 자신의 시간관을 다음과 같이 정리한다: 1) 구원은 과거는 물론 현재와 미래를 포함하는 연속적인 시간 과정에 걸쳐 일어난다. 이러한 **직선적 시간관**은 헬라의 순환적 시간관과 구별되며, 구원은 언제나 피안의 세계에서만 유익하다는 모든 형이상학적 시간관과도 대립된다. 2) 구속사는 중심점에서 일어난 하나의 역사적 사건과 관계된다는 것이 이 시간관의 특징이다. 이 사건은 물론 예수 그리스도의 죽음과 부활이다.

1. 성서적 시간관

쿨만은 구속사를 이해하는데 시간에 대한 입장이 중요하다고 보고 이 문제에 관해 명확히 하고자 한다. 그는 먼저 초대 기독교 신앙은 차안(the Here)과 피안(the Beyond) 사이의 공간적 대조에서 출발하지 않고 지금(Now)과 그 때(Then) 사이의 시간 구분에서 시작하였다고 지적한다. 그리고 모든 계시가 본질적으로 시간의 범주 안에서 이루어졌다고 강조한다.

신약 성서에서 시간에 대한 용어는 다양하게 사용되고 있지만 **시기**(καιρος; a point of time)와 **시대**(αιων; age)라는 두 단어가 신약 성서의 시간관을 잘 설명해 줄 수 있는 단어라고 하면서 이에 대한 구별을 보여준다. **아이온**이 시간의 계속성을 시사해 주는 반면에, **카이로스**는 어떤 고정된 내용을 갖는 일정한 시점과 관계한다. 카이로스는 세속적으로는 어떤 일을 시작하기에 가장 알맞은 시기, 즉 기회로서의 시기를 의미하지만, 성서적인 의미는 하나님이 구원의 계획을 수행하실 때 특별한 위치를 가지고 있는 시점이다. 쿨만은 이러한 관점에서 구속사란 계속되는 시간의 모든 단편들로 형성되는 것이 아니라, 하나님이 선택한 **카이로이**(카이로스의 복수형)가 모여서 이루어지는 것이라는 견해를 밝히고 있다.

신약 성서에서는 **카이로스**에 대한 진술이 많이 발견된다. "때와 기한은 아버지께서 자기의 권한에 두셨으니 너희의 알 바 아니요"(행 1:7)라든지, 사도 바울이 데살로니가 교회 교인들에게 **카이로이**가 갑자기 돌입해 올 것이라고 상기한 것이라든지(살전 5:1) 하는 표현에서 예를 찾을 수 있다. 마태복음 8:29; 마태복음 26:18; 누가복음 19:44; 누가복음 21:8; 베드로전서 1:1, 5; 디모데전서 2:6; 디모데전서 6:14, 15; 디도서 1:3 등도 첨가할 수 있을 것이다. 그러나 아마 가장 고전적인 표현은 요한복음 7:6에서 예수가 불신하는 자기 형제들에게 "내 때가 아직 이르지 아니하였거니와 너희 때는 늘 준비되어 있느니라."라고 한 말에서 찾을 수 있다. 형제들에게는 세속적인 카이로스만이 존재하고 있었지만, 예수는 하나님의 카이로스가 필요했던 것이다.

성서에는 많은 **카이로이**들이 언급되어 있지만, 가장 근원적인 카이로스는 예수 그리스도의 죽음과 부활 사건이다. 그러므로 카이로이는 하나만으로 구성되지 않고 과거, 현재, 그리고 미래에서 구속의 맥락이 일으키는 일련의 사건들을 결합함으로써 이루어진다. **카이로스**는 통상 **날**(day)과 **때**(hour)라는 단어로 표현된다. 특히 **날**은 유대교로부터 **주의 날**(the day of the Lord; yom Yahweh)이란 개념을 전승받아 미래에 있을 종말론적 사건의 시작을 나타내는 용어로 사용되었다.

시간에 대한 또 다른 표현인 **아이온**은 시간의 연장/연속에 초점을 두고 있다. 〔한편 아이온은 히브리어 **올람**(*olam*)처럼 공간적인 의미를 가지기도 하며, 이 경우 **세상**이라는 뜻으로 사용되기도 한다.] **아이온**이라는 용어를 통해 우리는 시간이 한정되지 않고 셀 수 없는 연계성을 나타내고 있음을 알게 된다. 그리고 무한의 연계성을 **영원**이라고 부르기도 한다. 이때에는 아이온의 복수형이 사용되는데, 복수형으로 영원을 표현한다는 것은 그것이 시간의 종결이나 또는 무시간성을 의미하지 않는다는 증거인 셈이다. 다시 말해, 영원은 시간을 초월한 무엇이 아니라 끝없는 시간이다. 이것이 성서의 시간관이다. 이것은 시간의 저편에 존재하는 끝없는 영원이라는 헬라적 시간관과는 다르다.

쿨만은 성서적인 시간관을 다음과 같이 요약한다:

(1) 전체로서 끝없이 펼쳐지는 시간, 또 전후방을 향하여 한계가 없는 시간이 있다. 이것을 "영원"이라 부른다.
(2) 창조와 종말론적 사건 사이에 있는 한정된 시간이 있다. 이것을 우리는 "현 세대" 또는 "이 세대"라 부른다.
(3) 한쪽 방향으로는 한정되어 있으며, 또 다른 방향으로는 한정되어 있지 않은 시점이 있다.
   a. "창세 이전의 시간." 제한이 없고 끝이 없다는 점에서 영원하다.
   b. "종말 이후의 시간." 역시 제한이 없고 끝이 없다는 점에서 영원하다.

그러므로 성서의 시간관은 직선 시간이며, 이 틀 안에서 구속사가 전개된다. 이 직선의 시간을 따라 하나님이 작정하신 **카이로이**가 놓여 있는 것이다. 그러므로 신약 성서에서 시간을 추상적인 대상으로 말한 곳은 한 군데도 없다. 연대기적 시간으로서 카이로스와 대조되는 개념을 나타내는 것으로 알려진 **크로노스**(χρονος)의 뜻조차도 구속사의 구체적인 관계 속에서 사용됨으로써 **카이로스**나 **아이온**의 의미를 지니고 있거나 경과할 어떤 시간의 공간을 단순히 나타내기도 한다(계 10:6 참조).

쿨만은 헬라의 순환적 시간관과 대조되는 성경적인 직선 시간관을 좀 더 자세하게 설명함으로써 그 중요성을 암시한다. 쿨만은 초대 기독교의 시간관이 하나님과 대립되는 것이 아니라 오히려 하나님이 그의 사역을 계시하기 위해 사용하는 수단이라고 전제한다. 또한 시간은 영원과 대조되는 것이 아니며, 시간은 또한 원이 아니라 직선이라고 말한다. 반면, 헬라적 시간관은 원과 순환으로 파악되기 때문에, 시간을 벗어나 피안의 세계로 들어가는 것을 구원으로 보기 때문에 공간적인 성격을 가지고 있다. 따라서 헬라인들은 구원이 시간 속의 사건들 사이에서 일어난다는 성서적 사상을 이해할 수 없다.

쿨만은 도래하는 하나님 나라의 대망은 "언제나 결단의 상황 속에서 발견된다."고 주장하는 불트만의 견해를 비판한다. 만일 그렇다면 하나님의 통치권이 도래하는 사건은 시간 과정에서 나타나는 사건이 아니기 때문이라는 것이다. 불트만은 또한 시간 속에 도래하는 세계의 종말에 대한 기대는 신화라고 말한다. 그러나 쿨만은 시간성이 제거된 미래는 미래가 아니며, **오늘, 어제, 그리고 미래**라고 하는 선적 시간관만을 강조한다. 불트만이 시간이 제거된 신화를 말한다면, 쿨만은 시간에 바탕을 둔 역사를 제시한다. 신약 성서가 즐겨 사용하는 **때의 성취**라는 개념은 시간과 역사의 직선 개념에 바탕을 두고 있는 것이다.

히브리서가 헬라적 플라톤 사상에 의해 영향을 받은 것은 사실이지만 초대 기독교의 시간관과 배치되는 주장을 하는 것은 아니다.

히브리서의 핵심적인 사상은 헬라 사상에 의해 지배를 받지 않는다. 기독교적 시간관을 벗어나는 것은 오히려 영지주의 사상에서 그 첫 번째 예를 찾을 수 있다. 영지주의는 하나님의 창조 사역으로 역사를 해석하지 않고 이스라엘 역사가 구속사를 보여준다는 주장에 동의하지 않기 때문이다. 또한 영지주의는 예수가 육체의 외형을 갖고 있지만 실제의 인간의 몸을 취하지 않았다는 가현설을 주장함으로써 시간 안에 일어난 구속사적 의의를 부인한다. 영지주의는 헬라의 형이상학적 특징을 가진 **차안**과 **무시간성의 피안**의 대조를 말함으로써 현 세대와 미래 세대 사이의 시간관에 기초한 초대 기독교의 종말론적 대망 사상도 부인한다.

쿨만은 19세기에 **구속사 학파**(베크, 호프만, 오버렌, 캘러 등)가 나타나기 전까지 영지주의의 맹점을 신랄하게 공격한 사람은 이레니우스였다고 소개한다. 쿨만은 이레니우스가 영지주의에 반대해서 기독교의 복음 선포가 구속사와 일치하느냐 또는 그렇지 않느냐를 인지하며, 그리고 구속주로서 예수 그리스도의 역사적 사역이 구약성서에서부터 그리스도 재림에 이르기까지 이끌어가는 선의 중심점을 형성한다고 생각한 거의 유일한 신학자였다고 평가한다. 그는 시간관과 관련하여 헬라 사상과 성경적 사상 사이에 나타나는 근본적인 대립을 잘 알고 있었기 때문에, 기독교의 메시지를 결코 헬라화시키려고 하지 않았다는 것이다.

헬라 사상은 시간과 영원 사이에는 일종의 질적 차이가 있다고 한다. 플라톤에게 있어서 영원은 무한히 펼쳐지는 시간이 아니라 오히려 전혀 다른 어떤 것이다. 곧 그의 영원은 무시간성이다. 그러나 초기 기독교는 시간과 영원을 이렇게 구분하지 않는다. 만약 우리가 영원이라고 호칭하는 것과 시간이라 호칭하는 것 사이, 곧 영원히 계속되는 시간과 한정된 시간 사이를 구분하지 않는다면 하나의 용어인 **아이온**으로 표현이 가능하다. 영원은 시간의 끝없는 연속이며, 시간성을 가지고 있다는 것이 기독교적 시간관의 특징이다. 하나님 역시 시간 속에서 파악된다. 하나님은 **이제도 계시고 전에도 계시고 장차 오실 이**(계 1:4)라고 표현된다. 쿨만의 이러한 시간관은 많은 비판을 받기도 하였다. 이것은 시간과 영원의 질적 차이를 인정하지 않는 듯한 쿨만의 주장이 성서적인가 하는 문제와 관련되어 있다. 쿨만의 이러한 견해는 성서적 시간관이 독특성을 가지고 있다는 것을 강조하고자 한 데서 찾을 수 있을 것이다.

어쨌든 쿨만은 칼 바르트가 종말론을 더 이상 존재하지 않는 **시간 이후의 상태**라고 정의한 것에 만족하지 못한다. 바르트가 오로지 이 시간 이후의 상태에 미래성을 부여할 때나 종말의 상태는 여전히 미래적이라고 말할 때, 쿨만은 성서적 견해와 부합되지 않는다고 비판한다. 쿨만은 묵시 문학까지 포함하여 종말론적 사건은 철저히 연대기적 진행 과정에서 일어나는 것으로 묘사되어 있다고 말한다. 이런 문헌들 가운데 자주 등장하는 **그 후에** 및 **그 때** 등의 시간 표현에 주목할 필요가 있다.

새 세대는 무시간적 영원이 아니다. 미래 세대가 현 세대와 다른 것은 그것이 단순히 구속사의 처음 상태로 소급되는 것이 아니라는 것이다. 신약 성서는 두 세대뿐 아니라 적어도 1) 창조 이전의 세대; 2) 현재 세대; 3) 다가오는 세대라는 세 세대를 인정하고 있는 셈이다(다른 말로 하면, 창조 이전-창조-새 창조). 이 모든 것은 오로지 끊임없이 직선으로 운동하는 시간의 틀 안에서만 발생될 수 있을 뿐이다. 즉, 시간과 무시간적 영원 간의 이원론적 틀에서는 이런 일이 일어날 수가 없는 것이다.

그러면 하나님은 시간을 어떻게 통치하는가? 쿨만은 우선 하나님의 통치권은 홀로 그만이 그의 구속 사역의 **카이로이** 또는 **때**를 알고 있다는 사실에서 출발한다고 지적한다. 이런 통치권은 한편으로는 하나님의 선재(pre-existence)와 예정(predestination)이 있고, 다른 한편으로는 미래의 한 사건이 그의 뜻을 따라 이미 예기된다는 사실에서 또한 밝혀졌다는 것이다. 하나님의 시간 통치는 한편으로 재림과 선재에서 분명해진 것처럼 그리고 다른 한편으로 그리스도 사건에서 명백해진 것처럼, 그것은 영원자이신 그가 끝없이 연장되어 있는 전체 시간선을 통치하고 있다는 뜻이다. 즉, 하나님만이 홀로 시간을 지배한다. 왜냐하면 하나님만이 전체의 연장 속에 나타난 시간을 볼 수 있으며, 하나님만이 시간 및 세대의 길이를 결정하시므로 시간을 압축할 수 있기 때문이다(마 24:22 참조).

하나님의 시간 통치는 우리 개인의 선택과 예정에서도 나타난다. 여기서 그것은 이미 구속사관이 그리스도를 믿는 성도 개개인의 생활에 어떻게 영향을 미치는지 밝혀주는 것이다. 그러한 의미에서 성령의 역할이 중요하다. 성령은 하나님의 시간 통치권이 성도에게 현실화되도록 도와주며, 비록 종말의 때를 모르더라도 성령을 소유하면 하나님의 전체 구속선을 따라서 일어나는 사건을 인식할 수 있게 해 준다. 성령은 현재에 있어서 종말을 대망하는 **처음 익은 열매**(롬 8:23)이며 **보증**(고후 1:22; 5:5)이다. 또한 하나님의 시간 통치는 성령을 통하여 교회 안에서 나타난다. 초대 기독교 신앙에 의하면, 교회는 이제 성령이 활동하는 장소(행 2장)이므로, 교회 자체는 하나님의 시간 통치에 포함되고 그 통치에 참여하게 된다. 왜냐하면 교회는 이제 현재와 미래 사이의 이런 독특한 긴장 속에서 살기 때문이다. 그러므로 초대 기독교의 모든 예배 의식 가운데 정점은 그리스도가 그의 백성과 함께 현존한다는 엄숙한 의식이었다. 이것은 성찬식을 통해 표현되었는데, 성찬식은 역사적 예수의 최후의 만찬과 그리고 부활하신 주가 그의 제자들과 부활의 만찬을 먹은 사실을 **회상**해 보며, 또 이미 유대교에서 메시아 향연으로 나타났던 종말을 **대망**하는 것이었다.

구속사적 측면에서 새 세대를 어떻게 구분할 수 있을까? 앞에서 성서적 시간선을 **창조 이전의 때**, **창조로부터 종말까지의 때**, 그리고 **재림 이후의 때**의 셋으로 구분한다고 하였는데, 쿨만은 이 개념을 조금 더 자세하게 다시 논의한다. 이러한 3분법은 유대교에서도 볼 수 있는데, 조로아스터교로 소급되는 양분법, 즉 **이 세대**와 **오는 세대**로 구분되는 방향으로 진행하였다. 유대교적 양분법은 모든 것을 미래의 관점에서 바라본다. 유대교에서 양분한 시간선의 결정적인 중심점은 미래에 있을 메시아의 도래로 파악된다.

그러나 초대 기독교는 시간의 중심점을 미래에 두지 않고 예수 그리스도의 부활에 둠으로써, 미래에 있을 메시아의 도래로부터 과거에 종결된 예수 그리스도의 역사적 생애 및 사역으로 중심점이 옮겨지게 되었다. 유대교나 기독교는 모두 직선적인 시간관과 관계한다는 점에서 시간관의 차이는 존재하지 않는다. 그러나 유대교가 미래적인 하나님의 나라의 도래를 여전히 기다리고 있기 때문에, 예수 그리스도를 통한 하나님 나라의 도래의 실현을 믿는 기독교와는 구별될 수밖에 없다. 유대교도 구약 성서에서 그리스도에 대한 증언이 있다고 보지만, 오로지 그것은 도래할 메시아에 대한 언급으로 존재할 뿐이다. 그러나 초대 기독교는 십자가에 못박힌 예수 그리스도를 메시아로 증언하고 있는 것이다. 이런 점 때문에 슈바이처와 마르틴 베르너(Martin Werner)는 쿨만으로부터 비판을 면치 못한다. 쿨.

만은 전체 신약 성서에 나타난 시간의 중심은 이미 예수 자신의 역사적 사역 안에 나타났다고 보는데 반하여, 슈바이처와 베르너는 도래하고 있는 메시아 사역의 미래를 그 과정의 중심점으로 간주하기 때문이다.

이와 같이 유대교와 기독교는 다같이 종말론을 핵심적인 내용으로 파악하면서도 중심점을 어떻게 파악하느냐에 따라 각각 미래와 과거를 강조하는 차이점을 드러낸다. 이것을 표로 나타내면 다음과 같다:

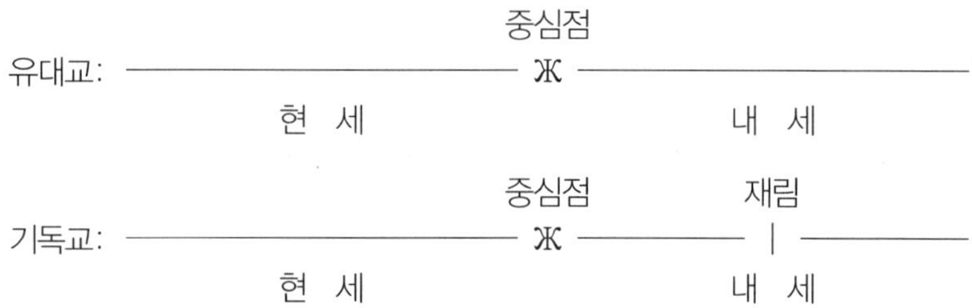

간단히 말해서, 유대교는 메시아의 도래에 종말론적 중심점을 두기 때문에, 종말론은 근본적으로 미래적이다. 그러나 기독교는 예수를 메시아로 보기 때문에, 종말론적 중심점이 이미 예수 그리스도의 과거 사역과 관련된다고 생각한다. 즉 예수의 재림에 이르러서야 종말론이 완성되는 것으로 본다. 그렇기 때문에 기독교의 종말론은 과거의 그리스도 사건이 중심이 되기 때문에 유대교처럼 미래적이기만 하지 않고 과거와 현재와도 밀접한 연관성을 가지고 나타나게 된다.

오히려 근본적인 것은 종말의 대망이 아니라 부활에 대한 확신에 있다. 모든 사건의 중심점과 의미를 형성하는 것은 더 이상 **파루시아**(재림)가 아니라 오히려 그리스도의 십자가와 부활이라는 것이다. 신약 성서에서 근본적인 사건은 초대 기독교가 시간 중심을 바꿨다는 것인데, 이것을 알지 못하면 기독교를 유대교의 한 종파로 이해하기 십상이다. 사실상 초대 기독교의 소망이 점점 더 강렬해졌다는 것은 시간의 중심이 소망의 대상이 아니라 오히려 이미 일어난 역사적 사실에 있다는 바로 그 사실에 의해서 설명되어질 수 있다. 쿨만은 결론적으로 대망이 신앙을 낳는 것이 아니라 신앙이 대망을 낳는다고 말한다.

그러므로 재림의 날짜를 한정하는 문제로 인해 성서에 대한 해석이 일치하지 않는 경우라 하더라도(막 9:1; 마 10:23; 막 13:30 참조), 이것으로 인해 기독교의 소망에 대한 신뢰가 결정된다고 말하는 것은 옳지 않다는 것이다. 초대 기독교의 관점으로 본다면, 임박한 종말의 대망 및 재림 지연에 대한 복잡한 문제는 초대 교회에서 그 중요성을 상실하였다. 그런 복잡한 문제는 실제로 심리학적인 문제일 수는 있었지만 신학적인 입장에서는 그렇지 않았다. 유대교처럼 시간의 중심이 미래에 있다고 주장할 경우에만 재림 지연의 문제가 신학적 의의를 가질 수 있기 때문이다.

구속사의 사건들은 역사적으로 입증할 수 있는 것들과 역사적 검증을 초월하는 것들을 포함하고 있다. 구속사 안에는 태초, 창조, 종말 등의 주제와 신화와 전설 같은 이야기를 담고 있어서 역사적인 사건들과 구별되는 성격을 보여준다. 불트만은 신화와 역사를 구별하면서 비신화화시키려고 한다. 불트만은 비신화화를 통해서 케리그마의 본질적인 핵심을 붙잡을 수 있다고 하였지만, 쿨만은 그것이 구속사를 훼손하는 것이라고 비판한다.

그렇다면 역사와 신화의 신학적인 결합은 어떻게 가능한 것인가? 쿨만은 이것을 예언의 개념으로 설명한다. 쿨만은 구속사 전체는 예언이라고 진단하면서 여기에 역사와 신화 간의 대조를 초월하는 점이 있다고 한다. 태초와 종말에 관한 설화들이 객관적으로 계시의 대상이 되며 또 주관적으로는 신앙의 대상이 되므로 그것들은 예언일 뿐이다. 그리고 성서에 기록된 역사도 역사가의 검증을 마친 무엇이 아니라 역사적 사건에 대한 계시된 예언의 성격을 가지고 있다. 예를 들어, 성령의 교회 사역의 역사인 사도행전은 예언인데, 초대 기독교의 생활 및 복음 확장을 표시하는 역사적 사건에서 성령이 사역했다는 것은 역사적으로 설명될 수 없기 때문이다.

마르틴 캘러는 그래서 historisch(역사적으로 검증할 수 있는 것)과 geschichtlich(역사적인 것)를 구별한다. 역사적으로 검증할 수 없음에도 불구하고 **역사적**일 수 있다고 한 것이다. 이렇게 말할 수 있는 근거는 시간의 중심점에 해당하는 예수 그리스도 사건이 역사이기 때문이다. 쿨만은 이러한 관점에서 이스라엘 역사와 교회 역사가 실제로 예수 그리스도의 성육신에 해당한다고 말한다. 이스라엘 역사는 예비로서, 교회 역사는 확장으로서 성육신 사건에 해당한다는 것이다. 그리고 신약 성서는 역사적인 성육신 사건을 실제적 예비 기간을 초월해서 원역사에까지 소급시키며, 그리고 다른 방향으로는 성육신 사건을 교회의 발전 기간을 지나서 마지막 일들에 관한 역사에까지 연장시킨다.

우리는 초대 기독교인들이 구속사를 연대기적 순서에 따라 이해했다고 생각하면 잘못된 것이다. 즉, 그들은 구속사를 **창조 이전-창조 자체-이스라엘 역사-그리스도의 성육신 사건-교회 시대-종말**이라는 연대기적 순서로 파악하거나, 또는 거꾸로 종말에서부터 창조로 이해한 것도 아니었다. 오히려 그리스도 중심점을 출발점으로 하여 양방향으로 확장하여 나갔다. 다시 말해서, 하나님의 **카이**

로이가 나타나는 구속사의 사건들을 모두 그리스도 중심적으로 해석하였다는 것이다.

그리스도는 창조 이전부터 중보자로 예정되어 있었으며(요 17:24; 벧전 1:20 참조), 물론 창조 자체의 중보자였다(요 1:1; 히 1:2, 10; 고전 8:6; 골 1:16). 이스라엘 민족의 선택도 그리스도와 관련하여 일어난 것이며, 중보자로서 그리스도의 역할은 실제로 그의 지상의 몸을 형성하는 교회에서 계속된다. 그러므로 구속사는 창조의 중보자이신 그리스도, 이스라엘 선택을 성취한 분으로서의 하나님의 종, 현재에 통치하시는 주로서의 그리스도, 새 창조의 중보자이며 재림의 인자로서의 그리스도로 이어지는 그리스도의 선(line)으로 파악된다. 다양한 그리스도의 모습은 구속사에서 시간의 연속적인 단계 가운데서 나타난 그의 직무를 수행하는 일에 있어서 동일한 그리스도이시다.

신약 성서 전체는 구속 과정의 통일된 개념을 전제하고 있다. 스데반은 유대인의 불순종을 이스라엘 민족이 경험했던 것처럼 전체 구속사에 일치시키고 있으며, 바울은 이방인 사도로서 자신의 소명을 전체 구속 계획에 일치시키고 있다. 마태복음서는 아브라함부터 시작하는 족보를 통해 예수를 이스라엘 전체 역사에 대한 성취자로 묘사하며, 누가복음서는 아담에까지 소급시키는 족보를 소개함으로써 창조에서 예수에 이르는 하나의 선을 선정한다. 요한복음서는 창조의 중보자이신 그 분이 성육신하여 나타난 동일한 분이라는 밝히기 위해 의식적으로 창세기적 표현인 태초에까지 소급하고 있다.

신약 성서의 구속선(redemtive-line)은 이처럼 실제로 그리스도선(Christ-line)이며 그리고 그리스도가 이 선을 따라 한정된 시점에만 처음 나타난 것이 아니라는 점으로 초기 신앙 고백들에서 찾을 수 있다. 이런 신앙 고백들은 기록된 형태로 주어진 최초의 신약 성서 텍스트보다 훨씬 이전으로 소급할 뿐만 아니라 케리그마의 중심을 간단하게 요약하고 있는데, 압도적인 수의 신앙 고백들이 순전히 기독론적이라는 사실을 보여준다. 신앙 고백문들이 그리스도와 하나님을 함께 언급하는 예가 매우 드물다는 사실에 놀라게 된다. 신약 성서에서 발견되는 오래된 신앙 고백들(고전 12:3; 요일 2:22; 행 8:37; 요일 4:15; 히 4:14; 롬 1:3 이하; 빌 2:6 이하)은 단 하나의 신조인 기독론적 신조를 내포하고 있음을 알 수 있다. 또한 고전 8:6 에서 보는 것처럼, 초기 신조들은 후대의 신조와 다르게 아버지와 아들의 직무를 분리해서 말하지 않는다.

쿨만은 구속사의 발전 과정이 선택과 대표의 원리에 의해서 결정된다고 강조한다. 인간의 죄로 인해 구속사가 필요하게 되었고, 이것은 전체의 구원을 위하여 소수를 선택하는 원리로 제시된다. 구속사는 두 가지 방향의 선택으로 이루어져 있다고 말한다. 첫째는 **인류-이스라엘 백성-이스라엘의 남은 자-그리스도**로 감축되는 방향으로 전개되어 왔다. 그러나 그리스도를 중심으로 구속사는 **그리스도-사도들-교회-구속 받은 창조 세계**로 확장되는 방향으로 전개되게 되었다. 이와 같이 구속사는 양면 운동으로 나타났다. 많은 사람에서부터 한 사람(그리스도)에게까지 전진한 것은 구약이며, 한 사람에서부터 많은 사람에게까지 전진한 것은 신약을 말한다. 그리고 바로 그 중심점에 그리스도의 대속적인 죽음과 부활의 사역이 있다.

2. 구속사의 독특성

쿨만은 하나님의 구원이 역사 속에서 펼쳐지고 있다고 설명하였다. 그런데 그러한 구속사는 성서에서 매우 독특한 성격을 가지고 있는 것으로 제시된다고 본다. 그래서 구속사의 독특성에 관해 말하게 되었다. 쿨만은 먼저 구속사를 이루고 있는 **카이로이**의 특징을 밝히고 나서, 구속사의 중심점으로서의 그리스도 사역의 독특성에 관해서 말한다. 그 다음 구속사의 과거성, 미래성, 현재성과 그리스도 사건과의 관계를 살펴봄으로써 구속사 전체가 어떻게 독특한 성격을 구성하게 되었는지를 설명하고자 한다.

그러면 구속사를 이루고 있는 **카이로이**의 특성은 무엇인가? 이 문제에 관하여 쿨만은 모든 **카이로이**는 각각 유일하고 되풀이될 수 없는 사건의 특성을 가진다고 말한다. 원래 **단 일회적**(once for all)을 의미하는 헬라어 **에파팍스**는 예수 그리스도의 역사적 구속 사역에 적용된 말이다(롬 6:10; 히 7:27; 9:12). 그러나 이러한 성격은 모든 구속사의 사건에도 적용된다고 본다.

그러나 그렇게 되면 가톨릭과 개신교 사이에 논쟁의 대상인 **성서와 전승**에 대한 문제가 발생할 수 있다. 왜냐하면 그리스도의 부활과 재림 사이에 놓여져 있는 현재 국면이 구속사에서 그 나름대로 유일한 가치를 가지고 있다는 말이 되기 때문이다. 그러나 우리는 무엇보다 중심점 그 자체에서 발생한 그리스도 사역을 분명히 이해하는 것이 중요하다는 것을 알고 있다. 초대 교회 당시에는 주후 첫 30년 사이에 발생한 유일한 사건이 단 한 번의 의미를 가진다는 주장을 강력하게 내세웠다. 그것은 유대교에서 강조한 미래로부터 과거로 초점을 바꾼 것을 의미했고, 그것도 바로 직전의 과거를 구속사의 중심점으로 믿은 것을 의미했다.

예수 그리스도가 육신을 입고 이 땅에 태어나 십자가에 죽은 사건을 구속사의 중심점으로 믿는 것은 **어리석은 일**로 비칠 수 있었다. 바울 사도가 미련한 십자가의 도(고전 1:18)와 십자가의 거치는 것(갈 5:11)을 위대한 계시의 진리로 표현한 것은 대담한 주장일 수 있었다. 그렇기 때문에 초대 교회에서 위협적인 이단은 가현설(docetism)이었다. 좁은 의미의 가현설은 단지 외관상으로만 그리스도가 인간의 몸을 지녔다고 주장하는 것을 일컫는다. 이 가현설은 무엇보다 그리스도의 실제적 죽음을 부인함으로써 구원이 시간 속에서 발생한 것이 아니라 일종의 추상적인 가르침이라고 말한다. 이로써 그리스도 사건이 역사 속에 **단번**의 성격을 가지고 있다는 모순은 제거할 수 있었을지 모르지만, 초대 기독교인들의 선포에 있어 본질이 되는 바로 그 사건이 제거되고 마는 결과를 낳고 말았다. 이러한 가현설은 초대 기독교 시대에만 발견되는 것은 아니다. 쿨만은 기독교 역사에서 이러한 넓은 의미로서의 가현설에 대한 예를 들면서(단일성론적 교리, 멜랑의 그리스도에 대한 지식 강조, 꾸슈의 예수의 역사적 실존 부정), 복음서에서 예수에 관하여 기록된 모든 구속 사역을 모두 받아들이지 않고 부분적으로 취급하려 하는 모든 현대 신학자들의 설명을 비판한다.

쿨만은 구속사의 과거, 현재, 미래가 그들 나름대로 유일한 구속 사건임을 보이는 한편, 다른 면으로는 그들이 중심점과 관련될 때만 그렇게 된다는 것을 천명하려고 한다. 먼저 구속사의 과거성과 그리스도 사건과의 관계를 규명하고자 시도한다. 쿨만은 먼저 구약에서 서술된 창조로부터 그리스도까지 과거의 전 과정은 하나의 구속 과정이지만 그리스도 이전에는 어떤 역사적 사건(그리스도 사건)을 향한 직선적 방향이 인정되지 않았다고 지적한다. 그러나 그리스도 안에서 수건이 벗겨지므로 중심점인 그리스도로부터 구약을 이해할 수 있게 되었다. 신약의 저자들은 어떤 새로운 이야기를 기록하고 있는 것이 아니라 중심점과의 관계를 보였을 뿐이다. 이러한 맥락에서 초대 교회는 마르시온이 주장한 것과 같이 구약을 제거하지 않았다.

구약을 그리스도 중심적으로 해석하는 것과 관련하여 쿨만은 바나바서를 들어 길게 설명한다. 바나바서는 우화적(allegorical) 방법을 동원하여 예수의 생애에 대한 모든 세목들이 다 미리 구약 성서에 묘사되어 있다고 주장하였는데, 이것은 잘못된 것이라고 지적한다. 그렇게 되면 구약 성서를 구속사적으로 보는 것은 포기되며, 신약 성서는 근본적으로 불필요한 여분의 책이 되고 만다. 쿨만은 구약 성서의 사건들은 구속사에 있어 나름대로의 의미를 가지는 것이며, 나아가 그리스도를 위하여 준비하는 것이라는 이 구별된 성격을 이해해야 한다고 강조한다. 바로 이 점이 초대 기독교 시대의 한동안 신약 성서가 존재하지 않고도 구약 성서만이 정경으로서 사용된 이유를 설명해 준다. **구약의 구속사는 성육화라는 목표를 지향한다**는 명제는 맞는 말이지만, 이것은 구약에서 예수의 성육화를 발견한다는 뜻이라기보다 구약에서 성육화와 십자가를 위한 준비가 되는 구속사의 과거 사건을 어떻게 이해해야 하는지를 배운다는 것을 의미한다.

그렇다면 어떻게 준비에 불과한 구약 성서가 그리스도를 통한 성취 이후에도 여전히 구원에 필요한 의미를 제공해 주는가? 이러한 문제 제기에 대해 쿨만은 순환적 논리를 가지고 대답한다. 처음에는 이러한 구약의 준비가 그 중심점으로부터 빛을 받았고, 그 후 다시 중심점에서의 그리스도의 사역은 구약의 준비로부터 부분적으로 조명을 받게 된다는 것이다. 쿨만은 다음과 같이 결론을 맺는다: 그러므로 그리스도 이전의 과거 사실은 구약과 신약 사이에 시간적인 **동일성** 위에 놓인 것이 아니다; 그렇게 되면 시간선이 폐기되기 때문이다; 그와는 대조적으로 그것은 과거와 중심점 사이에 시간상 연속적인 **관련성** 위에 놓여진다.

그러면 구속사의 미래성과 그리스도 사건과의 관계는 어떠한가? 쿨만은 대전제로서 **종말론이 왕관을 박탈당했다**고 하면서, 우리의 구원은 아직 다가올 미래에 의존되어 있지 않다고 갈파한다. 초대 기독교는 종말론적으로 생각하였지만 이제는 더 이상 **철저하게** 종말론적 방법으로만 생각할 수 없다는 것이다.

그러나 미래/종말론은 중심점에서 발생한 사건 위에 세워지긴 하지만, 구속사에 있어서 유일한 사건으로서의 본래적 의미를 가진다. 이미 이루어진 결정에 부가되어 **승리의 날**(V-Day)이 가져오는 새로움은 바로 성령이며, 이는 물질과 육의 전 세계를 장악하게 될 것이다. 종말이 언제 오는가의 문제는 지극히 유대적인 질문이며, 그 때를 알려고 하는 것은 단지 인간의 호기심의 범주에서만 중요할 뿐이다. 다시 말해서, 때에 관한 질문은 더 이상 신학적으로는 의미가 없다.

쿨만은 구속사의 현재성과 중심점에서 발생한 그리스도 사건과의 관계를 이렇게 설명한다. 우선 현재가 갖는 구속사적 의의와 중심점과의 관계는 과거나 미래의 경우보다 훨씬 복잡한 형태로 나타난다고 전제한다. 그것은 다음과 같은 질문과 관련되어 있다. 부활 후의 현재가, 한편으로는 이미 과거에 놓여 있는 중심점에 의해서 전적으로 규정되고, 또 다른 한편으로는 아직 다가올 미래에 의해 전적으로 규정된다면, 현재가 구속사에 대하여 그 자체의 의미를 가질 어떤 여지가 아직 남아 있을 수 있는가? 쿨만은 실제로 이레니우스가 중심점에서 종말로 서둘러 가기 위해 현재 시기를 뛰어 넘으려는 경향을 보였으며, 키에르케고르는 **동시대성**(구속의 시간이 이미 예수와 함께 정지되어 있다는 의미에서)이라는 개념으로 구속사에 대한 현재의 의미를 논함에 있어 잘못을 저지르고 있다고 지적한다.

쿨만은 현재 시대의 구속사적 의의를 교회와 관련시켜 설명한다. 그러나 가톨릭처럼 **전통**을 성서에 종속시키지 못함으로써 교회를 절대화하는 것에는 찬성하지 않고, 교회 시대를 그리스도의 통치 시대요 복음이 선포되는 시대로 정의한다. 그렇다면 공관복음서에서 예수 자신은 그의 대속적 죽음과 재림 사이에 존재하는 그러한 **중간 시간**을 기대하였는가라는 질문이 제기될 수 있다. 슈바이처는 이 물음에 부정적인 답변을 하였지만, 쿨만은 긍정적으로 생각한다. 예수는 자신의 죽음을 종말론적으로 결정적 사건으로 이해했고, 그 후에 인자가 비로소 올 것이라는 견해를 보여주었다. 이러한 중간 시간의 존재는 "종말이 오기 전 복음이 모든 이방인에게 반드시 전파되어야 한다"(막 13:10)는 말씀이나 "내가 살아난 후에 너희보다 먼저 갈릴리로 가리라"(막 14:28)라는 말씀을 예로 들 수 있을 것이다. 예수는 이 중간 시간에 제자들이 할 일을 염두에 두면서 **교회**(마 16:18)라는 용어를 사용하였다고 보는 것이다.

초대 기독교인들은 특히 시간의 중심점에 너무나 가까이 위치하였으므로 중간 시기가 완전히 이 중심점에 고정되어 있다는 확신을 후대의 경우보다 훨씬 더 강하고 선명하게 보여주었다. 그렇기 때문에 슈바이처의 **철저 종말론적 입장**은 초대 기독교인들의 신앙을 말할 때 잘 맞지 않는다고 볼 수 있다. 신앙을 표현해야 하는 곳에서 신약 성서가 미래형을 쓰지 않고 있는 것을 보더라도 현재에 대한 강조를 엿볼 수 있다. 현재에 대한 강조는 초대 교회에서 성만찬 예배에서 그 절정을 보여준다. 성만찬은 최후의 만찬과 부활 후 애찬과 종말에 있을 메시아 향연을 아우르는 것이었다.

교회는 이중적인 특성을 가지고 있다. 한편으로 교회는 하나님께서 세상에 주신 구속적 선물(그리스도의 몸)이지만, 다른 한편으로는 교회가 죄 많은 인간들로 구성되어 있다. 이러한 특징 때문에 구속사 안에서 교회의 기능은 그 교회 구성원을 위한 것(그리스도의 몸을 이루는 것)과 종말론적 신의 영광을 위한 직무(선교적 사명)를 둘 다 가지고 있는 것이다. 교회가 복음을 선포해야 할 선교적 사명은 그리스도의 부활과 재림 사이의 중간 시기에 구속사적 의미를 주며, 동시에 이 의미는 언제나 그리스도의 현재적 통치와 깊이 관련되어 있다. 그리고 교회의 선교는 종말론적 요소인 성령에 의하여 달성된다.

종말은 복음이 모든 민족에게 전파되고 난 뒤에라야 비로소 도래한다는 사상은 유대교로 거슬러 올라간다. 유대교에서는 메시아 왕국의 도래 시기를 추정하기 위한 끊임없는 시도가 있었다. 엘리저 학파는 온 이스라엘이 회개할 때 메시아가 도래한다고 가르쳤고, 여호수아 학파는 명확한 날짜에 메시아 도래를 고정시키려고 하였다. 그 결과 전자는 종말이 인간의 도덕적 태도에 의존하게 됨으로써 신의 전능성을 제한하였고, 후자는 종말을 인간과 무관한 것으로 만들어 신적 전능성을 다른 방식으로 곡해하였다. 신약 성서는 "이 천국 복음이 모든 민족에게 증거되기 위하여 온 세상에 전파되리니 그제야 끝이 오리라"(마 24:14)고 하면서 교회의 선교를 강조한다. 선교는 종말론적인 신적 징조에 속한다. 쿨만은 지적하기를, 천국의 도래는 복음 전파의 성공적인 결과에 기인하는 것이 아니라 오히려 전파된다는 그 사실에 기인한다고 말한다.

3. 구속사와 세속사의 관계

쿨만은 그리스도 사건의 독특성을 중심으로 구속사의 과거, 미래, 그리고 현재의 시간성과의 관계를 설명함으로써 구속사의 독특성을 강조하였다. 쿨만은 이에 근거하여 구속사와 세속사의 문제를 다룬다. 구속사와 세속사는 어디에서 만나며 또 어떻게 다른가? 서로의 관계는 어떻게 이해할 것인가? 특히 구속사와 국가와의 관계는 무엇인가?

쿨만은 그리스도-선(Christ-line)이 단지 어떤 한 점으로 끝나는 것이 아니라 모든 구속사 전체에 확장되어 있다고 보았다. 그러므로 창조와 구속 사이의 모든 이원론은 존재하지 않는다. 신약 성서에서는 구속에 관계하는 그리스도 선과 분리된 창조에 관계하는 하나님-선(God-line)을 따로 말하지 않는다. 즉, 신약 성서 저자들은 창조시 그리스도의 중재적 사역에 중요한 의미가 있다고 보았다.

쿨만은 이러한 그리스도 중심성을 **보편적 집약**이라는 개념으로서 설명한다. 모든 사건은 그리스도 사건으로 집약되는 동시에, 그리스도 사건은 모든 세속적 인간 사건뿐만 아니라 전체 자연적인 과정까지 포함시키는 보편주의를 지향하고 있기 때문이다. 구원을 보여주는 그리스도-선은 세 가지 결정적인 단계에서 구속 과정이 일반 과정을 흡수하고 있다: 1) 창조 때 만물이 그리스도를 통하여 창조되었으며; 2) 그리스도의 죽음과 부활에서 만물이 그를 통하여 화목되었고; 3) 종말론적 완성에서 만물이 처음과 마지막이신 하나님께 복종한다.

구속사가 세속사 및 자연 세계를 포함하고 있기는 하지만, 그렇다고 해서 쿨만이 자연 계시를 인정하는 것은 아니다. 예를 들어, 창조 사역 가운데 이방인을 향한 하나님의 계시의 말씀은 구속사에 주어진 기독교적 계시에 자연 계시가 필요하다는 것을 주장하기 위하여 사용될 수는 없는 것이라고 주장한다(롬 1:18 이하 참조). 오히려 바울은 이방인들 역시 **핑계하지 못한다**는 것을 보여주려고 한 것 뿐이다. 불트만도 이 점은 분명히 밝히고 있다.

그렇다면 자연 신학은 무슨 의미가 있는가? 쿨만은 말하기를, 천지 창조는 사람들로 하여금 자신들이 피조물에 불과하다는 것을 깨닫게 하고, 그래서 결국 그들의 한계를 의식하게 하며 그들 스스로가 선물의 수혜자이며 은혜를 필요로 하는 자임을 알게 하는 것이라고 설명한다. 쿨만은 계속하여 말하기를, 신약 성서의 저자들이 그리스도와 동떨어진 자연 계시와 기독교적 계시와의 관계를 언급하지 않았으며, 오히려 구속 과정의 빛 아래 이방인들이 갖는 의미에 관심을 가지고 있었다고 지적한다. 쿨만은 **세속적** 사건 전부가 구속사와 관련되어 있고, 두 개의 영역이 분명히 서로 다르지만 결코 분리될 수는 없다고 결론을 내린다.

그리스도의 죽음과 부활의 결과로 만물에 대한 통치권이 그리스도에게 위임되어졌는데, 문제는 그리스도의 주권이 교회뿐만 아니라 일반 우주권에까지 미친다는 것을 어떻게 설명할 수 있느냐 하는 것이다. 다시 말해서, 어떻게 그리스도는 단지 작은 교회의 머리에 불과하면서 동시에 모든 만물의 머리로 표현될 수 있는가 하는 것이다. 쿨만은 이에 대해 교회와 세상은 서로 나란히 놓여 있는 두 개의 원이 아니며, 단지 접촉되거나 교차하고 있는 상태도 아니고, 서로 동일한 원도 아니라고 하면서, 그리스도를 공통 중심으로 하는 크고 작은 두 원이라는 개념을 가지고 설명한다. 안쪽 원은 교회를 말하고 바깥쪽 원은 세상을 뜻하는데, 전자는 후자보다 그리스도와 가까운 관계 속에 놓여 있지만 공통 중심은 역시 그리스도이기 때문에 그리스도는 두 원 모두에 주권을 가지고 있다는 것이다.

쿨만은 세속사에 있어 중요한 역할을 하는 국가와 구속사와의 관계를 고찰하는데 많은 관심을 기울인다. 이 문제는 『국가와 하나님의 나라』라는 책의 내용을 취급할 때 다시 자세하게 다룰 것이기 때문에 여기에서는 간략하게 언급하고 넘어가려고 한다. 이는 특히 로마서 13:1에서 국가의 권위를 인정하는 것으로 이해되고 있는 **위에 있는 권세들에게 복종하라**는 말씀을 어떻게 받아들여야 하는가와 관계되어 있다. 왜냐하면 세속적인 국가에 복종하라는 것은 그리스도의 주권과 배치되는 것이 아니냐 하는 반론이 제기될 수 있기 때문이다.

쿨만은 우선 **권세들**(헬라어로 **엑수시아이**)이란 용어는 국가의 배후에 있는 **천사적 능력**을 동시에 나타낸다는 점을 길게 논구한다. 후대 유대교에서 민족에게도 수호천사가 있다고 믿었듯이, 국가 권력에도 천사적 존재가 그 배후에 있다고 것이다. 따라서 국가는 천사의 집행 도구로서 임무를 수행한다는 것이다. 그런데 이 천사들(영들)은 모두 예수의 발 앞에 굴복한 영들로서 잠정적으로 주어진 권세를 가지고 하나님의 질서를 담당하고 있기 때문에 그러한 권세에 굴복해야 한다고 주장하고 있다. 그렇기 때문에, 국가는 하나님의 사자(롬 13:4)요, 하나님의 일꾼(롬 13:6)으로 지칭될 수 있었다.

그러므로 그리스도인은 세계에 대하여 일방적으로 **부정적 태도**나 **긍정적 태도**를 견지하지 않는다. **세계 부정**의 태도는 구속사의 현재 국면이 갖는 의미를 잘못 인식하는 것이며, **세계 긍정**의 태도 역시 세상의 형적은 지나가는 것임을 인정하지 않는 것이기 때문이다. 쿨만은 이 둘 사이에 양자택일은 있을 수 없고, **이미** 성취되었으나 **아직** 완성되지 않은 과거와 미래의 긴장 관계를 받아들여야 한다고 주장한다.

4. 구속사와 개인의 문제

쿨만은 마지막으로 『그리스도와 시간』에서 구속사와 개인의 문제에 관심을 표명하고 있다. 이는 구속사라는 전체 맥락 속에서 개인이 상실될 위험성을 간파하고 그 관계를 분명히 하고자 한 것이다. 다시 말해 쿨만은 구속사가 전체 인류에게만 관심을 가지고 있고 개인에 대한 관심은 기껏해야 난외로 취급한다고 보는 오해를 시정하고자 노력한다. 실제로 신약 성서에서 개인의 가치는 측량할 수 없을 정도로 강조되어 있다고 강조하면서, 개인과 구속사의 과거, 현재, 미래 단계를 연결시켜 설명한다.

개인은 구속사 전체와 관련되며, 구속사는 개인을 목표로 삼고 있고 모든 발생하는 사건은 다 개인과 관계가 있다고 전제한다. 모든 신앙인 각자의 인생은 예정에 의해 그리스도-선의 시간적인 연장선을 따라 그 속에 그의 위치가 주어진다고 본다. 따라서 하나님의 하나님께 선택되었다는 확신은 **창세전부터** 구속사의 참여자가 되었다는 믿음을 포함한다. 따라서 칭의(justification)도 본래 구속 과정을 개인에게 적용시킨 것에 불과하다. 이러한 믿음은 우리 자신이 개별적으로 하나님의 섭리적 경륜 속에 처음부터 속해 있었다는 것을 표명하는 것이다. 그러므로 개인은 구속사의 과거 국면과 이중적으로 관련되어 있는데, 한편으로는 전 구속 과정이 죄인인 자신을 위하여 발생되었다는 것을 믿는 것이고, 다른 한편으로는 이러한 신앙을 가지도록 예정되었기 때문에, 구속 과정의 실질적인 참여자가 되기 위하여 선택되었다는 것이다.

개인과 구속사의 현재 단계의 관계는 교회 안에서 이루어지는데, 이는 세례와 성만찬을 통하여 현재화된다. 세례는 그리스도의 죽음과 부활에 근거하여 각 신자에게 죄사함을 중재하며, 구속 과정을 발전시키는 은사인 성령을 중재하는 의미를 갖는다. 그러나 구속사의 현재 단계는 복잡성을 띠고 나타나는데, 이는 명령법을 서술법과 결합시킴으로써 윤리를 강조할 수밖에 없는 현실에서 증명된다. 따라서 모든 신자는 매 순간마다 성령의 분별에 따라 사랑의 원리로 대표되는 하나님의 계명을 실천함으로써 구속사의 현재와 관계하게 된다.

마지막으로, 개인과 구속사의 미래 단계의 관계를 말할 차례다. 초대 기독교의 대망 사상에서 보면, 개인의 미래는 완전히 전 구속사의 미래에 의존하여 있는 것이 사실이다. 그러나 종말론적 드라마가 결코 구원-선(salvation-line)의 중심이 될 수 없다는 사실도 이미 지적하였다. 그렇다면 어떻게 말할 수 있는가? 이미 중심적인 사건은 과거에 발생했지만 구속사의 미래 단계 역시 나름대로 의미를 가지고 있다고 말할 수 있을 것이다. 그리스도의 부활 안에서 믿는 자에게도 역시 부활이 이미 발생하였지만(과거 시제에 유의), 몸의 부활은 종말에 가서야 비로소 발생할 것이다(미래 시제에 유의). 세례는 성령이 중재하여 **그리스도와 함께 부활하는 것**으로 인식되었다(롬 6:3-5 참조). 그러나 성령의 활동으로 악한 육체를 현재 제한적으로 다스리곤 있지만 완전한 성취는 종말에 가서야 이루어질 것이다. 그러므로 부활 신앙과 부활 소망은 서로 밀접히 연결되어 있는 것이다.

5. 결론

오스카 쿨만은 『그리스도와 시간』이란 책을 통해 유대교가 미래적 종말론에 그 초점을 둔 것과 다르게 하나님의 구원이 그리스도의 죽음과 부활을 중심점으로 하여 발생하였다고 말한다. 그리고 이 구원은 창세 이전부터 종말 이후까지 전적으로 직선 시간이라는 틀 안에서 이루어진 것으로 파악한다. 따라서 영원의 개념 역시 시간성을 바탕으로 하고 있다고 강조한다. 구속사는 세속사와 구별되지만 서로 밀접히 관련되어 있다고 본다. 그리스도는 구속사의 중심에 항상 서 있는데, 왜냐하면 그리스도는 인간과 세계 모두의 주님이기 때문이라는 것이다.

쿨만은 그리스도를 중심으로 하여 성서의 역사를 구속사적으로 관찰함으로써 신약 성서 신학에 새로운 방향을 제시한 점에서 공헌하였다. 구약과의 연결 속에서 메시아 대망과 하나님 나라의 완성을 역사의 목적으로 밝혀주었던 것이다. 그리하여 이스라엘 역사를 포함하여 초기 기독교 이후의 역사를 단순한 역사로 보지 않고 그리스도의 빛에 비추어 성서를 해석하였다.

그러나 쿨만의 구속사관은 비판받을 소지도 안고 있는 것이 사실이다. 우선 쿨만은 구속사라는 개념 안에서 통일적으로 신약 성서를 해석하고자 하였기 때문에, 불가피하게 신약 성서 각책의 독특성과 차별성을 무시하는 결과를 가져왔다. 바울과 요한이 다르고 누가와 마태가 다른데, 이 모든 것을 하나로 평준화시키려고 한 것이다. 실제로 요한문서 안에서 바울서신만큼 구속사관이 분명하게 제시되었는지는 불트만의 견해를 빌리지 않더라도 확실하지 않다.

쿨만은 또한 성서주의적 입장을 견지하고 있기 때문에 철학적 사변이나 비교종교학적 접근을 거부함으로써 스스로 한계를 정하고 말았다. 기독교와 철학이 서로 배타적이 되어야만 하는 것인지, 기독교와 다른 종교들이 서로 영향을 주고받은 것에 관하여 의미를 부여할 수 없는 것인지는 객관적이고 진지한 검토를 필요로 할 것이다.

쿨만은 기독교의 독특성만을 지나치게 지키려고 한 것은 아니었는지 질문하게 된다. 무엇보다도 쿨만의 구속사관이 비판을 받는 것은 그의 직선적 시간관에 있다. 쿨만은 헬라적 시간관을 순환적으로 보아 기독교적 시간관과 대립되는 것으로 전제하고 있는데, 이러한 이분법이 과연 타당성을 지니고 있는지에 관해서 논란의 여지가 있다. 또한 헬라적 역사관을 공간적인 것으로 보아 기독교적 역사관을 시간적인 것으로 대립시킴으로써 성서적 계시의 현실성을 약화시켜버리는 결과를 가져왔다고도 볼 수 있다. 쿨만은 성서적 직선 사관이 유대-기독교적 시간관의 결정적인 특색인 것으로 보고 있지만, 일반 철학에서도 직선적 시간 이해를 말하고 있기 때문에 설득력이 떨어진다.

쿨만에게 있어서 가장 큰 문제점은 시간과 영원을 동일선상에서 파악하고 있다는 점이다. 시간은 창조 이전에도 존재하였으며 종말 이후에도 존재할 것으로 보고 있는데, 이를 성서적이라고 볼 수 있는가 하는 것이다. 쿨만은 영원을 무한히 긴 시간으로 봄으로써 시간과 영원의 질적 차이를 인정하지 않고 있다. 그래서 하나님과 인간의 존재 양식의 차이를 무시하는 결과를 가져왔다고 보인다. 시간과 영원이 근본적으로 차이가 없는 개념이라면, 하나님은 시간의 주가 아니라 시간의 일부가 되어버리고 말 것이다. 이러한 비판에도 불구하고, 쿨만의 구속사관은 역사에 대해 높은 관심을 보인 현대인들에게 신약 성서의 메시지를 효과적으로 전달하려고 시도한 독창적인 노력이었다고 평가된다.

B 『원시 기독교 예배』 : 성례전적 특성

쿨만은 이 책에서 크게 두 가지 문제를 다루고 있다. 첫 장은 원시 기독교 예배의 구성 요소에 관한 총체적인 내용을 다루며, 둘째 장은 요한복음과 원시 기독교 예배의 관계를 분석한다. 첫 장에서는 성찬식이 예배의 핵심이 되고 있음을 밝히려고 하며, 둘째 장에서는 요한복음서의 성격과 목적이 성례전과 관련되어 있다는 점을 본문 주석을 통해 입증하려고 시도하고 있다. 그 각각의 내용과 주장을 살펴보기로 한다.

1. 원시 기독교 예배의 구성 요소

먼저 원시 기독교 예배의 기본적 성격에 관해서 쿨만이 말하는 바를 살펴보자. 먼저, 쿨만은 원시 기독교 예배에 관한 근거 자료로서 아홉 가지를 들고 있다. 이 자료는 크게 성서 자료와 성서 외적 자료로 나뉠 수 있는데, 성서 자료로서는 원시 기독교 공동체의 생활을 묘사한 사도행전의 구절들(2:42, 46; 5:42), 고린도전서에 기록된 바울의 진술들(특히 14 장; 11:20 이후), 신약 성서의 서신들에 나타난 인사말 문구, 송영 형식, 요한계시록의 여러 곳, 그리고 요한복음서가 있다. 또한 성서 외적 자료들은 주후 150년까지의 문헌으로서 디다케(*Didache*), 저스틴의 변증론, 총독 플리니의 편지가 포함된다.

쿨만은 원시 기독교 공동체가 예배를 위해 모이던 장소로서 유대인의 관습에 따라 성전에서 모이던 것에서부터 점차로 예수의 죽음과 부활을 기념할 수 있는 가정집에서 모였다고 주장한다(눅 24:33; 행 1:13; 2:1; 2:46; 5:42; 12:12; 고전 16:19; 롬 16:5; 몬 2장; 골 4:15). 그리고 공동체 전체가 한 장소에서 모두 모이는 것을 특별히 강조하였다고 한다. 쿨만은 모이는 시간에 대해서 매일 모이는 모임에 대해서 말하기도 하고(행 2:46; 5:42; 눅 24:53) 안식일 예배를 고수하는 사람들이 있었던 것으로 보기도 하지만(마 24:20 참조), 예수가 부활한 **주님의 날**(계 1:10 참조)에 모이기 시작하였던 것이 틀림없다고 본다. 초창기에는 그냥 **일주일의 첫째 날**로서 불렀지만, 점차 **주님의 날**(계 1:10)로, 그리고 후대에 이방 세계의 태양 축제의 상징을 받아들여 **일요일**(Sunday)이라고 부르게 되었다. 그러나 이것은 이방 종교로부터 영향을 받은 차원보다는 태양 축제가 가지는 부활의 상징을 차용한 것으로 보고 있다.

초대 교회 예배의 기본적 구성 요소로서 쿨만은 설교와 기도와 성찬을 꼽고 있다. 설교는 구약 성서에서부터 그리스도 사건까지의 구속사를 추적하는 내용을 담고 있다면, 기도는 주로 예언자에 의해서 자유로운 형식으로 드려졌다. 이 기도에는 하나님에 대한 친밀한 표현인 **아바**와 예수 그리스도의 재림을 희구하는 **마라나타**라는 단어가 사용되었다. 그런데 **마라나타** 기도문은 특별히 성찬식 마지막에 드려졌던 기도문이었다(디다케 10:6)는 사실이 중요하다. 이것은 부활 후 예수 그리스도가 제자들에게 나타나 함께 식사를 하면서 "두 세 사람이라도 내 이름으로 모인 곳에는 나도 함께 있을 것이다"(마 18:20)라는 약속한 대로 성찬식 식사에 함께할 것을 기원하는 의미였다.

쿨만은 초대 교회의 예배를 지칭하는 가장 특징적인 표현으로서 **떡을 떼다**라는 말을 들고 있다. 초대 교회에서 행하여지던 가장 오래된 형태의 주의 만찬은 실제적인 식사 상황에서 행하여졌다. 그래서 **떡을 먹는다**는 말 대신에 **떡을 뗀다**는 표현을 썼던 것이다. 주의 만찬은 애초에는 예수의 죽음과는 연관이 없이 부활의 기쁨을 표현하였다. 따라서 초대 공동체의 성찬 의식은 부활 이후 그리스도와 제자들 사이에 있었던 공동 식사를 회상하는 의미를 담고 있었다. 이는 마지막 때의 메시아 향연을 앞당기는 것이기도 하였다. 성찬식에서 예수의 죽음이 강조된 것은 바울이 고린도전서 11장에서 성찬식의 기원을 최후의 만찬에로 소급하였기 때문이었다. 바울은 고린도 교회의 성찬식 습관을 교정하기 위하여 그렇게 한 것이지만 결과적으로 부활의 요소가 뒤로 밀려나게 만든 셈이 되었다. 원래는 부활한 그리스도와 한 식탁에 함께 앉아 식사하는 것이 강조되었던 성찬식이 예수의 죽음과 보혈이 강조되는 방향으로 나타나게 됨으로써, 성찬식을 실제 식사 자리에서 행하지 않게 된 것이었다. 그러나 성찬식에는 예수의 죽음에 대한 회상(과거적 요소)과 성찬의 현장에 임재하시는 그리스도(현재적 요소)와 미래에 그리스도가 도래(미래적 요소)한다는 의미를 함께 담고 있었다고 볼 수 있다.

쿨만은 초대 교회의 성찬식이 대체로 죄의 고백, 형제와의 화해, 거룩한 입맞춤, 성찬식에 참여할 수 있는 자격(세례 받은 자)에 대한 천명, 떡을 떼고 포도주를 마심, 그리고 마라나타 기도로 이어졌다고 본다. 죄의 고백과 형제와의 화해, 그리고 거룩한 입맞춤을 한 것은 그리스도가 실제로 그들에게 나타나도록 하기 위해서는 성찬식을 거행하기 전에 먼저 완전한 형제애를 갖추어야 했음을 말해준다고 하겠다.

초대 기독교 예배는 설교, 기도, 성찬식이라는 기본 요소 이외에도 여러 가지 다른 요소들도 나타나고 있었다고 쿨만은 말한다. 찬송, 계시, 방언, 방언의 해석 등이 그것이다. 이는 초대 교회의 예배가 일정한 형식을 갖춘 예배 의식이 있었을 뿐만 아니라, 어떠한 형식에도 구속되지 않는 자유로운 영적 표현도 있었음을 알게 해 주는 것이다. 특히 바울서신에는 많은 예배 의식과 관련된 말들이 많이 나오는데, 이는 바울 사도가 편지를 쓸 때 마음속으로 예배를 위하여 모인 공동체를 생각하고 있었기 때문이라고 지적한다. 그래서 바울서신 안에는 성시와 찬송가, 신앙 고백 양식, 축복 양식, 송영 형식들이 많이 등장하고 있다.

초대 기독교 예배에는 이것들 이외에 세례 의식이 있었다. 세례는 그리스도에 대한 신앙 고백을 하는 사람을 **흐르는 물**(디다케 7장)에서 주도록 되어 있었다. 이렇게 세례가 야외에서 행해져야 했던 관계로 실내에서 행해지던 일상적인 예배와는 별도로 거행되는 의식이 되었다. 그러나 경우에 따라서는 따뜻한 물이나 머리에 물을 뿌리는 것만으로도 세례를 베풀 수도 있었다고 한다.

예배의 목적에 관하여 쿨만은 한 가지로 요약한다. 그것은 공동체를 강화하는 것이다(고전 14장). 그런데 그것은 **도덕적 향상**이라는 경건주의의 진부한 의미에서가 아니라 그리스도의 몸이 공동체 안에서 실제로 형성되도록 해야 한다는 의미로 말한 것이다. 이러한 예배의 목적은 성찬식에서 **그리스도의 오심**에서 극에 달하게 되었다고 보고 있다.

그런데 쿨만에게 있어서 중요한 점은 말씀의 예배와 성찬식이라는 예배의 두 가지 구성 요소 간의 상호 관계에 관한 것이다. 쿨만은 초대 교회사나 예배사에 있어서 말씀의 예배와 성찬 예배를 마치 유대교에서 회당 예배와 성전 제사가 양립되어 있었듯이 엄격히 구분하는 경향에 대하여 반대한다. 오히려 쿨만은 저스틴의 변증론(I,

67)을 따라 두 가지 예배 형식이 처음부터 결합되어 있었다고 본다. 그리고 더 나아가서 성찬식이 하나의 예배에 있어 중심을 차지하였다고 주장한다. 말씀의 예배가 독립적으로 존재하였다고 주장하는 사람들은 사도들의 **선교적 설교**(행 5:21 참조)를 근거로 내세우고 있지만, 그것은 이교도들의 개종을 권면하기 위한 것이었지 공동체 내부의 **성장**을 위한 것은 아니었다. 말씀의 예배가 있었다면 그것은 예외적인 경우에 한했을 것이라고 본다. 독립적인 말씀의 예배를 주장하는 또 하나의 반론은 바울이 고린도전서 14장에서 말하고 있는 예배의 다른 표현들(방언, 방언의 해석, 예언) 역시 순수한 말씀의 예배 상황으로 보기 어렵다. 오히려 교회 안에 계신 그리스도의 임재는 공동 식사에서 나타났던 것이며, 열광적인 방언의 현상도 그리스도의 도래의 경험이라는 맥락 속에서 이해될 수 있다는 것이다.

이처럼 말씀의 예배와 성찬식은 원래 구분되어 있다가 결합되는 방향으로 이루어진 것이 아니라, 두 단계의 예배 순서가 점차로 구분되는 방향으로 발전된 것이다. 이것은 저스틴의 서술에서 보는 것처럼 후대에 방언, 방언의 해석, 예언과 같은 성령의 자유로운 표현이 사라지고, 성찬식도 실제적인 식사의 구실을 하지 않고 제의적인 식사로 변화되었다고 하는 점에서도 확인된다. 쿨만은 원시 기독교의 예배 가운데서 공동체가 모인 자리에서 거행되던 성찬식의 자리가 아닌 상황에서 거행하던 단 하나의 예배가 있었는데, 그것은 바로 세례식이었다고 주장한다. 이것은 세례식이 흐르는 물에서 거행된 유일회적인 의식이었기 때문이었다는 것이다.

요약하자면, 초대 교회에는 세 가지 종류의 예배 의식, 즉 말씀의 예배와 세례식과 성찬식이 있었던 것이 아니라, 공동 식사(즉, 성찬식)와 세례식이라는 두 가지 예배 의식만이 있었고, 말씀의 선포는 항상 공동 식사의 범위 안에서 거행되었다.

쿨만은 초대 교회 예배의 기독교적인 목적에 관해 말하면서 기독교의 예배 모임은 그리스도의 몸, 부활한 주님의 영적인 몸으로서의 공동체를 **성장**시키는데 목적을 두었다고 한다. 다시 말해서, 원시 기독교 예배의 다양한 구성 요소들인 떡을 떼기, 성경 읽기, 말씀의 선포, 신앙 고백, 기도, 송영, 축복 기도, 찬송, 예언, 방언, 방언의 해석 등은 모두 그리스도의 몸으로서의 교회를 성장시키려는 목적에 도움이 되는 것들이었다는 말이다. 더 나아가서 쿨만은 예배의 두 가지 기독교적 특성을 말한다. 첫째는 성찬식을 예배의 중심으로서 이해하고 시행하였다는 점이다. 둘째는 예배에 임재한 그리스도가 성령을 통하여 십자가에 달렸다가 부활한 역사적 예수를 지시함과 동시에 미래에 도래할 그리스도를 지시한다고 하는 것이다. 다시 말하면, 과거의 구속사에서 성취된 모든 것이 그리스도로 말미암아 예배에서 성취되며, 미래에 종말론적으로 완성될 모든 것도 그리스도에 의하여 예배에서 성취되기 때문이다.

2. 요한복음과 원시 기독교 예배

쿨만은 『원시 기독교 예배』라는 책에서 원시 기독교 예배의 구성 요소에 관해서 다루고 난 뒤, 원시 기독교 예배의 성서적 근거를 요한복음을 근거로 설명하고 있다. 쿨만은 요한복음이 원시 기독교 공동체에 현재하여 있는 주님과 역사적 예수 사이에 완전한 동일성이 있음을 보이고자 하였다고 전제하면서, 요한복음에서 다루고 있는 이야기들이 역사적 원칙보다는 신학적-교회적 원칙을 따라 독자들의 신앙을 염두에 두고 기록되었다고 분석한다. 공관복음서의 전승이 신앙공동체의 집단적인 신앙 전승인 반면에, 요한복음은 보다 개인적이고 의식적인 신앙 전승이 되었다고 본다. 그렇기 때문에 이러한 인식론적 관심이 요한복음서 전편에 자리 잡게 되었다.

감각적인 언어로 표현하자면, 요한복음은 **보는 것**과 **믿는 것**의 관계를 밝히려 한다는 것이다. 이 두 단어는 같은 의미를 포함하면서도 때로는 발전된 형태를 지시하기도 한다. 다같이 예수의 사건을 목격했음에도 불구하고 어떤 사람들은 믿지 않게 된 것은 하나님의 예정으로 설명한다. 로고스의 목격자라 할지라도 내적인 믿음의 행위를 거치지 않고서는 그리스도를 바르게 이해할 수 없는 것이다. 이는 또한 오직 성령의 역사를 통해서만 가능해진다. 예수 생존시에 모든 사건들을 직접 목격한 사람들도 예수의 죽음과 부활 이후에야 비로소 참된 의미를 발견하게 된 것은 바로 이 때문이었다. 여기에서 쿨만은 **기억**이라는 개념을 사용하는데, 이것은 단지 물리적 사건에 대한 기억을 의미하는 것일 뿐만 아니라, 그와 더불어 성령을 통하여 처음으로 인정된, 그 물리적 사건들에 대한 이해를 함축하는 것이라고 한다.

쿨만은 요한복음에 이중적인 의미를 가진 단어가 많이 사용되고 있는 점을 주목하면서, 이것이 요한복음서의 특성을 드러내 보여주게 되는 결과를 낳게 된다고 설명한다. 예를 들어, **이적**(signs)이 눈으로 볼 수 있는 사건을 의미하기도 하고, 그와 동시에 보다 높은 신앙의 이해를 필요로 하는 사건을 의미하기도 하는 것이다. 그러므로 요한복음서에서 감각적이고 물질적인 것은 단지 그것 자체만을 의미하지 않고 그것을 초월하는 다른 의미를 내포하고 있고, 이러한 점을 인식하는 것이야말로 요한복음을 제대로 이해하는 길이라고 밝히고 있다. 이러한 예는 **두 번째**라는 의미도 가지고 있는 **위로부**

터(ανωθεν; 3:7), **들어올리다**라는 뜻도 가진 **승천하다**(ὑψω-θηναι; 3:13-14), **보내다**라는 의미도 가지고 있는 **내어주다**(εδωκεν; 3:16), **따라가다**의 뜻도 가진 **제자가 되어 따르다**(ακολουθειν; 1:37-44), **생수**의 뜻을 가지고도 있는 **생명수**(ὑδωρ ζ-ων; 4:10), **생명의 떡**의 의미를 가지고 있는 **하늘로부터 온 떡, 즉 만나**(αρτος της ζωης; 6:35, 48), **육체적인 건강**을 뜻하기도 하는 **제의적/윤리적 정결**(ὑγιης; 5:6 이하), **마지막 때의 부활**을 뜻하기도 하는 **현재 안에서 가능하게 된 부활의 선취**(αναστηναι; 11:24 이하), **연대기적인 의미에서의 다 이루었다**는 뜻도 가지는 **신학적인 의미에서 다 이룸**(τετελεσται; 19:30) 등의 단어를 열거하는 것으로 충분할 것이다.

그런데 이러한 이중적인 의미를 통한 신학적 의미의 표현은 개별적인 단어들에 그치지 않고 문장 → 단락 → 요한복음 전체로 확대되어 나타난다는 점을 주목할 필요가 있다. 쿨만은 이러한 관점에서 요한복음의 내용을 **역사적** 설명과 **상징적** 설명 중 양자택일하는 방식으로 해석하는 것을 경계한다. 그러므로 불트만처럼 **비신화화**함으로써 신화의 외피를 벗겨버리면 바른 해석을 할 수 있다고 생각하는 견해에는 찬동하지 않는다. 따라서 쿨만은 요한복음 저자가 예수의 지상 생애에서 일어난 여러 가지 사건들로부터 출발하여 결국에는 성육신하신(지상의) 그리스도와 영화롭게 된(천상의) 그리스도의 동일성을 말하고, 성례전에 현존하여 있는 그리스도를 보여주고 있다고 하는 것을 입증하려는 것을 **알레고리적** 해석이라 하여 배격하지 않는다. 한 마디로 말하여, 쿨만은 예수의 지상 생애와 **구속사 전체**와의 연관성과 관련된 보다 깊은 이해를 추구하려고 한다.

쿨만은 요한복음 안에 예배와 관련된 일관된 흐름이 있다고 본다. 불트만은 요한복음 안에서 오로지 말씀을 통한 계시라는 모티브 하나만을 인정하고 있기 때문에, 세례와 성찬식과 관련이 있다고 인정해 온 구절들에 있어서조차 그 관련성을 부인한다. 그러나 쿨만은 고대 교회의 주석에서부터 요한복음의 예배 의식적 관심이 나타나 있었던 점을 중시하면서 요한복음의 많은 내용 가운데서 세례와 성찬식에 관련되는 의미를 찾을 수 있다고 주장한다. 쿨만이 그 근거로 다루고 있는 요한복음의 내용에 대한 주석을 정리해 보기로 하자.

1) 세례 요한과 예수의 세례(1:6-8; 1:19-34)

요한복음에서 예수에 대한 요한의 세례는 간접적으로 암시되어 있을 뿐이며, 요한이 직접 예수에 대해 증언하고 있다는 점이 특이하다. 따라서 요한복음에서 요한의 세례 행위는 독립적이고 독자적인 행위로서 중요성을 갖지 못하고 단지 그리스도를 지시하는 한에서만 그 중요성을 인정받는다. 요한은 시간적으로 먼저 오긴 하였지만, "내 뒤에 오시는 분이 나보다 앞서 계셨다"(1:15, 30)고 말하고 있기 때문에 시간적 우위성을 포기하고 있다. 그리고 예수가 **물과 성령**으로 세례를 줄 것이라고 증언함으로써 자신의 **물세례**와 구별되는 기독교 세례의 본질적인 성격을 천명한다.

예수의 세례 기사에서 요한은 "보라, 세상 죄를 지고 가는 하나님의 어린 양이로다"(1:29)라고 함으로써, 기독교의 세례가 그리스도의 죽음과 밀접하게 연관되어 있음을 알게 해 준다. 그리스도는 다른 사람들의 죄를 위하여 그의 생명을 희생 제물로 바치고 죽었는데, 그리스도는 이렇게 자신의 죽음으로 세례를 받았다는 의미에서 최초로 참된 세례를 세운 셈이 된다. 물론 여기에서 세상 죄를 **지고 가는**이라는 의미의 헬라어 동사 **페레인**(φερειν)은 이사야 42:1의 고난 받는 종보다는 세상의 죄를 **제거하는** 희생양을 의미한 것으로 볼 수 있지만, 희생 양 사상과 고난의 종 사상은 상호 연관되어 있다는 점에서 크게 문제될 것은 없다. 결론적으로, 쿨만은 어린 양 그리스도가 세상의 죄를 제거함으로써 모든 세례의 의미를 충족시키고, 성령의 세례를 도입하신 그 분에 의해서 **기독교 세례의 설립**이 이루어졌다는 기사가 요한복음의 첫머리에 기록되고 있다고 설명한다.

2) 가나의 결혼 잔치(2:1-11)

가나의 결혼 잔치 기사에서 예수는 어머니 마리아의 요청에 대하여 **아직 내 때가 오지 않았습니다**라고 대답한다. 이 **때**는 요한복음에서 어떤 의미로 쓰이고 있는가 하는 것이 여기에서는 중요한 문제가 된다. 이 **때**는 이후 요한복음 전편에서 사용되고 있는 예들을 살펴볼 때(7:6; 7:30; 8:20; 12:23; 13:1; 17:1), 이것이 예수의 **죽음의 때**를 의미한다고 하는 것이 명백하다. 가나 이야기의 문맥은 유대교의 정결 예법에 관해 언급하면서, 7장과 함께 예수의 죽음이라는 사건에 의해 완전히 변형될 유대교의 예배 의식에 관해서 이야기하고 있는 것이다. 2장에서 예수는 처음에는 어머니의 요구를 거절하였지만 결국 그 요구를 따르고 있는데, 이 역시 서로 모순되는 것이 아니라, 아직 성취될 수 없는 더욱 더 큰 기적을 암시하기 위해서 그의 어머니의 요구를 일단 거절하였다가 수락한 것으로 해석할 수 있는 것이다.

이러한 의미에서 본다면, 가나 기적에 나오는 **물**과 **포도주**가 무엇을 의미하는지는 자명해 진다. 가나 기적은 6장에 나오는 **빵의 기적**

과 병행되고 있는데, 후자가 빵과 음식에 관한 기적이라면, 전자는 포도주와 음료에 관한 기적인 것이다. 그리고 **빵**이 주의 성찬에서 베풀어지는 **그리스도의 몸**과 관련되는 것이라면, 2장의 **포도주**는 주의 성찬에서 베풀어지는 포도주, 곧 십자가에서 죄를 사하시기 위하여 흘린 그리스도의 피를 가리키고 있는 것이다.

그렇다면 **물**은 어떤 것을 의미하고 있는가? 2:6에 의하면, 물 항아리는 유대 사람들의 정결 예법을 따라 준비된 것으로서, 가나 결혼 잔치 기사가 예배의 맥락 속에 있다는 것을 말해준다. 지금까지는 물이 유대인들의 정결 예법을 위해 사용되었지만, 이제부터는 주님의 성찬의 포도주, 즉 그리스도의 피가 이 의식을 대신하게 된다. 바로 이것이 가나 결혼 잔치에서 쓰인 물이 포도주로 변화되는 물리적인 기적이 지시하고 있는 또 다른 기적이다.

3) 성전을 청결하게 하심(2:12-22)

쿨만은 요한복음에 나타나는 성전 청결 기사는 성전 예배 자체가 그리스도의 인격으로 대치됨을 의미한다고 말한다. 예수는 "이 성전을 허물라. 그러면 내가 사흘 만에 다시 세우겠다"(2:19)고 말씀하셨는데, 이것은 그 당시에 **성전**이라는 말이 공동체라는 이미지로 통용되고 있었다는 것은 확실하다. 쿨만은 더 나아가서 **성전**이 그리스도의 몸 자체까지도 가리킨다고 말하면서, **성전-공동체-그리스도의 몸**이라는 관련성을 강조한다. 이제는 더 이상 하나님의 영광과 임재(*shekina*)를 성전에서 찾을 수 없고, 하나님의 영광이 성육신한 말씀 안에서 나타난 것으로 요한복음서는 말한다. 하나님의 임재에 대한 최대의 표징(sign)은 다름이 아니라 바로 예수 그리스도의 죽음과 부활이며, 그것이 새로운 성전인 **그리스도의 몸**으로서 언급되고 있는 것이다.

그렇다면 공관복음서와 다르게 요한복음에서 성전 청결 기사가 복음서 서두 부분에 기록되고 있는지 알 수 있을 것이다. 저자 요한은 이 기사를 가나 결혼 잔치 기사 바로 다음에 연결해서 기록함으로써 또한 이 두 기사가 놀랍게도 그리스도의 죽음을 지시하고 있다는 것을 밝힘으로써, 그리스도의 죽음이 성례전과 예배 안에 일반적으로 현존함을 밝히고 있다. 쿨만은 고린도전서 10:17에서 그리스도의 몸으로서의 공동체와 성찬식에서 베풀어지는 그리스도의 몸을 연결시키면서, 성전 청결 기사가 성찬식에서 현존하시는 그리스도의 몸을 유비하는 것으로 보려고 한다.

4) 니고데모와의 대화(3:1-21)

예수는 니고데모에게 "물과 성령으로 거듭나야 한다"고 중생의 필요성을 말하는데, 여기에서 중생은 **물**로 표현됨으로써 세례와 관련되고 있다. 불트만은 **물**과 관련된 구절을 삭제해야 한다고 주장하고 있는데, 쿨만은 이는 본문 비평으로나 일반적인 상식으로도 납득할 수 없다고 비판한다. 왜냐하면 말씀(Logos)이 육신이 된 것과 마찬가지로 이 구절에서도 성령이 어떤 물질적인 요소로 현존한다고 보기 때문이다. 또한 복음서 기자는 성령에 관하여 이야기할 때(4:10, 14; 7:37-39) **물**이라는 표현을 쓰고 있는 점도 고려해야만 한다.

쿨만은 또한 세례의 결과로 얻어지는 성령을 통한 거듭남은 바로 그리스도의 죽으심에 근거를 두고 있다고 강조한다. 예수가 중생의 가능성에 대해 대답하면서, "하늘에서 내려온 인자가 다시 하늘로

올라가기 때문이다"(3:13)라고 한 것은 바로 중생의 근원이 그리스도의 십자가와 부활이라는 것을 보여준다는 것이다.

5) 야곱의 우물가에서 사마리아 여인과의 대화(4:1-30)

예배에 대한 관심이 이 대화 전편에 나타나 있는 것은 20-24절에서 참된 예배가 중심 주제로 등장하는 것에서도 확인된다. 여기에서는 **영과 진리로 드리는 예배**가 성전 예배를 대신한다고 말한다. 모든 예배는 성령 **안**에서 참된 예배가 되며, 이 성령은 이미 니고데모와의 대화 기사에서 믿는 자들로 하여금 세례를 통해서 중생의 결과를 가져오시는 바로 그 성령이다. 이처럼 성령이 모든 예배의 중심이 된다면, 세례가 기독교 예배 안에서 얼마나 중요한 위치를 차지하는지가 명확해진다.

사마리아 여인과의 대화에서 세례와의 연관성이 내재되어 있음은 매우 확실하다. **생수**는 직접적으로는 **성령**을 의미하지만, 이것이 **세례**와 관련되어 있다는 점은 부인하지 못할 것이다. 특히 야곱과 예수의 대조를 통해 야곱의 우물의 성스러운 물이 세례를 통하여 주어지는 새롭게 솟아나는 샘물과 같은 물에 비교되면서 세례를 암시한다. 또한 6장의 **생명의 떡**이 성례전적 연관성을 가진 것과 마찬가지로 이곳의 **생명의 물** 역시 세례와 연관되고 있다.

쿨만은 4장에서 물을 **마신다**라는 표현도 세례 의식과 연관된다고 보고 있다. 고대 세계의 많은 영지주의적인 세례 종파 가운데에는 세례 의식에 쓰이는 물을 마셨다는 것을 고려해 볼 때 더욱 그렇다는 것이다. "영원히 목마르지 않을 것이다"(4:13)라는 표현도 세례를 통하여 성령으로 거듭남이 오직 한 번, 그리고 유일회적으로 일어날 수 있다는 것을 기억하게 한다는 것이다.

6) 양문 옆 베데스다 연못에서 병을 고치신 기적(5:1-19)

쿨만은 터툴리안과 더불어 이 기사를 세례와 연결시키고 있다. 즉, 이전에는 일 년에 한 사람밖에 치유할 수 없었던 물이었지만 이제는 매일 모든 사람들을 치유할 수 있고 그들의 죄를 씻어줌으로써 사망의 권세를 깨뜨릴 수 있게 되었다는 것이다. 쿨만은 공관복음서에 나오는 유사한 기적 가운데서 베데스다 연못에서 38년 된 병자를 고친 기적이 요한복음에서 사용된 것은 결코 우연한 일이 아니라고 보고 있다. 양문 옆 베데스다 연못이라는 치유의 물 속으로 들어가는 대신에 예수 그리스도의 손으로 치유 받게 되는 것을 강조하려고 한 것이다. 이제는 물을 휘저어 놓을 천사를 기다릴 필요가 없으며, 치유의 기적 역시 베데스다라는 한 장소에 국한되지도 않게 되었다.

쿨만은 이 기적 이야기가 세례와 연관된 것을 고고학적인 근거에서 찾기도 한다. 베데스다 연못과 실로암 연못이 유대교적 기독교와 이방 기독교에 있어서 초기 기독교의 세례가 베풀어졌던 곳이라고 보고 있기 때문이다. 그렇다면 실로암에서 나면서부터 맹인이었던 사람을 고친 기적(9장)과 본문은 세례의 맥락 속에서 기록되고 있다고 말할 수 있다.

그리고 이 기사에는 안식일에 관한 토론이 중요하게 다루어지고 있는데, 이 역시 예배의 상황을 반영하고 있어서 본문이 세례와 연관되고 있는 점을 더 잘 설명할 수 있다고 본다. "내 아버지께서 지금도 일하시니 나도 일한다"(5:17)라는 언급은 예수가 안식일을 지배하는 권위와 능력을 가지고 있다는 것을 말한다. 또한 **아직도** 일한다는 표현은 하나님께서 더 이상 일하지 않을 때가 있다는 것을 암시하는 말로서, 이때는 그리스도가 십자가에서 죽임을 당하고 다시 부활함으로써 지상의 예수에 의해서 성취되게 되는 때이며, 그 때에는 하나님의 일하심이 중지될 것이라는 것이다.

하나님이 아직도 일하신다라는 예수의 말씀은 교회 공동체의 새로운 안식의 날, 즉 그리스도의 부활의 날로서의 **주님의 날**을 암시한다. 그리스도의 부활은 마지막 날의 새로운 창조로서의 궁극적인 안식일의 선취(anticipation)이다. 그렇기 때문에 제7일, 즉 기독교의 주일은 결과적으로 구약 성서의 예언자들이 이야기했던 또 다른 **주의 날**(야웨의 날)의 선취인 것이다. 그러므로 5:17의 **아직도**는 그리스도의 부활과 마지막 날의 새 창조를 가리키고 있다.

쿨만은 교회가 유대교의 안식일이 아니라 주일을 지키고 있는 점과 관련한 오해를 풀어주려고 한다. 우리는 언뜻 초대 기독교가 안식일을 폐지하고 그것과는 전혀 다른 어떤 날을 지킬 뿐만 아니라 그 날을 전혀 다른 의미로서 축하하는 것으로 생각할 수 있기 때문이다. 그래서 종종 주일을 축하한다는 것이 마치 안식일을 거룩하게 지키라는 구약 성서의 계명을 어기는 것처럼 주장하기도 하는 것이다. 그러나 쿨만은 기독교가 지키고 있는 제7일의 주일은 그리스도가 부활하신 날이라는 의미로서 **주님의 날**이며, 참된 **하나님의 안식**과 관련된다는 점을 강조한다.

7) 군중을 먹이신 이적(6:1-13, 26-65)

쿨만은 오병이어의 기적을 설명하기 위해 하신 긴 강화(6:26-65)

가 오래 전부터 성찬식에서 행한 설교로 간주되어 왔다고 지적한다. 이것은 이 강화에서 **주다**(διδοναι), **위하여**(ὑπερ), **빵**(αρτος), **피**(αἷμα), **먹다**(φαγειν), **마시다**(πιπειν)와 같은 성찬식 용어가 많이 사용되고 있기 때문이다.

생명의 떡에 관한 설교는 두 부분(27-47절; 48-65절)으로 구분할 수 있는데, 두 부분 모두 주님의 성찬에 관해서 언급하고 있다고 본다. 그 첫 번째 부분은 생명의 떡이신 그리스도의 인격에 관해서 다루고 있고, 두 번째 부분은 성례전에서 베풀어지는 떡에 관해서 직접적으로 언급하고 있다.

제자들이 "주님, 그 떡을 '언제나'(παντοτε) 우리에게 주십시오"(6:34)라고 말했을 때, **언제나**라는 의미는 유대인들이 먹었던 만나와는 달리 "예수가 스스로 내가 곧 생명의 떡이다"라는 의미로서 성찬식에서 언제나 먹을 수 있는 것을 암시하고자 한 것이다. 또한 "나를 믿는 사람은 언제나 목마르지 않을 것이다"라고 함으로써 성찬식의 포도주를 언급하고 있다.

그러나 쿨만은 그들이 잘 아는 요셉의 아들인 **예수의 몸을 먹고**, **예수의 피를 마신다**라는 생명의 떡에 관한 설교는 그 당시에도 귀에 거슬리는 말이 되었다(6:60)는 점을 지적한다. 생명의 떡이신 그리스도가 실제로 하늘로부터 오셨지만, 지금 그가 공동체 안에서 떡이라는 단순한 형태로 현존하시는 것과 마찬가지로, 그가 지상에 내려오셨을 때에는 가장 비천한 모습으로 오시기를 선택하셨다는 것이다. 쿨만의 이러한 설명은 화체설을 지지하려는 목적보다는 초대 기독교 당시 부활하신 예수가 공동체 안에 성만찬을 통해 현존하고 있었다는 것을 강조하려 한 것으로 볼 수 있을 것이다.

쿨만은 저자 요한이 바울과 마찬가지로 주님의 성찬이 부활하신 몸과의 교제일 뿐만 아니라 그리스도로부터 오는 구속을 얻게 되는 성례전이라는 점을 밝히고 있다고 지적한다. 이러한 구속은 실제적인 맛봄을 전제한다. 물질적이고 반도케티즘적(anti-docetic) 입장을 드러내고자 저자 요한이 본문에서 **몸**(body, σωμα) 대신에 **육**(flesh, σαρξ)이라는 용어를 사용하며, 단순히 **먹는다**(εσθιειν, φαγειν)는 동사가 아니라 매우 구체적인 의미로서 **조각조각 뜯어 먹다**(τρωγειν)라는 동사를 사용하고 있다고 한다. 따라서 육이라는 단어는 단순히 역사적 예수에만 연관되는 개념이 아니라 부활하신 그리스도에게도 연관된다는 것이다.

8) 실로암 연못에서 고침을 받은 나면서부터 눈 먼 사람(9:1-39)

이 기적은 베데스다 연못에서 38년 된 병자를 고친 기적과 함께 세례와 연관되어 있음이 분명하다. 두 기적은 다같이 못에서 기적이 베풀어졌고, 안식일에 일어난 사건이며, 예수와 유대인들 간에 논쟁을 불러일으켰다는 점에서 공통점을 가지고 있다. 전자가 예수를 **생명을 주시는 이**로 묘사했다면, 후자는 **빛을 주시는 이**로 묘사하고 있다.

쿨만은 이 시점에서 한 가지 흥미로운 지적을 하고 있다. 초기에는 세례를 지칭하는 희랍어 단어 **포티스모스**(φωτισμος, enlightenment)와 히브리서의 **포티스쎄나이**(φωτισθηναι, to be enlightened)라는 희랍어 동사가 이미 **밥티스쎄나이**(βαπτισθηναι, to be baptized)와 동의어로 사용되고 있었다는 것이다. 그렇기 때문에 **빛**을 강조하는 본문이 세례와 연관되는 것을 요한복음 기자가 잘 알고 있었으리라고 보는 것이다.

또한 쿨만은 저자 요한이 실로암의 치유 기적과 기독론적인 구원 역사를 연관시키고 있다고 보는데, 그 근거로서 **실로암**이라는 단어가 **보냄을 받은 자**이신 그리스도와 뜻을 같이하고 있는 것에서 찾고 있다. 이는 약간의 비약을 보여주기는 하지만, 쿨만은 주저 없이 자신의 입장을 입증할 수 있는 것으로 보고 있다.

9) 제자들의 발을 씻으심(13:1-20)

제자들의 발을 씻으신 사건은 공관복음서에 의하면 예수가 주의 성찬을 제정하신 바로 그날 밤에 일어났다. 그러므로 요한복음은 성찬을 언급하지 않는 것이 아니라 요한 기자의 경향을 보여주는 가운데서 성찬을 암시하고 있다고 보아야 할 것이다. 그렇다면 저자 요한은 세족식을 통해 그리스도와 제자들 사이의 **사랑의 친교**를 강조하는 방식의 성찬을 보여주고자 한 것으로 보인다.

저자 요한이 제자들의 발을 씻으시는 장면을 묘사한 바로 그 다음에 주의 성찬에 관해서 간접적으로 이야기하고 있는 데는 더 깊은 이유가 있다. 그렇게 함으로써 그는 주의 성찬과 세례라는 두 성례전을 연결시킬 수가 있게 되었다. 베드로가 **온 몸**을 씻어주기를 요청했을 때, 예수께서 "이미 목욕한 사람은 온 몸이 깨끗하니 발밖에 더 씻을 필요가 없다"라고 대답한 데서 그 근거를 찾을 수 있다. 세례를 이미 받은 사람은 비록 그가 죄를 또 지었더라도 다시 세례를 받을 필요가 없는 것이다. 초대 교회에서는 온 몸을 물 속에 담그는 **목욕**을 함으로써 세례를 받았기 때문에 이것이 세례와 연관되는 것은 자명하다. 쿨만은 세례와 성찬이 하나라는 것을 말하면서도 둘 사이의 차이를 또한 지적하고 있다. 전자는 오직 한 번 있는 사건으로서 반복될 수 없는데, 그것은 그리스도의 죽음이 반복될 수 없는 것과 같은 이치다. 후자는 반복되어야 하는 성례전인데, 그것은 사랑의 친교가 이루어지는 성례전, 즉 주의 성찬이다.

10) 고별 설교(13:31-17:26)

쿨만은 고별 설교를 성찬식의 성격에 비추어 보지 못하면 그 심오한 의미를 이해하지 못할 것이라고 말한다. 고별 설교는 가룟 유다가 **빵 조각을 받고 곧 나갔던 그 날 밤** 마지막 만찬석상에서 행해졌다(13:30-31). 공관복음서에서는 유월절 식사를 **준비**하라는 말씀과 연관되어 나타난다. 이것은 현재와 미래가 시간적으로 연결되고 있음과 초대 기독교의 성격을 반영하고 있는 종말의 날의 암시로서의 예배의 개념과 완전히 부합된다는 것이다.

쿨만은 대제사장의 기도(17장) 역시 전형적인 성찬식의 기도라고 보고 있다. 포도나무와 가지의 관계(15장) 역시 성찬식을 통한 모든 믿는 자들의 그리스도와의 친교로 파악한다. 제자들과 그리스도의 친교는 성찬식에 근거하고 있으며, "내가 다시 올 것이다"는 고별 설교는 우리로 하여금 예수의 부활 현현과 종말의 날에 그리스도께서 다시 오셔서 공동체를 모으시고, 그들로 하여금 주의 성찬을 다 같이 기념할 수 있도록 하신다는 재림 사건을 생각하도록 만든다.

11) 창으로 옆구리를 찌름(19:34)

쿨만은 요한복음에서 예수가 죽은 것을 확인하기 위해 창으로 옆구리를 찌른 것을 자세히 말하고 있는 이유는 예수의 상처에서 흐른 물과 피가 그리스도의 죽음과 두 성례전이 밀접하게 연관되어 있음을 나타내기 위한 것이라고 본다. 역사적인 예수는 숨을 거두게 되었고 그의 몸은 아직 십자가 위에 달려 있었는데, 이때부터 그는 세례와 성만찬이라는 성례전 속에서 지상에 현존하신 것으로 설명한다. 또한 예수의 상처로부터 흘러나온 물과 피가 정말 물과 피였던 것과 마찬가지로, 그가 성례전 안에서 현존하심도 역시 진실하다는 논리다("그리스도가 물로만이 아니라 물과 피로 오신다"는 요일 5:6-8의 말씀 참조).

요한복음 기자는 "이 사실은 목격자가 본 대로 증거한 것이기 때문에 그의 증거는 참됩니다."(19:35)라고 하면서 목격자의 참된 증거를 강조한다. 이는 중요한 의미를 담고 있는 이 사건이 실제로 일어났다는 사실을 매우 중요하게 여기고 있음을 보여준다. 이처럼 요한 문서에 있어서 역사적인 예수와 성례전에 현존하시는 교회의 그리스도는 동일한 분으로 묘사되고 있다.

3. 결론

쿨만은 원시 기독교 예배의 특성을 부활하신 그리스도와의 연합에서 찾고 있으며, 그것이 성찬식을 중심의 예배에서 극치를 이룬다고 보고 있다. 앞에서 살펴본 것과 같이, 쿨만은 원시 기독교 예배의 핵심 구성 요소인 세례와 성찬이라는 두 성례전이 가장 많이 암시되어 있는 요한복음의 여러 본문들을 주석함으로써 그의 주장을 설득력 있게 제시하고 있다.

쿨만은 **요한복음과 원시 기독교 예배**에 관하여 논하면서 다음과 같은 결론을 내리고 있다: 1) 하나님께서는 더 이상 성전에 국한되어 현존하시는 것이 아니라 그리스도의 인격 안에 현존하신다; 2) 그리스도가 예배의 중심이기 때문에, 하나님과의 사귐을 위한 옛 약속에 속한 모든 수단들(정결예법, 요한의 세례 등)은 세례와 성찬과 같은 성례전으로 대체된다; 3) 이 두 성례전은 예수 그리스도의 사건을 지시하고 있는 물질적인 실체, 즉 성령, 물, 떡과 포도주 안에서 자신의 현존을 드러내신다는 공통점을 가지고 있다; 4) 두 성례전은 성육신하신 그리스도가 부활하시어 행하시는 기적이다; 5) 두 성례전은 예수의 죽음과 밀접한 관계를 지닌다; 6) 두 성례전은 예수의 승천과도 연관되어 있고, 성령은 부활을 선취하도록 중재한다; 7) 두 성례전은 종말의 날에 일어날 일을 암시한다; 8) 두 성례전은 인간의 믿음을 전제로 한다; 9) 두 성례전의 차이는 세례가 반복될 수 없는 사건인데 비해 주의 성찬은 반복된다는 특성이 있다는 것이다.

요한복음에는 공관복음서와 다르게 성만찬 제정 기사나 세례가 명시적으로 언급되거나 강조되지 않고 있다. 그래서 흔히 요한복음을 반성례전적(anti-sacramental)이라거나 무성례전적(a-sacramental)인 복음서라고 부르기도 한다. 그러나 쿨만의 지적에서 살펴본 대로 요한복음은 성례전을 암시적이고 상징적인 방식으로 표현하고 있을 뿐이다. 요한복음은 단지 성례전을 다른 방식으로 드러내는 정도가 아니라, 원시 기독교 예배에서 핵심적인 요소로서 자리 잡고 있었다는 점을 강조하고 있다. 성례전은 처음부터 말씀의 선포와 더불어 하나의 예배로 결합되어 있었다는 것이다. 쿨만은 이를 증명하기 위해, 요한복음에서 열한 곳의 본문을 주석하는 방식으로 그것을 확증하고 있다.

Ⓒ 『국가와 하나님의 나라』 : 두 왕국의 대립

쿨만은 신약 성서의 핵심이 종말론에 있다고 보고, 국가 또는 세상과의 관계를 어떻게 설정해야 하는가를 이 책에서 고민한다. 그는 기독교의 종말론이 단지 **세상에 대한 부정**을 의미하는 것은 아니지만 분명히 **세상에 대한 긍정**도 아니라고 하면서, 그리스도 안에서 종말이 이미 도래되었으면서도 다른 한편으로 현세의 틀이 아직 지속되고 있기 때문에 그 종말의 완성은 아직 미래에 있을 것이라고 하는 연대기적 이중성을 말하고 있다. 따라서 신약 성서에서는 국가 자체를 거부하지도 않지만 국가를 궁극적인 것인 양 받아들이지 않고 잠정적 성격을 가지고 있다고 결론을 내린다.

1. 예수와 열심당의 관계

쿨만은 예수와 열심당의 저항 운동 간의 관계를 추론하면서 국가에 대한 예수의 태도를 조명하려고 한다. 먼저 유대교는 신정 정치라는 경직된 정치적 프로그램을 가지고 있었기 때문에 로마 제국에 의해 박해를 받았다고 보면서, 막 태어난 기독교는 이와는 다른 길을 모색하였다고 지적한다. 예수의 제자들은 사두개파로 대표되는 친로마주의와 열심당으로 대표되는 반로마주의라는 두 개의 전선에서 싸워야 했다고 한다. 예수는 사두개파의 국가에 대한 무조건적 복종을 따를 수 없었다. 바리새파가 보여준 국가와 유대 회중 사이를 혼동한 동일시에도 찬성할 수 없었다. 이에 비해서 열심당은 저항 운동과 봉기를 통해 로마 제국을 전복하려는 거룩한 전쟁을 선포하였고, 두 차례의 유대인 전쟁(주후 66-73년; 132-135년)을 촉발시켰다. 예수는 열심당 운동에 대해 어떤 방식으로든 알게 되었을 것이다.

우리는 여기에서 쿨만의 조심스러운 태도를 보게 된다. 예수가 로마에 의해 열심당원으로 간주되어 십자가에 못박혀 죽었지만, 그를 열심당원과 동일시하는 것은 지나치다고 말한다. 그러면서도 예수의 제자들 중 많은 사람들이 열심당과 관계를 맺고 있었을 것이라고 추정한다. 로마인들은 유대 지역의 불안에 대하여 민감한 반응을 보였으며, 이것은 유대인 역사가 요세푸스의 『유대 전쟁사』를 통해 갈릴리의 유다나 드다에 대해서 말한 내용에서 확인된다. 더 나아가서 사도행전의 내용을 통해서 보면, 예수(행 5:36-37)와 바울(행 21:38)이 열심당원으로 간주되고 있음이 암시되어 있다.

예수의 제자 중 **셀롯인 시몬**(눅 6장; 행 1장의 제자 명단)은 열심당에 소속되어 있었거나 적어도 제자로 부름을 받기 전에 열심당에 소속되어 있었다고 말할 수 있다(막 3:18과 마 10:4에서는 **가나안인 시몬**이라고 오역되고 있다). 헬라어 **셀롯**은 **카나나이오스**라는 셈어 명사 **카나**, 즉 **열심**(zealot)이라는 어원에서 온 말이기 때문이다.

쿨만은 가룟 유다 역시 열심당과 관계가 있는 것으로 보고 있다. **가룟**(Iscariot)이라는 말은 **가리옷 출신의 사람**이라는 말로도 해석할 수 있지만(문제는 그러한 지명을 확인할 수 없다), 라틴어 **시카리우스**(sicarius)의 셈어 표기로서 보는 것이 더 그럴 법하지 않는가라고 반문한다. 그렇다면 유다의 배반을 더 쉽게 이해할 수 있을 것이라는 설명도 덧붙이고 있다.

수제자 베드로 역시 쿨만은 열심당과 관련시키기를 멈추지 않는다. 베드로는 가이사랴 빌립보에서 고난을 통한 메시아 임무를 제지하려 했기 때문에 **사탄아, 내 뒤로 물러가라**는 책망을 들었고, 겟세마네 동산에 **검**을 갖고 가서 자객(sicarii; 시카리는 열심당원에 대한 라틴어 호칭)의 방식을 좇았던 적이 있었다. 특히 마 16:17에서 베드로를 **바요나 시몬**이라고 부르고 있는데, 이것은 **요한의 아들**로 번역될 수 있는 말이라기보다 테러리스트를 뜻하는 아카디아어에서 차용된 단어일 것이라고 확언하고 있다.

쿨만은 또한 세베대의 아들들에게서도 열심당의 냄새가 난다고 한다. 그들은 예수가 영광 중에 보좌에 앉게 될 때에 보좌 양편에 앉기를 부탁하였으며(막 10:37), 사마리아인들이 예수를 영접하지 않았을 때 하늘로부터 불을 내리기를 원했으며(눅 9:54), **우뢰의 아들들**이란 심상치 않은 별명도 가지고 있었기 때문이다.

예수 자신도 사십 일 금식 후에 세상의 지배권을 가지고 사탄에게 시험을 받았으며, 가이사랴 빌립보에서 베드로에게 **사탄**의 시험을 받았고, 겟세마네 동산의 결정적인 순간에 이르러서도 **고난의 인자**로서의 메시아적 소명을 완수할 것을 고민하는 모습을 보여줌으로써, 열심당의 이상과 맞부닥쳤었음을 보여준다. 그러나 예수는 결국 열심당의 방법을 거부하고 죽음을 통해 하나님의 뜻을 실현하기로 결심하고 행동에 옮겼던 것이다.

쿨만은 자신의 결론을 입증하기 위해 예수가 국가를 궁극적인 제도로 받아들이지 않은 예를 든다. 예수가 로마인에 의해 임명된 헤롯이 그를 위협하여 영토 밖으로 내쫓으려 할 때 헤롯을 서슴없이 **여우**라고 불렀고(눅 13:32), 무력을 사용하여 백성들을 압제하면서도 스스로를 **은인**(눅 22:25)이라고 불렀던 통치자들을 풍자한 점을 예로 들고 있다.

또한 예수는 로마의 백부장은 물론, 유대 사회에서 서로 원수로 생각하는 열심당원과 세리를 차별 없이 부르고 있다. 예수는 열심당의 태도를 인정하는 말을 하지 않고, 오히려 "가이사의 것은 가이사에게, 하나님의 것은 하나님께 바치라"(막 12:17 과 평행구절들)라고 함으로써 열심당의 세금 거부 운동에 찬물을 끼얹고 있다. 더 나아가서 예수는 "악한 자를 대적하지 말라"는 산상수훈의 말씀을 통해서도 열심당원의 저항 방식을 따르지 말 것을 명령한다. "천국은 침노를 당하나니, 침노하는 자는 빼앗느니라"(마 11:12; 눅 16:16)라는 난해한 말씀도 폭력으로 국가를 공격하여 하나님의 나라를 세우려고 하는 열심당의 노력을 칭찬하는 것은 아니다. 이처럼 예수는 하나님의 왕국에 대한 관심을 가지고 있으면서도 인간의 힘으로 이룩할 수 있는 정치적 왕국은 거부하는 이중성을 보여준다.

쿨만은 "**예수와 그 시대의 혁명가들**"(**Jesus und die Revolutionären seiner Zeit**, J.C.B.Mohr, Tübingen, 1970)이라는 논문에서 예수와 열심당과의 관계를 다시 한 번 논의하고 있다. 예수는 이 세상의 모든 실재를 상대화하였기 때문에, **기존 질서**와 **혁명** 중에서 양자택일을 해야 할 필요가 없었다고 말한다. 열심당과 다르게 예수는 하나님의 나라가 하나님으로부터 온다고 선포했고 그 실현은 우리의 손에 달려 있지 않다고 가르쳤다.

이러한 종말론적 전망을 기초로 해서 쿨만은 예수가 1) 당시의 기존 성전 예배와 2) 사회 질서와 3) 특별히 국가 제도에 대하여 보여준 이중적인 태도를 이해할 수 있다고 설명한다. 즉, 성전을 정화했지만, 그것은 예언자적 방식을 통하여 그렇게 한 것이지 열심당처럼 기존의 성전 제도를 폐지하고 새로운 제도를 세우고자 한 것이 아니었다. 예수는 사회적 불의에 대해 비판적이었지만 사회 질서의 전복을 획책한 것은 아니었다. 오히려 인간 대 하나님의 관계와 그의 이웃과의 관계를 변화시키는 개인의 과격한 심정 변화를 강조하였다. 예수는 빌라도에 의해 열심당으로 오해되어 십자가형에 처해졌지만 원수 사랑을 강조함으로써 열심당과는 다른 정치적 태도를 보여주었다.

쿨만은 예수의 이와 같은 태도가 한편으로 종말론적 급진주의로 인해 기존 질서를 끊임없이 비판하게 하였지만, 다른 한편으로는 오고 있는 하나님의 나라를 폭력을 통해 침해하는 열심당적 저항 운동을 거부하게 만들었다고 말한다. 예수와 열심당은 다같이 종말론적 급진주의에서 출발하지만, 예수는 **이 세상에 속하지 않는 하나님의 나라**에 대한 비전을 가지고 있었기 때문에 기존 질서의 옹호자를 향해서만이 아니라 열심당을 향해서도 비판적일 수 있었다는 것이다.

2. 예수의 유죄 판결에 대한 책임의 문제: 유대인이냐, 로마인이냐?

예수는 스스로를 어떻게 생각했을까? 쿨만은 이러한 질문에 하늘 구름을 타고 올 인자라는 메시아적 자의식을 가졌다고 보고 있다. 이 인자 개념은 다니엘서와 유대 묵시 문학(에녹 1서)의 영향을 받은 것이다. 특히 다니엘서는 인자가 하늘에서 내려와서 이 세상에 속하지 않은 왕국을 세우는 것을 말한다. 예수가 유죄 판결을 받은 것은 유대인들보다는 로마인들에 의한 것인데, 예수가 자신을 세상에 하나님의 왕국을 세우려고 온 인자로 생각하지 않았다면 상상할 수 없는 것이기 때문이다.

메시아의 자의식과 관련하여 말하자면, 예수는 자신이 메시아(헬라어로 **그리스도**)로 불리기를 기피하였다. 윌리암 브레데(W. Wrede)는 예수 생전에 메시아로 인정되지 않은 것을 설명하기 위해서 **메시아 비밀**의 개념을 도입하였다고 주장하지만, 쿨만은 이러한 견해에 동의하지 않는다. 그것은 예수가 메시아의 개념을 어떻게 생각하였는지에 따라서 얼마든지 설명될 수 있기 때문이다. 첫째로, 쿨만은 예수가 가이사랴 빌립보에서 의도적으로 **인자**라는 칭호를 사용한 것에 주목할 것을 지적한다. 예수는 베드로가 "주는 그리스도이시니이다"라고 고백하는 말에는 가부간 응답하지 않고 침묵을 명한 후에 "인자가 많은 고난을 받아야 한다"고 가르친다. 둘째로, 쿨만은 예수가 대제사장의 심문을 받을 때 취한 태도를 들어 말한다. 심문의 목적이 유대인들이 예수를 로마인들에게 고발하기 위한 빌미를 찾기 위해서 "네가 메시아냐?"(막 14:61)고 질문했을 때, 직접적인 대답을 피한 것이다. "네가 그렇게 말하는도다."(You say so)라는 대답은 **그렇다**는 뜻으로 해석할 수도 있지만, 아람어 어법을 따라서 **아니다**라는 대답도 될 수 있다고 쿨만은 주장한다. 셋째로, 쿨만은 빌라도의 질문에 대한 예수의 대답을 예로 든다. 빌라도가 "네가 유대인의 왕이냐?"(막 15:2)고 질문했을 때, 역시 "네가 그렇게 말하는도다"라고 대답함으로써 직접적인 대답을 회피하였을 가능성이 있다는 것이다. 이 모든 쿨만의 주장은 예수가 열심당원들이 바라는 정치적인 유대 왕이자 혁명가에 대한 기대를 저버리고 있다는 것에 모아지고 있다.

예수를 열심당으로 볼 수 있는 성경적 근거로서 "검 없는 자는 겉옷을 팔아 살지어다"(눅 22:35)라는 말씀을 들기도 하는데, 쿨만은 이에 대해 길게 논의한다. 그러나 예수가 "검을 가지는 자는 다 검으로 망하느니라"(마 26:52)라고 한 문맥도 바로 이곳이라는 점을 지적하면서, 이것은 제자들이 받을 박해에 대한 비유적 표현이라고 해석한다. 적어도 예수의 죽음에 이어 닥칠 박해에 대비하여 스스로를 방어하라는 의미를 넘어서지는 않을 것이다. 제자들이 "여기 검 둘이 있나이다"라고 말할 때 "족하다"고 대답함으로써 열심당주의를 받아들이지 않았음이 분명하다. "주여 우리가 검으로 치리이까?"(눅 22:49)에 대해서 예수는 확실하게 "이것까지 참으라"고 명령하였다.

납세와 관련하여 예수를 시험에 빠뜨리려고 한 이야기에서도 예수의 반열심당적 태도를 볼 수 있다. 유대인들이 예수를 고발하여 "우리가 이 사람을 보매 우리 백성을 미혹하고 가이사에게 세 바치는 것을 금하더이다"(눅 23:2) 라고 말한 것은 예수가 열심당의 우두머리라는 것을 의미한 것일 수 있다. 그러나 예수는 "가이사의 것은 가이사에게 하나님의 것은 하나님께 바치라"고 함으로써 열심당의 입장을 대변하지 않는다. 다만 예수는 납세에 대해 이중성을 보여준다. 하나님의 나라는 이 세상 나라와 다른 차원에 속하고 있기 때문에 서로 다르기는 하지만, 우리가 이 세상에 속하여 살고 있는 이상 국가에 대한 의무는 행해야 하는 것으로 말하고 있는 것이다.

예수가 예루살렘에 입성할 때 호전적인 메시아로서 말을 타고 입성한 것이 아니라 나귀를 타고 입성한 것은(슥 9:9 참조) 혁명적인 의도가 없었다는 것을 말해 준다고 쿨만은 말한다. 그러나 쿨만은 나무 가지를 사용한 것이 마카비의 저항 운동과 관련된 것이며, 그것에 대한 기억이 열심당원들에게 확실히 중요한 역할을 했다는 점을 지적하는 견해도 소개하면서 예수의 태도에 대해 사람들이 오해할 수 있었음을 내비친다.

그러면 예수의 죽음에는 누가 직접적이고 법적인 판결을 내렸는가? 쿨만은 이 문제와 관련하여 유대인들이 아닌 로마인들의 책임을 부각시킨다. 유대인 대제사장은 비공식적 심문(전임 대제사장인 안나스에 의한 심문과 밤중에 이루어진 산헤드린 심문으로 볼 때)을 한 것에 불과했고, 로마 지휘관의 명령에 따라 예수가 체포되고(요 18:3), 로마 형벌인 **십자가 처형**이 이루어졌으며, 정치적인 죄목인 **유대인의 왕**이라는 죄패를 붙인 것을 볼 때 로마인의 판결에 따라 이루어진 것임을 강조한다.

쿨만은 결론적으로 이같이 말한다: 1) 예수는 전 사역을 통해서 열심당주의와 접촉해야 했다; 2) 예수는 로마 국가에 대해 비판적인 태도를 취하기는 했지만, 열심당주의는 부정했다; 3) 예수는 로마인들에 의해 열심당원으로 오해되어 사형을 당했다.

3. 바울과 국가

쿨만은 바울의 국가관이 오해되고 있음을 "각 사람은 위에 있는 권세들에 굴복하라"(롬 13:1) 는 말씀의 해석에 근거하여 시정하려고 한다. 이 말씀은 신약 성서에서 가장 오용되어 온 예라고 소개하면서 다음의 몇 가지 근거에서 잘못되었다고 지적한다. 첫째로, 문맥상 여기에서 논의되고 있는 것은 "악을 악으로 갚을 것이 아니라 오히려 원수에게 선을 베풀라"는 기독교의 사랑의 계율에 대해 말하고 있다는 것이다. 둘째로, "밤이 깊고 낮이 가까웠으니"(롬 13:11)

라는 말씀이 바로 그 다음에 나오는 것으로 보아 이 말씀은 종말론적 문맥에서 보아야 한다는 것이다.

이러한 문맥에 대한 고찰을 바탕으로 쿨만은 바울의 국가에 대한 태도를 다음과 같이 정리해 준다: 1) 국가는 궁극적인 것도 절대적인 것도 아니다. 그것은 사라질 것이다; 2) 이 세상이 지속되는 동안 국가는 그 자체가 신성한 실체가 아니지만, 그것은 잠정적인 제도로서 하나님께서 뜻하신 것이다. 하나님은 국가를 이용하시며, 국가는 무의식적으로 하나님의 일(하나님만이 하실 수 있는 원수 갚는 일을 국가가 대신함)을 행한다.

쿨만은 이어서 로마서 13:1의 말씀과 배치되는 듯한 고린도전서 6:1 이하의 말씀을 고찰한다. 왜냐하면 고린도전서 6장에서는 "국가의 법정에 소송을 제기하지 말라"고 함으로써 국가의 제도와 권위를 부인하고 있는 것처럼 말하기 때문이다. 그러나 고린도전서 6장은 분쟁의 해결을 위해 그리스도인들이 국가의 합법적인 사법 제도를 이용하려고 하지 말 것을 의미한다는 것이다. 그리스도인이 국가의 존재를 위협하지 않으면서도 국가의 도움을 받지 않고 문제를 해결할 수 있다면 그렇게 하라는 것이다. 국가가 모든 문제에 있어서 궁극적인 해결책은 아니기 때문이다. 그렇다면 고린도전서 6:1 이하의 말씀과 로마서 13:1 이하의 말씀은 상호 모순되거나 배치되는 것이 아니라고 말할 수 있다.

쿨만은 로마서 13:1의 바른 해석을 위하여 또 다른 성경 구절인 고린도전서 2:8을 거론한다. 고린도전서 2:8은 "이 지혜는 이 세대의 관원이 하나도 알지 못하였나니 만일 알았더라면 영광의 주를 십자가에 못박지 아니하였으리라"라고 말하고 있다. 여기서 **이 세대의 관원**이라는 표현은 헬라인 독자들에게 **세상의 정치 지도자들**을 의미했겠지만, 유대인 독자들에게는 **모든 세속적인 사건들 뒤에서 역사하고 있고 인간들을 실질적인 대리인들로 이용하는 마귀적인 보이지 않는 권세들**로 이해되었다. 다른 말로 하면 천사들이 배후에 있다는 개념이다. 이 세대의 관원들은 **알지 못한 채** 하나님이 허락한 범위 안에서 악한 영의 하수인 노릇을 하고 있는 것이다.

그렇다면 바울은 이 세 구절을 통해 국가에 대해 어떤 결론을 내리고자 했는가? 쿨만은 말하기를, 국가는 본질적으로 전혀 신성한 것이 아니지만, 여전히 하나님께서 뜻하시는 질서 속에 서 있는 한에서 일종의 어떤 존엄을 유지한다는 뜻이라고 한다. 국가는 잠정적인 질서이며 하나님의 허락한 범위 내에서의 제도다. 그러므로 국가가 하나님의 뜻을 거스를 때에도 그리스도인들이 무조건 복종해야 한다는 것은 아니다. 즉 그리스도인의 저항권과 혁명권을 부인하지 않는다는 입장이다.

4. 요한계시록에서의 국가

쿨만은 요한계시록에서의 국가 문제를 언급한다. 기본적으로 요한계시록에서는 예수와 바울에게서 볼 수 있는 문제의 복잡성이 존재하지 않는다고 말한다. 왜냐하면 바울에 의해 로마서 13장에서 긍정적으로 표현된 국가가 요한계시록에서는 가장 극단적인 형태, 로마의 가이사 숭배로 표현된 가장 극단적인 형태에 집중되고 있기 때문이다. 로마 제국의 황제 숭배는 국가가 그 적정한 한계 속에 머물러 있음으로써 구속적인 제도(redemptive institution)가 될 수 있었는데, 피지배자들의 영혼까지도 장악하려고 하였기 때문에 사악한 것으로 변모하였다.

쿨만은 요한계시록의 저자가 놀라운 통찰력을 가지고 로마 제국의 사탄적 요소가 황제의 신격화에 있음을 보았다고 말한다. 특히 계 13:18에 나오는 "지혜가 여기 있으니 총명 있는 자는 그 짐승의 수를 세어 보아라. 그 수는 사람의 수니 육백 육십 육이니라"라는 말씀을 가지고 설명한다. 666이라는 숫자는 초대 교회의 모든 사람들에게 익숙했던 독특한 계산 방법인 게마트리아(gematria)에 의해 **세어보면** 여러 많은 가능성이 있다. 그 중 **가이사 네로**(Kaisar Nero), **라티노스**(Lateinos), **티탄**(Teitan) 등을 들 수 있고, 숫자의 연산법을 통해 8(마귀의 숫자로서 신성한 숫자인 7에다가 1을 더한 수)이란 숫자로 거슬러 올라간다고도 한다(1에서 8까지 더하면 36이 되고, 그 다음 1에서 36까지 더하면 666이 된다). 라틴어 사본에는 666 대신 616이 나오고 있는데, 이는 **가이사 떼오스**(Kaisar Theos), 즉 **가이사는 신이다**라는 뜻이라고 소개한다. 숫자에 대한 이러한 해석이 옳든지 그렇지 않든지 간에, 이것이 전체주의 국가의 종교적 요구인 황제 숭배 사상을 잘 표현하고 있다는 점에서 요한계시록에서 보는 국가관을 말해 준다고 하겠다.

쿨만은 다시 한 번 결론을 내리면서 다음과 같이 말한다: 1) 교회는 국가에 가능한 복종해야 한다. 교회는 무정부주의와 열심당주의에 찬성하지 않는다. 2) 교회는 국가에 대한 감시자의 역할을 완수해야 한다. 3) 교회는 종교-이데올로기적 월권의 범위에 있는 국가의 어떠한 요구라도 반대해야 하며, 그 한계를 넘어서는 국가를 반드시 부정해야 한다.

5. 권세의 의미: 국가의 권세인가, 천사의 권세인가?

『국가와 하나님의 나라』에는 부록으로서 "**로마서 13장 1절의 권세(εξουσιαι: 헬라어로 엑수시아이)에 관한 최근의 토론**"이라는 글이 실려 있다. 쿨만은 독일 학계가 오래 동안 로마서 13:1의 권세(εξουσιαι)라는 용어가 **국가**와 동시에 **천사의 권세**를 의미하는 것에 반대하여 왔다고 밝히면서 이에 정면으로 반박하는 주장을 전개하고 있다. 반대자들은 이러한 이중적인 해석을 **귀신학적 해석**이라고 비판하였다. 쿨만은 **권세**를 사탄에게만 적용하는 것은 잘못이라고 하면서 귀신학적 용어라는 개념에는 동의하지 않는다. 왜냐하면 **권세**(εξουσιαι)는 천사의 권세에도 적용될 수 있기 때문이다.

쿨만은 바울의 국가에 대한 설명이 어떤 식으로든 자연법에 기반을 두고 있는 것이 아니며 오히려 구속사(Heilsgeschichte)에 그 기반을 두고 있다고 말한다. 쿨만은 이처럼 로마서 13:1의 권세에 대한 이중성(즉, 국가의 권세와 천사의 권세)이 이 구절의 종말론적 경향을 견고하게 해 준다고 한다. 이러한 해석에 의하여 국가의 잠정성이라는 개념이 어떻게 바울의 구속사적인 맥락의 옷을 입고 있는지를 이해할 수 있다는 것이다.

그렇다고 국가 또는 국가의 배후에 있는 천사의 권세가 최종적인 권위를 가지는 것은 아니다. 왜냐하면 **그리스도가 주님**이시며, 천사들은 그에게 굴복하였기 때문이다(시 110편; 벧전 3:22; 빌 2:10; 딤전 3:16 참조). 초대 교회에서는 이러한 생각을 잘 이해하고 있었고 초기 신앙고백문들에 자연스럽게 표현되었는데, 세월이 흐르면서 천사적 권세에 대한 고대 교회의 신앙고백문에서 삭제되어 버렸던 것이다. 그러한 의미에서 로마서 13:1의 **권세**(εξουσιαι)를 구체적인 권력 기관인 **정부**로 해석하지 않는 것이 좋다고 말한다. 왜냐하면 권세라는 단어가 가진 이중성을 잘 표현해 주지 못하기 때문이다.

쿨만은 로마서 13:1의 권세가 가지는 이중적 의미를 더욱 확실하게 하기 위해 논의를 더욱 진전시킨다. 쿨만은 초대 기독교와 후기 유대교는 보이지 않는 권세들이 모든 세상의 현상 뒤에서 활동하고 있다는 믿음을 공유하고 있었다는 논점에서 출발한다. **세상의 저급한 영**(στοιχεια του κοσμου)은 세상적이고 인격화된 권세로서 우주의 지속적인 운행을 관장하는 존재로 간주되었다. 모든 사람은 자신의 수호천사를 가지고 있다(행 12:15)는 믿음이 생겨났다. 교회(계 2-3장)나 민족(다니엘서, 에녹서)에도 수호천사가 있다고 생각되었다. 히브리어 **사르**(שַׂר)는 왕과 지상의 지배자, 그리고 보이지 않는 지배자를 동시에 지칭하는 말이었던 것으로 보아 이러한 논의에 유대적 전통이 배후에 있다고 말할 수 있다. 권세라는 단어는 이처럼 추상적인 권세와 그것을 시행하는 대리인을 동시에 가리킨다.

또한 **권세**는 이미 패배하였다는 사상이 있음(벧전 3:22; 골 1:16 이하; 2:15 이하; 빌 2:10 참조)과 동시에 권세의 패배가 아직 실현되지 않았다는 생각도 있다(고전 15:24 이하; 히 10:13 참조). 다시 말한다면, 권세는 이미 패배하였지만 다시 패퇴되어져야만 한다는 이중적 가르침은 바로 최초의 그리스도인들이 주장했던 것이다. 여기서 그리스도의 주권 아래에서 굴복된 채로 봉사하는 권세라는 사상이 발생하였다(히 1:14의 **부리는 영** 참조).

쿨만은 긴 논의 끝에 다음과 같이 결론을 내린다: 만일 로마서 13:1의 권세를 세속 국가뿐 아니라 천사의 권세와 연관 지을 수 있다는 점을 수용한다면, 국가가 하나님의 사자인지도 알지 못하면서 그 역할을 하고 있다는 점을 이해할 것이다. 그러한 의미에서 이러한 해석은 **귀신론적 해석**이 아니라 **기독론적 해석**이라고 불러야 마땅하다. 로마서 13:1에 나오는 권세를 국가와 그 배후에서 역사하는 천사의 권세로 보는 이중적 해석은 문헌학, 유대주의적 개념, 그리고 초대 기독교 신학과 바울 신학의 견지에서 볼 때 하나의 가설로서 충분히 정당화된다.

D 『영혼 불멸과 죽은 자의 부활』 : 죽음 건너편의 세계

쿨만은 "**영혼 불멸인가, 죽은 자의 부활인가?**"라는 논문에서 제목에서 보는 바와 같이 도전적인 질문을 던지고 있다. 쿨만은 초대 기독교적 부활 신앙이 헬라적인 영혼 불명 사상과 조화될 수 없는 것인가라는 근본적인 회의로부터 출발한다. 왜냐하면 신약 성서가 영혼 불멸을 가르친다는 일반적인 오해가 있어 왔기 때문이다. 신약 성서가 헬라 사상의 영향을 받은 것은 사실이지만, 부활 사상은 오히려 구속사관과 밀접하게 관련되어 있고 헬라화는 후대에 생긴 것이라는 기본 입장을 천명한다.

쿨만은 죽음을 어떻게 이해하고 있는가? 쿨만은 소크라테스와 예수의 죽음을 비교하면서 시작한다. 헬라 사상에 따르면 육체는 우리가 사는 한 우리의 영혼으로 하여금 자유로워질 수 없게 하고, 이 영혼이 진정 영원한 본질과 합치하여 살 수 없게 하는 외적인 의복에 지나지 않는다고 본다. 그렇기 때문에 죽음은 위대한 해방자로 인식된다. 따라서 육의 붕괴는 영의 붕괴를 자동적으로 의미하지 않게 된다. 소크라테스는 죽음을 넘어 영원한 **이데아**의 세계를 꿰뚫어 보았기 때문에 죽음의 독배를 마시면서도 태연할 수가 있었던 것이다.

그러나 예수가 죽음 앞에서 보여준 태도를 보자. 예수는 철두철미하게 인간이셨기 때문에 죽음에 대해 자연적인 공포를 가지셨다. 그렇다고 예수가 비겁자라거나 죽음에 앞서는 고통과 슬픔 때문에 두려워한 것은 아니었다. 예수에게 있어서 죽음은 신적인 무엇이 아니었기 때문에 두려워한 것이었다. 쿨만은 예수는 죽음을 앞에 두고 하나님뿐만 아니라 제자들에게도 도움을 청하였다고 하면서 겟세마네에서 기도를 중단하고 제자들에게 돌아온 이유를 설명한다. 왜냐하면 죽음은 하나님의 대적이기 때문에 이 죽음은 참 삶과 모든 삶의 창조주이신 하나님에게서 떼어놓기 때문이었다.

쿨만은 소크라테스의 죽음과 예수의 죽음을 날카롭게 대조하고 있는 이유를 이것이 헬라적인 영혼 불멸 사상과 기독교적인 부활 교리의 근본적인 차이를 효과적으로 드러내기 때문이라고 말한다. 예수는 죽음을 정복하기 위하여 육체뿐만 아니라 영혼에 있어서도 철저하게 죽음, 하나님과의 분리를 경험하였다. 생명은 오직 하나님께 속한 것이고 하나님의 창조 때문에 가능한 것이기 때문에, 예수는 생의 파괴자에게 몸을 맡기고 오직 하나님께 의존함으로써 죽음을 정복할 수 있었다고 쿨만은 설명한다. 그러나 헬라 사상은 생명에 있어 몸과 영혼을 통전적으로 만드는 창조 행위를 필요로 하지 않았다. 왜냐하면 육체는 악하고 썩어 없어질 것으로 보았기 때문이었다.

이에 비해 유대-기독교적 사상은 몸의 죽음은 하나님께서 창조한 생명의 멸망이라고 생각하였다. 우리 몸이 갖는 생명도 진정한 생명이며, 사망은 하나님께서 창조하신 모든 생명의 멸망이라 생각하였기 때문에 영혼과 육체를 통전적으로 간주한 것이다. 그래서 부활이 정복해야 할 것은 단지 몸이 아니라 사망 자체였다. 쿨만은 영혼 불멸은 다만 소극적인 주장이라고 한다. 부활은 진실로 죽었던 통전적 인간이 하나님의 새로운 창조 행위로 생명을 회복하게 된다는 점에서 적극적인 주장이라고 말할 수 있다.

쿨만은 부활 사상을 더 잘 이해하기 위하여 죄와 죽음의 관계를 논구한다. 헬라 철학에서처럼 죽음이 자연적이고 소망하는 그 무엇이 아니고 하나님과 대적되는 비정상적인 것으로 보기 때문에 죽음의 원인으로서 죄의 개념이 중요해진다고 본다. 인간의 죄는 성서가 보도하고 있는 것처럼 **구속사**라 칭하는 모든 사건을 일어나게 하였다. 따라서 죽음은 죄가 제거되어지는 곳에서만 극복될 수 있는 것이다. **죽음은 죄의 값이기 때문에** 그러하다.

기독교는 몸 그 자체가 영혼과 같이 창조주의 선물이기 때문에 결코 악한 것이 아니라는 점을 인정한다. 헬라적 영혼 불멸 사상과 기독교적 부활 소망이 근본적으로 다른 것은 서로 다른 창조론에 근거하고 있기 때문이다. 유대-기독교적 창조론은 헬라적인 이원론을 배격하고 영혼과 육체의 통전성에 근거한다. 몸은 영혼의 감옥이 아니라 성령의 전(고전 6:19)이다.

헬라 사상에서도 몸에 대한 적극적인 평가가 있기는 하다. 플라톤은 육체 안에 선하고 아름다움이 있다고 말하는데, 그것은 육체 때문이 아니라 육체에도 불구하고 그렇다는 의미다. 플라톤에 있어서 육체적인 것은 우리로 하여금 모든 썩어질 것에서 자유함을 얻어 순수한 원형인 보이지 않는 **이데아**를 묵상하도록 이끌어주는 한에서 의미를 가질 뿐이다. 유대-기독교적 관점도 육체 외에 다른 것을 바라보고 있기는 하다. 모든 피조물은 죄와 사망으로 더럽혀져 있고, 하나님께서 창조하신 그대로가 아니다. 그러나 기독교는 타락한 피조물 배후에서 하나님의 섭리로 이루어질 부활에 의한 미래의 창조를 기대한다는 점에서 전혀 다른 관점을 보여준다.

쿨만은 신약 성서의 인간론이 헬라보다는 유대적 개념과 연결되어 있다고 주장한다. 물론 신약 성서가 헬라 철학자들이 사용하던 몸, 영혼, 육체, 정신 등의 개념을 사용한 것은 사실이지만, 이들 개념 간에 대립이나 분리를 내세우지 않는다. 바울에게서 보는 것처럼, 속사람과 겉사람은 서로 차이가 있지만 각각을 본질적으로 선하고 본질적으로 악한 무엇으로 보지 않는다. 오히려 속사람의 본성 그 자체가 몸을 요구하고 있는 것으로 보고 있다.

쿨만은 헬라 사상과는 반대로, 바울의 인간론은 구속사에 근거하고 있다고 한다. 그리고 몸과 육을 서로 구분하여 이해할 필요가 있다고 말한다. 바울은 몸의 부활을 믿었지 육의 부활은 믿지 않았다. 육은 죄의 권세 또는 사망의 권세라고 하며, 영은 위대한 생명의 권세이며 부활의 본질이라고 한다. 육도 겉사람과 속사람을 다 사로잡고 있고, 영도 겉사람과 속사람을 다 사로잡고 있다. 마지막 때에 그리스도께서 사망의 권세를 깨뜨리고 부활하셨기 때문에 생명의 권세가 성령을 통하여 모든 믿는 자들 가운데서 역사하게 되었다. 그러므로 영이 몸에서 해방되는 데서가 아니라 영과 몸이 육에서 해방되는 곳에서만 자유함이 존재하는 것이다. 우리는 몸을 벗어나지 않았으나 오히려 몸 그 자체가 자유함을 얻고 있다는 것이다.

쿨만은 성령이 이미 우리 속사람 가운데 거하고 있기 때문에, 그 성령으로 인하여 하나님은 우리 멸망 받을 육체까지도 새롭게 해 주실 것(롬 8:11)이란 점을 강조한다. 그러므로 몸만을 죽일 수 있는 자는 두렵지 않다. 몸은 죽은 자 가운데서 다시 살 수 있기 때문이다. 쿨만은 몸의 부활은 모든 것을 포함한 새로운 창조 행위이기 때문에, 이 몸의 부활은 개인의 죽음 이후에 시작되는 것이 아니라 종말의 때에 일어나는 우주적 사건이라고 결론을 내린다.

쿨만은 **죽은 자들 가운데서 처음 사신 자**라는 표현에 근거하여 부활의 의미를 더욱 명확하게 하고자 시도한다. 초대 그리스도인들은 믿는 자는 다시 죽지 않을 것이라고 생각했었는데, 실제로 이들의 소망과는 반대로 그리스도인들이 죽어가자 부활에 대해 다시 생각하지 않을 수 없었다. 바울이 그리스도를 **죽은 자들 가운데서 처음 사신 자**라고 했을 때, 그 의미는 무엇인가? 그것은 부활의 시대가 이제 시작되었음을 말한 것이다. 그러나 아직 사망이 활동하고 있기 때문에 그리스도인들이 여전히 죽어갔던 것이다.

쿨만은 현재와 미래 사이에 이미 성취된 것과 아직 완성되지 않은 것 사이의 긴장을 이야기한다. 쿨만은 슈바이처처럼 그리스도인의 소망을 미래적으로만 보려고 하는 것에도 찬성하지 않고, 다드(C. H. Dodd)처럼 실현된 종말론만으로 설명하는 것에도 만족하지 못하며, 불트만처럼 본래적인 예수의 희망과 초대 그리스도인들의 희망을 실존론적으로 귀착시키는데도 불만을 표시한다. 오히려 현재와 미래의 연대기적 긴장을 말하면서, **죽은 자들 가운데서 처음 사신 자**란 표현은 종말의 때가 현재하게 되었다는 것을 의미하면서 부활하신 그리스도와 아직 살아나지 못한 사람들 사이에 시간적 간격이 있음을 시사한다고 지적한다. 우리의 삶은 중간 시간에 놓여져 있음을 말한 것이다.

더 나아가서 **죽은 자들 가운데서 처음 사신 자**라는 말은 살리는 힘이신 성령이 이미 우리 안에 역사하고 있다는 것을 의미한다. 그래서 그리스도와 함께(고전 15:23) 성령을 **처음 열매**(롬 8:23)라고 일컫고 있다. 성령이 성만찬을 통하여 그리스도인들을 그리스도의 몸에 참여하게 함으로써 그의 부활체와 연합하도록 한다. 그래서 종말을 미리 맛보게 한다. 그리고 결국 육적인 몸이 아니라 영적인 몸으로 부활하도록 이끈다. 쿨만은 이것이 헬라적 개념과 다른 기독교의 부활 개념이라고 설명한다.

그렇다면 **잠자는 자들**의 상태는 어떠한가? 쿨만은 이와 같은 난해한 질문에 대답을 시도한다. 쿨만은 먼저 사망이 정복되었으나 아직 완전히 멸절된 것은 아니라고 하는 **이미-아직도 아니**의 긴장 관계를 전제한다. 그런 다음 개개인이 죽은 다음에 즉시 몸의 변화가 일어나지 않는다고 함으로써 칼 바르트의 입장을 반박한다. 십자가 위의 강도에게 "오늘 너는 나와 함께 낙원에 있으리라"(눅 23:48)고 한 말이나, 나사로가 "아브라함의 품에 들어갔다"(눅 16:22)는 부자의 비유나, "나는 떠나서 그리스도와 함께 있기를 원하노라"(빌 1:23)는 바울의 말이나, 요한계시록에서 제단 밑에서 자고 있는 순교자들의 부르짖음(계 6:11)은 죽음 후 즉각적인 부활을 주장하고 있는 것이 아니라, 그리스도와 특별히 가까이 있다는 비유일 따름이라고 한다.

바울은 죽은 자의 상태에 관한 은유로서 **잔다**는 표현을 쓰고 있다. 이것은 단순히 기다린다는 것을 의미한다기보다 중간 상태에서도 예수의 죽으심과 부활이라는 결정적인 사건이 일어났음을 의미한다. 비록 신약 성서가 죽은 자의 중간 상태에 대해서 말해 주는 것은 없지만, **잠자는** 상태에서도 그리스도의 부활(즉, 종말에의 참여)과 관계되며 그리스도와 가까이 있다는 것을 말해 준다는 점은 확실하다. "우리가 몸을 떠나 주와 함께 거하는 것을 오히려 원한다"(고후 5:8)라고 함으로써 잠자는 상태에 있는 죽은 자들을 그리스도께서 보다 가까이 해 주시는 것으로 볼 수 있을 것이다.

그런데 바로 이 점 때문에 헬라적 영혼 불멸 사상과 오해될 수 있는 소지가 있다. 이미 성령으로 거듭났고(롬 6:3 이하) 그와 함께 살 수 있게 된 속사람이 그 변화된 상태에서 잠자는 자로서 그리스도와 함께 영원히 산다고 한다면, 헬라 사상과 가장 비슷한 감이 있지 않느냐는 것이다(요 3:36; 4:14; 6:54 참조). 그러나 그 차이는 여전히 근본적이다. 더욱이 그리스도 안에서 죽은 자의 상태는 아직도 불완전한 것, 곧 바울의 말과 같이 **벌거벗은** 상태이며, **잠자는** 상태이며, 모든 피조물의 부활, 즉 몸의 부활을 기다리는 상태인 것이다. 다만 우리가 여기서 언급할 것은 죽은 자들을 **잠잔다**고 표현한 것은 죽은 자들에게는 다른 시간 의식, 즉 잠자는 자들의 시간관이 있다는 것을 말해준다고 하는 것이다. 그렇다면 중간 상태는 죽은 자에게는 더욱 짧게 느껴질 것이다. 쿨만은 헬라적인 영혼 불멸을 믿는 자들은 바울이 말한 소망, 곧 하나님께서 창조한 세상의 모든 만물이 하나님의 놀라운 기적으로 다시 새롭게 지음을 받을 것이라는 믿음을 고백하는 신앙을 갖지 못할 것이라고 함으로써 둘 사이에 근본적인 차이가 있다고 결론짓는다.

E 『신약의 기독론』: 예수의 신성과 인성의 관계

오스카 쿨만은 『신약의 기독론』이란 책에서 신약 성서에 나타난 기독론을 규명하기 위해 **언어학적-역사적** 방법론을 사용하여 주석적인 작업을 시도하였다. 자유주의 신학에서는 예수 그리스도의 인격보다 그의 사역만을 강조하였다면, 쿨만은 이에 반대해서 그리스도의 신성을 구속사적 맥락에서 파악하고자 하였다. 『신약의 기독론』은 이러한 점에서 성서적이고 주석적인 기초 위에서 신약 성서의 연구에 획기적인 공헌을 한 것으로 평가되고 있다.

쿨만은 무엇보다도 초대 교회가 하나님에 대한 신앙 다음에 그리스도에 대한 신앙을 인식한 것으로 보는 것에 문제를 제기한다. 그것은 하나님은 창조에 관계하고, 그리스도는 구원에만 관계하는 것으로 본 때문에 생긴 오해에 불과하다. 실제로 그리스도는 창조의 중재자(요 1:3; 골 1:16)로 묘사되며, 초기의 신앙고백문들에 나타나는 신앙 고백의 순서가 **그리스도-하나님-성령**(고후 13:13 참조)의 순서라는 점은 시사하는 바가 크다. 쿨만은 초대 기독교 신학이 사실은 거의 전적이라 할 만큼 기독론적이었다고 주장한다.

그러면 기독론의 주된 문제는 무엇이었는가? 그것은 후기 기독론 논쟁에서 볼 수 있는 바와 같이, 한편으로는 그리스도의 본성과 하나님의 본성 간의 관계에 관한 것이며, 다른 한편으로는 그리스도 자신 안에 존재하는 신성과 인성 간의 관계에 관한 것이었다. 다시 말하면, 그리스도의 인격 혹은 본성에 관계된 논쟁이었다.

신약 성서는 언제나 그리스도의 인격과 사역을 동시에 말하였다(요한복음 서언 참조). 신약 성서에서 **그리스도가 누구인가?** 하는 질문은 전적으로 또는 일차적으로 결코 **그의 본성이 무엇이냐?**를 뜻하는 것이 아니라, 먼저 **그의 기능이 무엇이냐?**를 뜻하는 것이었다. 그러나 후기 교회는 기독론 문제를 다르게 이해했다. 그것은 이단들을 물리치기 위한 필연적인 결과로서 교부들이 그리스도의 인격과 사역에 대한 그 해석을 **본성들** 문제에 종속시켜 버렸다. 쿨만은 이같은 강조점의 전환이 이단에 대항하기 위해 불가피한 것이었다 하더라도, **본성**에 관한 논의가 유대적이거나 성서적이라기보다는 차라리 헬라적인 성격을 가지고 있다고 판단한다.

또한 초대 기독교인들은 **예수는 누구인가?** 하는 질문에 대답하기 위해 유대적 종말론에서 사용된 특정 개념들을 사용하였고, 처음에는 이러한 개념들을 예수가 얼마나 성취하였나 하는 방식으로 접근하였다. 이처럼 초대 기독교가 기독론을 설명하기 위해 유대주의나 헬라 사상 속에 이미 현존해 있던 개념 체계를 그대로 받아들였다는 견해도 있지만, 쿨만은 예수의 독특한 자의식 역시 염두에 두지 않으면 안 된다고 강조한다.

쿨만은 방법론에 있어 먼저 신약의 기독론 칭호들을 검토하기에 앞서 유대주의와 일반 종교사(특히 헬라 사상)에서 사용된 칭호의 의미를 설명할 것이라고 말한다. 그리고 논의 과정에서 다음의 두 가지 질문을 항상 제기할 것이라고 주의를 환기시킨다: 예수가 과연 여러 가지 기독론적 칭호들을 자신에게 적용하였으며, 그렇게 했다면 어떤 의미로 사용하였는가? 신약 성서 기자들은 각기 나름대로 그것을 어떻게 이해하였는가?

불트만은 예수가 오로지 하나님 아버지와 그의 나라만을 선포하였으며, 메시아적 자의식은 부정하였다. 쿨만은 이에 대해 반대한다. 만약에 불트만의 말이 옳다면, 우리가 초대 교회와 동일한 신앙을 가질 수 있다고 생각할 수 없기 때문이라는 것이다. 초대 교회는 오직 예수가 자신을 메시아로 믿었다는 것을 믿었기 때문에 예수의 메시아직을 믿었던 것이다. 이런 점에서 불트만의 그리스도 신앙은 초대 교회의 그것과 근본적으로 다른 것이다.

쿨만은 신약의 다양한 기독론적 칭호들이 각각 기독론 문제에 있어 특수한 한 면만을 보여준다고 전제하면서, 네 가지 범주로 나누어 기독론적 칭호들을 논의하려고 한다: 1) 그리스도의 지상 사역을 지칭하는 것들에 관해(그 선지자, 하나님의 고난의 종, 대제사장); 2) 그리스도의 미래적 종말론적 사역과 관계되는 것들에 관해(메시아, 인자); 3) 그리스도의 현재 사역을 설명하는 것들에 관해(주, 구주); 4) 그리스도의 선재에서 완성된 사역을 설명하는 것들에 관해(말씀, 하나님의 아들, 하나님). 예수에게 적용되었던 모든 칭호들을 다 다루는 것은 불필요하기 때문에, 위에 열거한 열 가지 칭호에 대한 연구로도 충분하다고 보고 있다.

1. 지상 사역과 관련된 기독론적 칭호

1) 그 선지자

쿨만은 예수에 대한 선지자 칭호가 예수를 인간적인 수준으로 끌어내리려는 의도와는 다르다고 못 박으면서 논의를 시작한다. 여기에서의 선지자는 마지막 때에 모든 예언을 성취할 최종적인 **그 선지자**(the prophet)를 말한다는 것이다.

헬라 세계에서 선지자는 **앞 일을 말하는 자**(foreteller)가 아니라 **선포자**(proclaimer)를 뜻했다. 유대교에서는 한편으로 황홀 상태의 신탁 예언자를, 다른 한편으로는 직업적 예언자를 가리켰다. 그런데 신약 시대 훨씬 전에 신탁 예언자들은 사라졌고, 이러한 예언자는 종말의 때에 나타날 것이라고 대망하였다. 이 대망은 이미 신 18:15의 "여호와께서 너의 중에서 나와 같은 선지자 하나를 너를 위하여 일으키시리니"라는 말씀에서부터 기원하고 있다. 그래서 신약 성서는 세례자 요한을 구약 유형에 속하는 선지자로 소개하면서(눅 3:2), 예수를 종말론적 선지자로 부각시킨다.

유대교에서는 구약의 모든 예언을 성취할 한 선지자가 출현할 것이라는 믿음을 가지고 있었다. 그리고 이 선지자는 시대마다 다른 이름과 모양을 바꿔가며 반복적으로 출현해 왔다고 생각하였다. 그래서 환생 또는 재환이라는 개념을 도입해서 설명하려고 하였다. 그래서 나타난 것이 **모세의 환생**, **엘리야의 재환**, **에녹의 재환**, **에녹과 엘리야의 재환**, **모세와 엘리야의 재환**과 같은 생각이었다. 다른 종파적인 유대교에서도 이러한 사상은 이어졌다. 사마리아인들은 모세와 동일시된 **타에브**의 도래를 대망했으며, 쿰란공동체는 엘리야에 해당되는 **의의 교사**를 언급하였다. 특히 쿰란공동체의 **공동체 규칙서**에는 **그 선지자**의 도래를 **아론과 이스라엘**이라는 두 메시아의 도래와 구분하고 있기도 하다.

신약 성서는 세례자 요한을 메시아의 선구자로 소개하고 있다. 그러나 원래는 단순히 그 종말론적 선지자가 메시아에 앞서 오는 한 선구자에 불과한 것은 아니었다. 그 선지자의 재환에 대한 믿음은 그 자체로서 충족적인 것이었으며, 어느 정도까지는 메시아 신앙에 병행되는 것이었다. 메시아는 사실 아무런 선구자도 필요하지 않다. 왜냐하면, 그 자신이 그 종말론적 선지자의 역할을 수행하기 때문이다. 그렇게 해서 선지자와 메시아가 동일 인물 안에 연합되는 일이 일어날 수 있었다.

그런데 신약 성서에서 세례자 요한이 메시아의 선구자로 이해되었는지, 아니면 하나님 자신의 선구자로 이해되었는지에 관해서는 논란의 여지가 있다고 쿨만은 말한다. 그러나 어느 쪽이든 요한이 **그 선지자**로 지칭된 것만은 확실하다고 할 수 있다. 마태복음 11:7 이하나 마태복음 17:10 이하를 보면 요한을 메시아의 선구자로 보는 관점을 제시하고 있다. 그리고 누가복음 1:7; 누가복음 1:17;

마태복음 11:3 등을 보면 요한을 하나님 자신의 선구자로 이해할 수도 있다. 쿨만은 공관복음서와 세례자 요한의 종파가 나중에 병합된 것으로 보는 만디교 문서들에 기초해서 세 가지 결론을 내린다: 1) 요한이 죽고 나서 그의 제자들은 그가 하나님의 한 직접적 선구자라는 의미로 **그 선지자**(특히 다시 나타난 엘리야)였다고 생각하였다. 그래서 다른 메시아의 역할은 소용없다고 보았다; 2) 예수의 제자들, 심지어 예수 자신도 세례자 요한이 **그 선지자**였다고 생각했지만, 그것은 메시아의 선구자라는 의미로 이해했다; 3) 요한이 첫 번째 의미로 자신을 **그 선지자**로 생각했다는 것은 불가능한 일이다. 그러나 메시아의 선구자로 생각했다는 것은 가능한 일이다.

쿨만은 요한복음서에서는 세례자 요한을 **그 선지자**로 간주하지 않는다는 사실도 적시한다. 그러나 세례자 요한의 정체성에 관하여 논쟁적 경향이 있었음을 간과해서는 안 된다고 말한다. 요한 자신이 **그리스도**로 불리는 것을 거부한 것은(요 1:20) 요한을 그리스도라고 부르는 사람들이 있었다는 것을 전제하기 때문이다. 다만 요한복음서에서는 예수 자신이 **그 선지자**라는 것을 강조하기 위하여 대조적으로 세례자 요한이 그렇지 않다는 것을 강하게 대비시키고자 한 것이다.

그러면 예수에게는 **그 선지자** 칭호가 어떻게 적용되었는가? 복음서에서 예수를 선지자로 호칭할 때, 그것은 한편으로 일반적으로 **선지자 중의 하나**로 사용되며, 다른 한편으로는 종말론적 선지자인 **그 선지자**로 사용된다. 일반적인 의미로 사용된 예는 누가복음 7:16; 마태복음 21:46을 들 수 있다. 예수도 자신을 그렇게 지칭한 적도 있는데(막 6:4; 마 23:37), 그것은 고난이 선지자들의 운명적 특징이라는 것을 말하려는 목적에서였다.

중요한 것은 종말론적 **그 선지자** 개념이다. 쿨만은 마가복음 6:14 이하의 구절들을 주석적으로 분석하는데 많은 노력을 기울인다. 이 구절에는 사람들이 예수를 **죽은 세례자 요한이 살아난 자, 엘리야, 선지자 중의 하나**로 보았다고 기록되어 있다. 이 중에서 예수를 세례자 요한이 살아난 것으로 보는 견해를 주목해야 하는 이유를 들고 있는데, 그것은 역사적으로 초기에 나온 견해이고 또 그 설명이 내포하고 있는 의미가 주목할 만한 내용을 담고 있기 때문이라고 말한다.

예수를 죽은 세례자 요한의 기적적인 귀환으로 보는 견해는 예수의 활동과 세례자 요한의 활동이 시간적으로나 공간적으로 겹치지 않아야 하며, 그 당시에 사람들이 부활이라는 개념을 보편적으로 받아들이고 있었다는 전제를 필요로 한다. 어쨌든 공관복음서는 예수의 공생애 활동이 요한이 옥에 갇힌 후 시작되었다고 말함으로써 이러한 어려움을 덜어준다(요한복음은 요한이 옥에 갇히기 전에 활동을 시작하지만, 주목을 받지는 못했을 것이라고 쿨만은 설명한다).

그렇다면 어떤 면에서 예수를 요한의 귀환으로 보았을까? 육체적 유사성이나 공통적인 특징을 갖는 행동으로 볼 수도 있을지 모르지만, 핵심은 더 깊은 데서 찾아야 할 것이다. 사람들은 아마 세례자 요한이 예수의 육체를 통해 다시 살아난 것으로 보았던 것 같다. 사람들이 예수를 세례자 요한과 동일 인물로 여겼다는 것은 결국 그들이 예수를 그 종말론적 선지자와 동일시했다는 것을 의미한다. 예수가 세례자 요한과 동일시하는 것이 중요한 의미를 갖는 것은 그 선지자가 먼 과거로부터 이제 다시 지상에 온 것이 아니요, 이미 종말 때인 최근에 죽었다가 즉시 혹은 매우 빠른 시간에 다시 살아난 한 선지자라는 데 있다.

이제 우리는 과연 예수가 자신을 종말에 올 그 종말론적 선지자로 생각하였는가를 알아보기로 하자. 마태복음 11:4("만일 너희가 즐겨 받을진대, 오리라 한 엘리야가 곧 이 사람이니라")에 근거해서 보면, 예수는 자신을 **그 선지자**로 생각지 않았음을 알 수 있다. 공관복음서 전승은 제자들도 예수를 그 선지자로는 믿지 않았다는 것을 시사해 준다. 그러나 요한복음서는 세례자 요한이 **그 선지자**라는 것을 강력하게 거절하는 문맥을 강조하는 과정에서 예수가 그 선지자라는 사실을 암시한다. 그리고 사도행전의 전반부에서(행 3:22; 7:37) 모세가 예언한 그 선지자가 바로 예수라는 것을 언급하고 있다. 이처럼 요한복음서와 사도행전 전반부(유대 기독교인들의 고백)를 제외하고는 어느 신약 성서 본문도 예수를 하나님의 길을 예비하는 종말론적 그 선지자로 간주하지 않는다. 예수의 인격과 사역에 얽힌 문제를 그렇게 푸는 것이 처음에는 대중들 가운데서 유행했다 하더라도, 그리 오래 가지는 못하였다는 것을 알게 해 준다. 이것은 다른 해결책이 신속히 그 자리를 대신했기 때문이다.

한편 예수를 참 선지자로 보는 전통은 후기 유대적 기독교에서도 발견된다. 쿨만은 두 권의 책을 소개함으로써 그의 논의를 진행한다. 하나는 신약 외경인 『히브리인들의 복음서』다. 이 책은 단편만 존재하고 있는데, 이곳에서 기본적인 기독론을 **그 선지자** 개념에 기초하여 전개시키고 있다.

쿨만이 더 상세하게 소개하고 있는 책은 클레멘트 위서 속에 보존되어 있는 『베드로의 설교(*Kerygmata Petrou*)다. 여기에서 예수의 주요 칭호는 **참 선지자**인데, 이곳에서 종말론적 요소는 퇴조되고 영지주의적인 요소가 강조되고 있다. 『베드로의 설교』에서 **참 선지자**는 이름과 외양을 바꾸어 가며 아담, 에녹, 노아, 아브라함, 이삭,

야곱, 그리고 모세 안에 시대를 거듭하면서 화신하여 나타난 것으로 설명한다. 그리고 특히 강조되어 있는 것은 참 선지자의 책무를 모세가 허용한 제사 관행을 금지시키는 일로 나타난다는 점이다. 유대인 기독교인들은 이 점을 특히 강조하고자 한 것으로 보인다.

『베드로의 설교』에서 거짓 선지자는 참 선지자와 항상 함께 나타나는 것으로 보고 있다. 그래서 선과 악의 영지주의적 이원론의 개념을 선지자 개념에 적용하고 있다. 따라서 여기에서 참 선지자인 예수는 거짓 선지자인 세례자 요한과 대치되는 짝을 이룬다. 앞에서 세례자 요한이 공관복음서에서는 **그 선지자**로 인정되는데 비해, 요한복음서에서는 그 칭호가 부정된다고 말한 바 있다. 그런데 클레멘트 위서에서는 세례자 요한은 거짓 선지자로 평가되고 있다. 유대주의와 신약 성서에서 보는 종말론적 성격이 상당히 퇴조하고 있다는 사실에도 불구하고, 귀환하는 선지자(the returning prophet)라는 전통적인 개념을 바탕으로 발전된 유일하고도 명확한 기록을 『베드로의 설교』에서 발견할 수 있다. 그러나 이 개념은 기독교 신학의 발전에 기여하지 못하고 사라지고 말았다.

그러면 예수에게 붙여졌던 **그 선지자** 개념을 신약 성서의 기독론을 이해하는데 어떻게 받아들일 것인가? 쿨만은 선지자 칭호가 예수 그리스도의 인격과 사역의 독특성을 이해하는데 유리한 점과 불리한 점을 동시에 제공해 주고 있다고 분석한다. 유리한 점으로서는 첫째, **그 선지자**로서의 최종적인 개념이 아닐지라도 결정적인 출현에 대해서는 말해주므로 예수 그리스도의 인격과 사역의 독특성과 일회성을 엿보게 해주며, 둘째, 유대교에서 대망하던 종말론적 선지자가 한 인간으로서 지상에 나타난 점을 보여주며, 셋째, 예수가 완수한 지상 사역의 일면을 표현하기에 적합하다는 점을 들고 있다.

이 밖에도 선지자 개념은 다른 기독론적 칭호와도 유용하게 결합한다는 점에 주목한다. 선지자 개념은 종말에 출현해서 하나님 나라를 위한 길을 예비하는 점에 있어서 메시아 개념과 잘 결합되며, 요한복음 서문에서 보는 것처럼 말씀 자신이 된 예수를 강조함으로써 로고스 개념과도 결합된다. 히브리서 서문에서 "옛적에 선지자들로 여러 부분과 여러 모양으로 우리 조상들에게 말씀하신 하나님이 이 모든 날 마지막에 아들로 우리에게 말씀하셨다"라고 한 것처럼 하나님 아들 개념과도 결합되며, 고난을 당하는 종말론적 운명으로 귀결되기 때문에 하나님의 고난 받는 종의 개념과도 결합된다. 특히 선지자 칭호만이 유일하게 예수의 지상 재림 대망을 암시해 준다는 점을 지적할 수 있다.

그러나 선지자 개념이 예수의 인격과 사역을 이해하는데 불리한 점도 제공한다고 쿨만은 말한다. 그것은 그리스도의 지상 생애, 하나님 우편에 앉아 계신 현재적인 그리스도, 다시 오실 미래의 그리스도, 그리고 선재하신 그리스도와 관련하여 불리한 면을 보여준다는 것이다. 우선 선지자로서 그리스도의 지상 생애를 보는 것은 그의 사역의 일면만을 지나치게 강조하기 때문에 정작 강조해야 할 것을 놓치고 만다고 비판한다. 선지자의 본래 사명은 단순히 마지막 때에 회개를 선포하는 것으로 이해되기 때문에, 예수 그리스도의 지상 사역이 전적으로 자기 백성을 위해 고난을 받아 죽지 않으면 안 된다는 의식을 가지고 산 생애임을 정당하게 취급하지 못한다는 것이다.

둘째로, 선지자 개념은 그리스도의 현재와 미래 사역을 설명하려 할 때 불충분하다. 이 개념은 선지자의 지상 활동과 그의 재림 간의 시간적 간격을 제공하지 않기 때문에, 종말론적 선지자의 현재적 기능을 위한 여지가 전혀 없다. 예수의 선지자 역할은 전통적인 선지자 상과도 구별되며(마 12:28; 눅 10:18 참조), 사실 초대 교회가 예수를 **주님**(*Kyrios*; Lord)으로 고백한 것만 보더라도 선지자 칭호는 부활하신 그리스도의 사역에 적용되기 힘든 측면이 있다. 또한 초대 교회의 신앙의 핵심이 바로 승귀하신 현재의 그리스도라는 것을 감안할 때, 선지자 칭호는 기독론 문제에 적절한 해답이 되지 못하는 것이다.

셋째로, 선지자 칭호는 그리스도의 미래적이고 종말론적 사역의 측면을 잘 설명해 주지 못한다. 선지자에게는 하나님 나라의 길을 예비하는 선포자로서의 역할만이 기대되기 때문에, 그것을 완성하는 미래적/종말론적 기능과는 어울리지 않는다. 신약의 기독론을 탄생시킨 초대 교회의 근본 체험이 부활이었다는 점에서, 선지자 개념은 부활하여 살아계신 그리스도의 활동을 포함시키지 못하였다고 볼 수 있다.

넷째로, 선지자 개념은 말할 것도 없이 선재적 존재로서의 그리스도를 나타내지 못한다. 기껏해야 그 선지자가 이전에 다른 모양으로 세상에 있었다는 관념을 생각해 볼 수 있는 정도에 불과하다.

이러한 이유들로 인하여, 쿨만은 종말론적 선지자 개념이 초기 기독교가 예수 그리스도에 대해서 가지고 있었던 신앙을 정당하게 다루기에는 너무 협소한 개념이라고 결론짓고 있다. 선지자 개념은 예수의 지상 생애의 일면만을 그런 대로 포용할 뿐이고, 심지어 이 점에서조차 하나님의 고난 받는 종과 같은 보다 중심적인 다른 개념에 의해 보완되어야 한다. 더군다나 선지자 개념은 본질상 부활 이후의 기간을 배제하기 때문에, 현재적 주를 지칭하는 칭호들과 연합되기가 어렵다. 신약 성서는 역사적 예수와 그의 사역을 중심적 사건,

즉 시간의 중심점으로 간주하기 때문에, 선지자 칭호에 바탕을 둔 신학은 이것과 조화될 수가 없다. 왜냐하면, 선지자 개념은 본질상 성취가 아닌 예비적 기능을 가지고 있기 때문에, 그의 사역이 시간의 중심점으로 인식될 수는 없기 때문이다.

2) 하나님의 고난의 종

예수의 지상 사역을 가리키는 두 번째 칭호로서 쿨만은 **하나님의 고난의 종**이라는 칭호에 대해 언급한다. 이 칭호는 **인자** 칭호와 함께 예수 자신으로 소급된다는 점에서 특히 중요성이 있다. 또한 그것은 **대속 사상**을 가지고 구속사 전 과정을 이해하는데 주요한 원리를 제공한다는 점에서 중요하다.

하나님의 고난의 종이라는 칭호는 히브리어로 **에베드 야웨** (Ebed Yahweh)인데, 이 인물과 관련되는 구약 성서의 구절들은 이사야 42:1-4; 49:1-7; 50:4-11; 52:13-53:12이다. 특히 42장과 53장이 주목된다. 이 에베드 야웨를 묘사하는 이 구절들은 정밀하면서도 모호한 면이 있다. 자세하게 묘사되고 있지만 **여호와의 종**이 누구인지 알 수가 없다.

구약 성서에서 이 인물이 개인적 인격체인지, 아니면 한 집단인지 알아볼 필요가 있다. 그 종이 전체 이스라엘과 동일시되거나, 단지 그 백성의 일부인 **남은 자**를 가리키거나, 다시 그 집단을 한층 더 축소해서 개인적 인물로 묘사되기도 한다. 이것은 일견 서로 배타적으로 보여질 수 있으나, 집단적 대표와 개인을 동일시하는 셈어적 사고에서는 매우 흔한 일이다. **에베드 야웨** 인물은 구속사 전개의 표상이다. 그는 전 백성이자, 그 남은 자들이고, 또한 개인적 존재다. 다시 말해 이 인물은 복합성을 가진 인격화다. 이사야서의 본문에서 **에베드 야웨**의 중요한 본질적 특징은 그의 대속 행위가 고난 속에서 성취된다는 점이다. 두 번째의 본질적 특징은 그의 대속 사역이 하나님께서 자기 백성과 맺은 그 언약을 새롭게 한다는 점이다.

그러면 유대교에서 **에베드 야웨**는 메시아와의 관계는 어떻게 보고 있는가? 두 개념은 다같이 왕권 개념을 공유한다. 구약 외경인 에녹서, 에스라의 묵시서, 바룩의 묵시서들은 메시아와 **고난의 종**을 동일시한다. 그러나 이러한 동일화는 표면적일 뿐이라는 것이 예수 당시의 유대교의 특징이다. 이 종의 대속적 고난이라는 본질적인 임무는 메시아에게 옮겨지지 않았다. 이 점이 중요하다. 선지자의 경우도 그가 고난을 받기는 하지만, 대속적으로 그리고 자발적으로 백성들의 고난을 스스로 짊어지지는 않는다. 그가 고난을 당하는 것은 선지자가 사역하는 과정에서 불가피하게 나타나는 것일 뿐이다. 유대교에서는 메시아가 고난을 당해야 한다는 관념은 적어도 공식적인 대망과는 거리가 멀다. 이것은 랍비들이 어떤 경우일지라도 고난의 메시아라는 관념을 받아들이기 어려웠다는 것을 보여준다. 사실상 유대교 랍비들은 **에베드 야웨**를 해석하면서 그가 대속적 고난을 당해야 하는 것을 배제시키는 작업을 한다. **에베드 야웨**에 대한 이러한 해석을 통해 유대교의 메시아는 고난을 당하지 않는다는 것을 각인시키려 한 것으로 보인다. 결론적으로, 예수 당시의 공식적 유대교는 속죄적 고난을 메시아 관념에 필수적인 것으로 간주하지 않았으며, 그것을 주장하는 의견이 있었다 해도 소수의 의견에 지나지 않았다.

예수는 과연 자신의 고난과 죽음이 하나님의 구원 계획을 수행함으로써 그가 성취해야 할 책무의 본질적인 것이라고 생각하였는가?

이러한 질문에 대하여 불트만과 같은 자유주의자들은 부정적인 대답을 한다. 오히려 예수 자신은 그의 죽음이 속죄적 중요성을 가진다고 믿지 않았는데, 바울이 최초로 이러한 관념을 도입하였다고 주장한다. 예수가 바울만큼 고난과 죽음을 사역의 중심으로 간주하지 않았다고 하는 점은 어느 정도 사실이라고 볼 수 있다. 그러나 예수는 그의 지상 생애 기간 중에 병자들을 고침으로써 죄를 사하는 권세가 있음을 보여준다. 그리고 이것은 그의 죽음을 통해서 확실한 근거를 마련하였다.

예수는 자신의 죽음에 관하여 어떠한 말씀을 하였는가? 마가복음 2:18 이하는 "신랑이 함께 있을 동안에는 금식할 필요가 없다. 그러나 신랑을 빼앗길 날이 이르리니 …"라고 말함으로써 자신의 죽음을 전제한다. 또한 누가복음 13:33은 "선지자가 예루살렘 밖에서는 죽는 법이 없다"고 함으로써 자신을 인간적 범주 안에 두지만, 32절의 *teleioumai*(**완전해질 것이다**라는 뜻의 헬라어)라는 동사는 예수의 죽음이 특수한 사명으로 만들고 있다. 마가복음 10:38은 예수의 죽음을 **세례**로서 이해한다. 마태복음 12:39은 선지자 요나의 표적을 거론하면서 예수 자신의 죽음뿐만 아니라 부활까지도 선포한다. 이러한 관점에서 죽음에 관해 언급한 성경 구절은 더 많이 거론할 수 있다. 예를 들어, 가이사랴 빌립보에서 베드로가 한 신앙 고백 이후에 나오는 세 번의 수난 예고(막 8:31; 9:31; 10:33 이하)가 대표적이다. 예수는 베드로의 신앙 고백을 두 가지 점에서 교정함으로써 그의 죽음의 성격을 명확히 하고자 한다. 첫째는 베드로가 예수에게 부여한 **그리스도** 칭호를 **인자** 칭호로 대체한다. 둘째는 하늘 구름을 타고 도래할 이 인자가 실은 먼저 많은 고난을 받지 않으면 안 된다는 점을 덧붙여 말한다. 이것은 새로운 사상이다. 그렇기 때문에 유대적 배경을 가지고 있는 베드로에게 거치는 것이 되었던 것이다. 이 밖에도 **악한 소작인들의 비유**(막 12:1)와 **베다니의 여인이 향유를 부은 이야기**(막 14:8)도 부가할 수 있겠다.

그런데 복음서에서 예수가 이사야 53 장을 직접적으로 언급한 예는 누가복음 22:37("내가 너희에게 말하노니, 기록된 바 저는 불법자의 동류로 여김을 받았다 한 말이 내게 이루어져야 하리니, 내게 관한 일이 이루어 감이니라")의 말씀 한 곳뿐이다. 그러나 많은 구절 속에서 암시되어 있다. 가장 명확한 것은 주의 만찬에 관한 말씀 가운데 들어 있다. 예수가 잔을 나누어주면서 "많은 사람을 위해 나의 피를 흘리실 것이라"고 공표하고 있는 점에 주목할 필요가 있다. **많은 사람을 위한** 대속적 죽음은 대표와 언약이란 두 관념을 통해 표현된 **에베드 야웨**가 수행하여야 할 사역의 주요 요소라는 것을 말해 준다. 더 나아가서 마가복음 10:45("인자가 온 것은 섬김을 받으려 함이 아니라 도리어 섬기려고 하고 자기 목숨을 많은 사람의 대속물로 주려 함이니라")의 말씀을 통해 예수는 인자와 하나님의 종(**에베드 야웨**)이라는 유대적 신앙의 두 중심 개념을 결합시키고 있다.

그렇다면 예수는 어느 시점에서 자신이 그 에베드(**종**)의 역할을 감당해야 한다는 의식에 이르게 되었을까? 쿨만은 예수가 세례자 요한에게 요단강에서 세례를 받을 때 하늘로부터 들은 음성을 열쇠로 보고 있다. "너는 내 사랑하는 아들이다. 내가 너를 기뻐하노라"(막 1:11)는 말씀은 이사야 42:1의 인용으로서 이는 구약에서 **에베드 야웨**를 두고 한 것이다. 또한 이 말씀은 시편 2:7("너는 내 아들이라. 오늘날 내가 너를 낳았도다")의 영향을 받은 것이기도 하다. 예수가 받은 세례의 의미는 마가복음 10:38과 누가복음 12:50

에 근거해서 **세례를 받는 것**이 **죽는 것**을 뜻하였다. 이 해석에 대한 가장 강력한 증거는 요한복음서가 세례자 요한의 증언을 통해 예수의 수세를 보도하는 방식에서 찾을 수 있다("보라, 세상 죄를 지고 가는 하나님의 어린 양이로다"라고 한 요 1:29 참조).

그런데 신약성서에서 예수를 하나님의 종으로 직접적으로 지칭하는 곳은 몇 군데밖에 없다. 마태복음 8:16은 이사야 53:4의 일부를 축어적으로 인용한다: "예수께서 말씀으로 귀신들을 쫓아내시고 병든 자를 다 고치시니 이는 선지자 이사야로 하신 말씀에 우리 연약한 것을 친히 담당하시고 병을 짊어지셨도다 함을 이루려 하심이더라" 이 인용에서 마태는 이사야 53장의 중심 사상인 대속적인 죽음에 초점을 두지 않고 병든 자를 고치는 일을 예언의 성취로서 인식한다. 그러나 이것은 치유는 예수의 죽음을 통한 최종적 사역에 대한 예기를 보여주는 것이므로 크게 다르지 않다. 특이한 것은 마태가 수난 기사에서 이사야 53장에 나오는 하나님의 고난의 종에 관한 언급을 전혀 다루지 않는다는 것이다. 마가복음서도 마찬가지다. 그러나 마가의 수난 기사의 구성과 형식이 하나님의 종 개념에 영향을 받은 것을 시사한다. 요한복음서 역시 영화(glorification)의 관념이 대속적 죽음의 관념을 중심 개념으로부터 밀어냈다고 일견 보이지만, 요한복음 2:19("예수는 성전된 자기 육체를 가리켜 말씀하신 것이라")과 요한복음 3:14("모세가 광야에서 뱀을 든 것같이 인자도 들려야 하리니"), 그리고 특히 요한복음 10:11("나는 선한 목자라. 선한 목자는 양들을 위하여 목숨을 버리거니와 …")의 말씀으로 미루어 볼 때 대속적 죽음에 대한 강조를 엿볼 수 있다.

쿨만은 예레미아스에 근거해서 **하나님의 종**을 의미하는 아람어 **탈야 떼라하**는 **하나님의 어린 양**(헬라어로 **암노스 투 쎄우**)을 뜻하기도 한다고 말한다. 그러나 **하나님의 어린 양**이라는 표현은 구약에서 유월절 양을 가리키는 지칭으로 거의 사용되지 않기 때문에 요한복음 기자는 아마도 일차적으로 **에베드 야웨**를 생각했을 것이라고 한다. 그 **에베드 야웨** 개념은 요한복음에서 유월절 양으로 이해되고 있다(요 1:29; 1:36 참조). 이 유월절 양과 **에베드 야웨** 개념은 다 같이 희생 제물의 관념을 표현하긴 하지만, 전자가 속죄 사역에 있어 수동적 역할을 하는 반면에 후자는 자원해서 다른 사람들의 죄를 짊어지는 것으로 나타난다. 다시 말해서, **에베드 야웨** 개념은 그 목표에 도달하는 수단(자원적인 대리적 고난)을 강조하는 반면에, **유월절 양**의 개념은 그 목표에 보다 역점을 둔다고 말할 수 있다.

사도행전은 **에베드 야웨** 기독론을 **종론**(paidology)으로 특징지을 수 있는 초기 기독교의 증거를 제공하여 준다. 이디오피아 내시의 개종에 관한 기사(행 8:26 이하)는 초기 기독교가 예수를 **에베드 야웨**와 동일시했음을 암시한다. 사도행전은 **에베드 야웨**의 헬라어 번역인 **파이스 투 쎄우**(παις του Θεου)를 사실상 예수의 칭호로 부여한다. 사도행전에서 이 칭호는 네 차례(3:13, 26; 4:17, 30) 나온다. 이는 모두 3-4장에만 나오며, 베드로가 중심 역할을 하는 초기 기독교 집단에 의해 사용되었다는 것을 강력하게 보여준다. 이것은 **에베드 야웨** 칭호가 초기의 기독론 형태였다는 것을 말해준다. 베드로가 이 칭호의 강력한 배후가 되고 있는 점은 베드로의 전통을 배경으로 하고 있는 베드로전서(2:21)와 마가복음에서 이 칭호가 중요하게 취급되고 있다는 것에서 찾을 수 있다. 만약 이것이 사실이라면, 예수를 고난의 길에서 벗어나게 하고 싶어 했고, 수난 기사의 결정적인 순간에는 예수를 부인했던 바로 그가 부활 후에는 예수의 정체성을 제대로 인식한 최초의 인물이었을 수 있다는 점을 시사해 준다.

에베드 야웨의 칭호가 고대의 예배문들 속에 오래 동안 지속되었다는 사실은 그것이 가장 오래된 칭호 중 하나였다는 것을 말해준다고 하겠다. 클레멘트 1서 59:3-61:3이나 디다케 9:2; 10:2는 예수를 **종**으로 부르고 있다. 또한 이러한 칭호가 등장하는 문맥이 성례식 기도문이라는 사실은 예수가 하나님의 고난의 종임을 말한 결정적인 계기가 최후의 만찬이었다는 회고를 보존하고 있는 것을 말해준다.

그러면 바울은 **에베드 야웨** 칭호를 어떻게 예수에게 적용했는가? 바울 신학에서 예수의 죽으심이 차지하는 비중은 매우 크지만, 이사야 53장으로부터의 실제 인용은 극히 적다. 단지 이사야 53:12 만이 로마서 4:25에서 직접 인용될 뿐이다. 그러나 직접적 인용은 적더라도 바울 서신 중 가장 중요한 기독론 구절들 중 세 구절(고전 15:3; 빌 2:7; 롬 5:12 이하)에서 하나님의 고난의 종에 의한 대리적 고난 개념을 분명하게 표현하고 있다.

고린도전서 15:3은 "성경대로 그리스도께서 우리를 위하여 죽으셨다"라고 기록하고 있는데, 여기에서 **성경**은 이사야 53장을 가리키는 것일 가능성이 높다. 빌립보서 2:7은 그리스도의 성육신이라는 겸비의 개념에는 **에베드 야웨** 관념이 포함되어 있다. 로마서 5:19에는 "한 사람의 순종하심으로 많은 사람이 의인이 되리라"라고 기록되어 있는데, 이는 이사야 53:11의 인용이 틀림없다. 이처럼 바울에게서 **하나님의 종**의 칭호에 대한 예를 찾을 수 있는데, 왜 바울 자신은 예수에 대해 **종**의 칭호를 사용해서 신앙을 표현하지 않았는지 의문이 아닐 수 없다. 왜냐하면 바울에게 있어서 이 칭호는 주로 성육신하신 예수의 지상 사역을 설명하는데 반해, 바울의 기독론은 하나님 우편에 앉으신 **퀴리오스**(주님)에 초점을 맞추고 있기 때문이다.

쿨만은 **에베드 야웨** 칭호와 관련하여 다음의 결론을 강조한다: 1) 신약 시대의 유대교는 **에베드 야웨** 명칭을 메시아의 그것에 연결시켰다. 아마 어떤 밀교적인 집단에서는 고난받는 메시아의 개념도 생겨났을 수 있다. 그러나 공식적인 유대교의 메시아 신앙에는 대속적 고난과 죽음이라는 관념은 결여되어 있었다. 2) 예수는 **고난의 종**으로서 자신을 지칭하신 일이 없다. 그러나 대속적 고난과 죽음의 관념 및 하나님과 백성 간의 언약의 회복이라는 관념을 자신에게 적용시켰다. 그는 수세시에 이런 확신을 가지게 되었다. 3) 초대 기독교는 예수 자신이 **에베드 야웨**의 사역을 실현시키지 않으면 안된다고 의식하였다는 전승을 보존하였다. 4) 바울은 **에베드 야웨**를 칭호로 사용하는 것은 아니지만, 예수의 대속 사역의 중요성을 분명하게 언급하였다. 5) 비록 **에베드 야웨** 칭호가 예수 자신에게까지 소급되는 오래된 기독론 중 하나지만, 매우 급속하게 퇴조하였다.

쿨만은 **에베드 야웨** 칭호에 관한 마지막 논의로서 이 칭호가 신약의 기독론 문제에 어떤 위치를 차지하고 있는지 언급한다. **에베드 야웨** 칭호는 예수의 지상 사역을 말하기에 적합하다는 것을 강조한다. 그러나 예수의 대속적 죽음은 단지 그의 지상 생애의 중심적인 행동에만 그치는 것이 아니라, 처음 창조와 새 창조에 이르기까지 전 구원사의 중심적 행동이기도 하다고 말한다. 그렇다고 하더라도, 구약의 **에베드 야웨** 개념이 현저하게 현재와 미래에까지 미치는 사역의 범위를 포괄하지는 못하기 때문에, 예수의 현재와 미래의 기능을 설명하는 데는 충분하지 못하다고 본다. 그러면서도 쿨만은 이 기독론적 칭호가 현대 신학에서 제대로 평가받아야 한다고 강조한다. 왜냐하면 그것이 예수가 누구신가에 대한 가장 오래된 대답의 하나이며, 그것이 예수 자신에게서 기원하였기에 그의 자의식에 대한 비밀을 명확하게 알려주기 때문이다. 이 점이 옳다면, 예수는 메시아 의식보다는 종의 의식을 가졌다고 볼 수 있다.

3) 대제사장

쿨만은 예수에게 적용된 대제사장 칭호가 하나님의 고난의 종 개념과 밀접하게 연결된 것으로서 일종의 고난의 종 개념의 한 변형이라고 본다. 그러나 고난의 종 개념과 별도로 취급해야 하는 이유로서 그것이 상이한 역사적 기원을 갖고 있으며, **에베드 야웨**에는 없는 새로운 측면을 갖고 있음을 들고 있다.

쿨만이 지적하는 대로 대제사장 개념은 본질적으로 유대적인 것이다. 그런데 유대인들이 대망하던 구원자로서의 대제사장은 연관성이 없어 보이지만, 메시아-왕과의 연관성을 신비스러운 왕인 멜기세덱(창 14:17 이하; 시 110:4 참조)이라는 인물에서 찾을 수 있다. 창세기 14장에서 아브라함이 전리품의 십일조를 멜기세덱에게 바친 이야기는 일찍부터 유대인들의 상상력을 자극했다. 시편 110:4("너는 멜기세덱의 반차를 좇아 영원한 제사장이라")의 말씀은 원래 왕의 즉위식을 배경으로 하는 시편인데, 가나안 고대 역사의 신비의 왕 멜기세덱 역시 제사장이었듯이, 새로운 왕 또한 영원한 제사장의 역할을 수행하게 될 것이라고 생각하게 된 것이다. 예수 당시에 시 110편에 대한 메시아적 해석이 있었으며, 유대교에서는 멜기세덱을 메시아와는 다를지라도 적어도 종말론적 인물로 보는 전통이 있었다. 랍비 문서에 보면 엘리야나 아담을 제사장-왕으로 보는 견해가 있으며, 쿰란 문서에도 **의로운 교사**(Teacher of Righteousness)는 대제사장이고, 필로도 로고스를 멜기세덱과 동일시하고 그를 **하나님의 제사장**이라고 부른다. 교회 교부들도 유대적 주제들을 영지주의적 주제와 연결시켜 멜기세덱을 태초와 종말에 관계가 있는 셈, 천사장 미가엘, 원초적 인간(Original Man), 아담, 메타트론(Metatron) 같은 인물과 동일시하기도 한다. 쿰란 문서는 **의로운 교사**라는 제사장적 인물뿐만 아니라, 제사장적 메시아와 왕적 메시아, **아론의 메시아**와 **이스라엘의 메시아**를 구별하여 제시한다. 이 경우에 제사장적 메시아는 왕적 메시아보다 우월한 존재로 등장한다. 중요한 점은 대제사장과 메시아의 동일화가 이루어지고 있는 것이다.

대제사장의 본질적 기능은 하나님과 그의 백성 간의 중재자로서 그것만으로도 고귀한 신적 신분을 가진 것으로 여겨졌다. 유대교는 제사장 제도를 통해 하나님과의 중재를 담당할 현실적인 존재를 가지고 있었지만, 그러한 경험적 제사장직이 백성들의 높은 기대를 충족시켜주지 못하면 못할수록 이상적인 제사장을 더욱 강렬하게 소망하게 되었다. 그렇게 해서 종말의 때에 한 완전한 대제사장이라는 인물은 점차 메시아적 인물에 근접해 가게 된 것이다.

이 시점에서 예수는 대제사장으로서의 의식을 가지고 있었으며, 지상 사역에서 그것을 긍정적으로 받아들였을까 하는 질문을 해 볼 수 있겠다. 물론 부정적인 대답이 예상된다. 예수는 성전을 정화하는 사건을 통해 성전과 성전을 대표하는 제사장 집단에 대한 부정적 인식을 보여주었다. 그러나 쿨만은 이러한 예수의 비판적 태도가 자신의 책무에 대한 대제사장의 관념을 배제한 것은 아니라고 주장한다. 그 예로서 쿨만은 예수가 시 110편을 인용한 두 개의 구절에서 그 근거를 찾고 있다. 먼저 마가복음 12:35 이하에서 예수는 메시아 왕으로서 멜기세덱의 반차를 좇는 대제사장으로 나타나는 시편을 자신에게 적용시키고 있다. 그리고 마가복음 14:62에서 대제사장의 질문에 답변하면서, "인자가 권능자의 우편에 앉는 것과 하늘 구름을 타고 오는 것을 너희가 보리라"고 말함으로써, **우편에 앉는 것**과 멜기세덱의 반차를 좇는 **제사장-왕**의 사상을 밀접하게 연결시킨다. 이것은 예수가 제사장적 직임을 성취하는 것을 자신의 책무로 여겼다는 것을 말해준다고 할 수 있다.

초기 기독교에서 예수를 대제사장으로 보고 있는 책은 무엇보다 히브리서다. 그 중에서도 히브리서 7장이 핵심이다. 이곳에서 저자는 예수가 참 대제사장이라는 것을 증거하기 위해 창세기 14장과 시 110편을 끌어온다. 저자는 먼저 창세기 14장을 모형론적으로 사용하면서 예수를 예표하는 멜기세덱이 옛 언약의 제사장들인 레위인보다 우월하다는 점을 밝히고 있다. 대제사장으로서 예수는 **에베드 야웨**처럼 자원적인 희생을 드린다는 점에서 유사성을 보여준다. 그러나 대제사장으로서 예수는 제물을 드리는 자이면서 동시에 제물이 되는 유일한 존재로 부각되고 있다는 점에서 특이성을 갖는다.

히브리서는 예수가 대제사장으로서 새로운 요소를 기독론에 도입하고 있다고 설명한다. 그것은 예수가 희생물을 드리면서 대제사장으로서의 위엄을 드러내고 있다는 것이다. 이것은 히브리서의 대제사장 개념이 하나님의 아들 개념과 밀접한 관련성을 있다는 것을 보여주는 것이다. 예수의 대속적인 죽음이 최하의 비하와 최고의 존엄간의 변증법을 가장 잘 나타내는 것은 바로 대제사장 개념에서다. 또 하나 언급하자면, 예수의 대제사장 개념의 형성에 기여한 점은 예수의 **온전한 인간성**에 대한 확신이다. 예수는 죄가 없는 유일한 인간으로 제시된다(히 4:15; "우리와 한결같이 시험을 받은 자로되 죄는 없으시니라"). 공관복음서도 예수의 무죄를 확신했다. 그렇지 않았다면, 마가복음 10:18에서 "네가 어찌하여 나를 선하다고 일컫느냐?"고 한 예수의 질문을 마태가 "네가 어찌하여 선한 일을 내게 묻느냐?"(마 19:17)라고 바꾸지는 않았을 것이기 때문이다. 마태는 마가복음서의 질문이 예수의 무죄성을 미심쩍게 만드는 것이라고 생각했기 때문에 바꾼 것이 틀림없다.

히브리서는 공관복음서가 예수가 시험에서 자유로운 분으로 묘사하고 있는 것과는 다르게 예수가 시험을 받은 사실을 공공연하게 적시한다. 히브리서는 이렇게 함으로써 초대 기독교 문헌 중 어떤 것보다도 예수의 인성을 포괄적으로 이해하고 있다는 인상을 준다. 히브리서는 예수가 시험을 받아들일 수 있었다는 가능성을 말한다. 이는 히브리서가 예수의 무죄성을 강조하는 것이 의미가 있으려면 시험을 받은 것이 실질적인 가능성으로 제시되어야 하였음을 말해준다고 하겠다(히 2:17; 5:7 이하 참조). 히브리서가 예수의 충만한 인성을 강조하는 것은 예수가 순종을 **배우셨다**(5:8)고 언급한 것에서 볼 수 있다. 이것은 내면적 발전을 전제하고 있는 개념이다. 마치 예수가 순종을 배움으로써 비로소 온전해졌다는 것을 말하는 것처럼 보인다. 히브리서 2:10도 예수가 고난을 통해 온전하게 되셨다고 말함으로써 이를 증거한다. 히브리서는 예수가 사람이 되시는 것에 관심을 갖기보다는 오히려 그가 사람이심에 관심을 갖는다. 이것이 진정 대제사장적 직임을 특징짓는 점이다. 히브리서에서는 예수의 인간적 속성과 품행을 나타내고자 심지어 예수의 **신앙**까지도 거론한다. 즉 저자는 **믿음의 주**라는 표현을 통해 예수 자신이 믿었다는 것과 그가 사람들을 자신의 사역에 대한 신앙으로 초대하였다는 것을 다같이 의미하고자 하였다. 대제사장으로서 예수는 자신의 인성을 통해 우리의 인성을 **거룩하게** 하고 **온전하게** 한다.

히브리서는 예수의 대제사장적 사역이 **단회적 성격**(once-for-all character)을 가지고 있다고 강조한다. 이것은 구약의 대제사장의 사역이 가지는 계속적 반복의 필연성과 대립된다. 예수는 여기에서 구약의 대제사장직을 성취하시며, 구약의 대제사장직의 부적합성을 극복하는 자가 됨을 보여준다. 히브리서 저자가 그토록 예수가 대제사장으로서 하나님과의 새 언약을 중재하였다는 것을 강조하는 이유는 바로 예수의 대속 행위가 갖는 **단번에 영원히**의 성격 때문이다.

히브리서는 예수가 우리보다 **앞서 가신 이**라고 소개한다. 이 표현을 통해 예수가 **승귀되신 이**(the exalted one)가 되었다는 것을 보여준다. 히브리서는 한 걸음 더 나아가 대제사장이신 예수가 지성소에 남아 있어 현재에도 그의 사역을 계속하고 있다는 점을 강조한다. 히브리서는 **항상 살아 있는**(7:25) 그가 우리를 위해 간구하며 중재의 사역을 계속하고 있음을 말해준다. 다시 말해서 현재의 그리스도가 강조되고 있다. 지금 우리를 위해 중재하는 살아 있는 그리스도가 그렇게 할 수 있는 것은 오로지 그가 땅에 있었고, 사람이었으며, 모든 점에서 우리와 한결같이 시험을 당했던 바로 그 동일한 그리스도이기 때문이다.

그러면 히브리서에서는 예수의 대제사장직 개념을 종말론적 측면과 관련하여 어떻게 말하고 있는가? 히브리서에서 예수의 재림시 그가 특별한 대제사장적 직임을 성취할 것이라는 언급이 명시적으로 드러나지 않는 것은 사실이다. 그러나 히브리서 9:28은 "죄와 상관없이 자기를 바라는 자들에게 두 번째 나타나시리라"고 강조한다.

여기서 **두 번째**라는 표현은 말할 것도 없이 예수의 재림을 일컫는다. 히브리서에서는 이처럼 대제사장으로서 예수가 세 가지 중요한 사역을 할 것을 언급한다. 즉, 단번에 이룬 과거의 지상 사역과 승귀된 주로서의 현재적 사역과 다시 올 재림주로서의 미래 사역이 그것이다.

신약 성서에서 대제사장 기독론을 포함하고 있는 것은 히브리서뿐이지만, 신약의 다른 책에서도 암시를 발견할 수 있다. 요한복음은 대제사장의 기도로 알려진 요한복음 17장을 통해 그것을 보여준다. 예수는 하나님이 그에게 준 자들의 성화를 위한 간구(17:17)와 그들을 세상으로부터 분리해 주기를 위한 간구(17:11 이하)를 통해 전형적인 대제사장의 기도를 드린다. 또한 요한복음에서 보혜사로서의 성령 개념은 제사장의 중재 역할에 강조점을 두고 있는 점에서 대제사장적 개념과 연결된다. 비록 히브리서가 전개한 대제사장 기독론이 후대에 발전을 이루지는 못했지만, 그 개념 자체가 사라진 적은 없고 교리사에서도 중요한 역할을 수행해 온 점을 지적하고 넘어가야 하겠다.

2. 미래 사역과 관련된 기독론적 칭호

1) 메시아

이제까지는 예수의 지상 사역을 가리키는 기독론적 호칭들로서 **그 선지자**, **하나님의 고난의 종**, 그리고 **대제사장**에 관한 내용을 살펴보았다. 이제는 예수의 미래 사역과 관련된 기독론적 호칭들을 살펴볼 차례다. 여기에서는 중요성이 인식되어 온 **메시아**와 **인자** 칭호에 관해서 언급하게 될 것이다.

먼저 알아야 할 사실은 예수 당시 유대교에는 종말에 도래할 중보자에 대한 다양한 개념들이 존재하고 있었기 때문에 고정된 단일 메시아 개념이 없었다는 점이다. 물론 신약 성서 시기에는 점차 **정치적 메시아**, 또는 단순하게 **유대적 메시아**로 지칭하는 것에 근접해가긴 했지만 말이다. 그러나 초대 기독교인들은 유대적 메시아의 일부 중요한 요소들을 전수받았지만, 매우 본질적인 요소까지 예수께 적용한 것은 아니었다. 초대 기독교가 유대적 메시아의 요소를 받아들인 이면에는 유대인들에게 이해될 수 있는 기독론을 제시하려는 의도도 있었다.

유대교에서 메시아는 어떤 개념을 지니고 있었을까? 히브리어로 메시아는 **기름 부음을 받은 자**를 의미한다. 일차적으로는 이스라엘 왕을 지칭하였다. 그러나 하나님께서 자기 백성을 위해 특별한 사명을 부과하는 자는 누구든지 메시아로 불릴 수 있었다. 그래서 제사장과 예언자를 포함하여 심지어 이방의 왕(사 45:1에 나오는 페르시아의 고레스 왕이 이 예에 속한다)조차도 메시아로 칭하였다.

유대교에서 메시아 개념이 처음에는 종말론적 성격이 아니라 지상적 왕권과 관련되었다. 그러다가 점차 종말론적 소망과 관련되어 나타나게 되었다. 다윗 후손인 한 왕이 종말에 출현하리라는 소망은 유대인의 민족주의가 헬라의 지배 하에서 발전되어 감에 따라 더욱 활성화되었다. 또한 이러한 **고전적**인 의미에서의 메시아 대망 사상 외에도, 영원한 하나님의 나라 대신에 메시아 왕국은 예비적 왕국만을 가져올 것이라는 관념도 발견된다. 이 경우 메시아 왕은 **하나님에 앞서 오는 자**가 된다.

쿨만은 이러한 유대적 메시아 개념을 다음과 같이 요약해 준다:

1) 메시아는 그의 임무를 순전히 지상적 차원에서 성취한다. 2) 다른 문헌(**솔로몬의 송시**)에는 메시아가 종말의 때와 관련되는 것으로 나타난다. 메시아는 이 세상과 구별되는 중간 시기와 관련된다. 3) 메시아의 사역은 그것이 평화적이든 전투적이든 이스라엘의 정치적 왕의 사명과 관련된다. 그는 유대인들의 민족적 왕이다. 4) 그 유대적 왕은 다윗의 후손이다.

예수는 메시아적 자의식을 가지셨을까? 다른 말로 표현하자면, 예수는 과연 얼마만큼 메시아 칭호와 관련된 유대적 관념을 자신에게 적용하였는가 하는 것이다. 쿨만은 이 질문과 관련하여 공관복음서의 세 구절(막 14:61 이하; 막 15:2 이하; 막 8:27 이하와 각각의 평행 구절들)을 중요하게 생각한다.

마가복음 14:61에는 가야바 대제사장이 예수께 "네가 찬송 받을 자의 아들 그리스도냐?"고 묻는 장면이 나온다. 예수가 이 질문에 긍정적으로 답변을 하면 정치적 반역자로 몰릴 것이고, 부정적으로 답변하면 백성들의 신망을 잃게 될 것이었다. 마가복음서는 "내가 그니라"라고 긍정적으로 답변한 것으로 기록하고 있다. 그러나 마태와 누가의 평행 본문을 보면, "네가 말하였느니라"라고 되어 있다. 즉, "내가 아니라 네가 그렇게 말하였느니라"라고 말한 셈이다. 이는 일견 긍정으로 보이나 실상은 직접적인 답변을 회피하면서 은근하게 부정하는 것으로 볼 수 있다. 특별히 이 문장 다음 문장이 **그러나**라는 접속사로 시작하여 "인자가 권능의 우편에 앉은 것과 하늘 구름을 타고 오는 것을 너희가 보리라"고 말하고 있기 때문에, 앞에 나온 예수의 대답이 부정적인 의미를 드러내고 있다고 판단된다. 예수는 메시아에 대한 질문을 인자로 대체시킴으로써 대제사장의 잘못된 생각을 정정하고 있다고 볼 수 있다. 예수는 하늘의 존재이므로 사실은 인자가 메시아보다 더 밀접하게 하나님과 관련된다. 따라서 예수가 메시아 칭호를 거절한 것이 결코 승귀된 지위를 부인하는 것이 아니다. 오히려 다니엘서에 나오는 구름을 타고 도래할 하늘의 존재라는 의미로 쓰여진 인자 개념이 정치적 메시아라는 주장보다 훨씬 급진적이다. 예수는 여기에서 메시아-왕의 정치적 역할만을 거절하고 있는 것이다.

두 번째 성경 구절인 마가복음 15:2 이하를 보자. 여기에서는 빌라도가 예수께 "네가 유대인의 왕이냐?"라고 질문하며, 예수는 "네가 그렇게 말하느니라."라고 대답하는 내용이 나온다. 마태와 누가도 같은 내용을 담고 있다. 그렇다면 여기서도 역시 회피적인 답변을 하고 있다고 보아야 할 것이다. 누가복음서는 예수의 답변 후에 빌라도가 "내가 보니 이 사람에게 죄가 없도다"(23:4)라고 판정을 내리는 내용을 싣고 있는데 이는 의미가 있다. 왜냐하면 만일 그가 예수의 답변을 긍정으로 이해했다면 이런 식으로 말할 수 없었을 것이기 때문이다.

세 번째 성경 구절인 마가복음 8:27 이하의 내용은 가이사랴 빌립보에서의 신앙 고백 장면이다. 베드로는 "당신은 그리스도(메시아)이십니다"라고 고백하고 예수는 거리낌 없이 이 고백을 받아들인다. 그런 다음 인자의 수난에 대해 예고하는 내용이 나온다(막 8:30 이하). 어떤 사람들은 이 내용을 두고 예수는 베드로가 자신에게 부여한 메시아 칭호를 은연중에 받아들였고, 다만 자신이 많은 일들을 겪지 않으면 안 된다는 점만을 덧붙였을 뿐이라고 해석한다. 그러나 다른 이들은 예수께서 베드로의 메시아 고백을 긍정도 부정도 하지 않았다고 받아들인다. 왜냐하면 예수가 베드로의 메시아 고백에 직접적으로 응수하지 않고 인자의 수난에 대해 말하고 나서 베드로가 책망하자 "사탄아, 내 뒤로 물러가라"고 무섭게 질책하고 있기 때문이다.

쿨만은 이상의 논의를 다음과 같이 요약하여 준다: 1) 예수는 메시아 칭호에 대하여 극히 유보적인 태도를 보였다. 2) 그는 실제로 그 칭호에 관련된 특수 개념들을 사탄의 시험으로 간주하였다. 3) 그는 결정적 구절들에서 **메시아** 대신에 **인자**로 대체시켰고, 어떤 구절에서는 심지어 전자와 후자를 대립시키기까지 했다. 4) 그는 의도적으로 **에베드 야웨**와 관련이 있는 관념을 유대인들의 정치적 메시아 개념과 대비시켰다.

그렇다면 유대적 메시아 개념에는 과연 예수께 적용시킬 만한 것이 전혀 없는가? 그렇지 않다. 예수가 거절한 것은 메시아 칭호에 대한 유대적 이해였지 칭호 자체가 아니었다. 보다 적극적으로 말한다면, 메시아 칭호가 예수의 소명 의식과 조화된다. 메시아 칭호는 그가 성취하지 않으면 안 되었던 임무와 구약 성서 간의 연속성을 명백하게 나타내 주기 때문이다. 특히 이스라엘 민족의 전 역사를 포괄하고 성취한다는 의미에서 민족적인 메시아로 나타난다는 점이 강조된다.

이 시점에서 메시아-왕의 기원에 해당되는 또 다른 칭호인 다윗의 자손이라는 개념을 살펴보는 것이 필요할 것 같다. 두 가지 질문이 먼저 제기된다: 예수의 가계는 다윗 가문의 후손이라는 전승을 가지고 있었는가? 예수는 다윗의 자손이 자신이 성취하지 않으면 안 되었던 그 임무를 위한 본질적 자격 요건이라고 여겼는가? 이에 대한 대답으로 마태와 누가의 족보는 충분한 대답이 못된다. 두 족보는 불일치를 보이고 있는데, 이에 대한 해결책으로서 마태의 족보는 요셉의 것이고 누가의 족보는 마리아의 것이라고 설명한다. 이를 통해 마리아 역시 다윗의 후손이라는 전제를 보여준다. 이러한 설명은 다윗의 자손으로서의 예수와 동정녀 탄생을 조화시키기 위해 착상으로서 이해될 수 있기 때문에 충분한 근거가 되지 못한다고 말하는 것이다. 그럼에도 불구하고 이 족보들은 적어도 그것이 70-90년대에 그러한 전승이 고정되어 있었다는 것을 입증해 준다는 점에서 의미가 있다. 이 전승은 복음서의 족보보다도 더 오래된 것이고 그것이 로마서 1:3에 반영되어 있다고 생각된다.

또 다른 질문을 해 볼 필요가 있다. 예수는 스스로 **다윗의 자손**이라고 칭하였는가 하는 것이다. 이에 대한 근거 구절은 마가복음 12:35 이하("다윗이 성령에 감동하여 친히 말하되 주께서 내 주께 이르시되 내가 네 원수를 네 발 아래 둘 때까지 내 우편에 앉아 있으라 하셨도다")를 들 수 있다. 일견 보기에 이 말씀은 예수가 다윗의 자손이라는 것을 부정하는 것 같지만 꼭 그렇지는 않다. 예수가 부정하는 것은 다윗의 자손이 아니라는 점이 아니고 유대인들이 이 칭호에 부과한 기독론적 의미였다. 예수는 이를 위해 시 110편을 인용한다. 다윗 왕이 지은 것으로 알려진 이 시편은 누가 화자인가에 따라 의미가 달라진다. 다윗이 아닌 다른 사람이 화자라면, 첫 번째 **주**는 하나님이고 두 번째 **주**는 다윗이 된다. 그렇게 되면 다윗 왕을 찬양하는 의미를 가진다. 그러나 다윗이 화자라면, 첫 번째 **주**는 그래도 하나님이지만 두 번째 **주**는 다윗 왕이 아니고 메시아를 뜻하게 된다. 예수는 이런 논증을 통해 메시아가 다윗의 육신적 혈통에 꼭 속해야 한다는 관념을 논박하는 듯이 보인다. 다윗 칭호에 대한 예수의 태도는 메시아에 대한 그것과 흡사하다. 즉, 예수는 정치적 메시아의 이상을 거부한 것이다.

2) 인자

인자 칭호의 기원은 **에베드 야웨** 칭호와 함께 예수 자신에게로 소급되기 때문에 중요하다. 거기에다가 인자 칭호는 예수께서 자신에게 적용한 유일한 칭호이기 때문에 더욱 중요하다. 그러면 유대교에서 이 인자 개념을 어떻게 이해하였나? 우선 어의학적 고찰을 통해 **인자**는 아람어 **바르나샤**(Bar-nasha)에서 온 것이며, 헬라어로는 **휘오스 투 안쓰로푸**(ύιος του ανΘρωπου)라는 것을 알고 있다. 아람어 **바르**는 **아들**이라는 말인데, 이 말은 뒤에 나오는 사람이 속하는 부류를 가리킨다. 그래서 **거짓의 아들**은 거짓말쟁이이며, **부의 아들**은 부자를 가리킨다. 따라서 이러한 단어의 결합으로서 **사람의 아들**(휘오스 투 안쓰로푸)은 **사람**이란 의미로 사용될 수 있다. 그렇다면 인자는 메시아적 칭호가 아니라 단순하게 한 인간을 뜻하는 단어라는 결과를 낳게 된다.

그러나 이렇게 보는 것은 피상적인 접근이다. 유대 문서를 비롯한 여러 문서에서 **인자**가 단순히 한 사람이 아닌 특별한 칭호로 쓰인 예를 보여주기 때문이다. 우선 성서에서 처음으로 인자에 대한 지칭을 대하게 되는 다니엘 7:13을 살펴보자. 다니엘 7:13에서 **인자**는 누구인가? 그는 단순히 개인적 인물이 아니다. 7:15에서는 그 인자의 정체가 **지극히 높으신 자의 성도들**이라고 설명한다. 이 성도들의 나라가 네 짐승들과 대조되고 있는데, 왜 하필이면 **사람**으로 표현하였을까? 짐승들은 왕들, 즉 세상 나라들의 대표자들로 해석되지만, **사람**은 성도들의 나라 자체다. 유대교에서 대표는 동일성을 뜻하는 경우가 많다. 유대적 대표 개념에 의하면 대표자는 그가 대표하는 집단과 동일시될 수가 있는 것이다. 그러나 또한 보다 후기의 유대

문서에는 다니엘 7:13의 인자를 개인적인 인물로 이해하게 된다. 에스라 4서는 인자가 바다에서 올라와 구름을 타는 묵시적 구원자로 묘사한다. 인자 연구에 중요한 자료인 에녹 1서의 "**비유서**"(37-71장)는 인자가 단일한 인격체임을 말한다. 그러나 이 경우에서조차 그 인자는 모든 사람을 대표하는 관념을 포함하고 있다는 것을 잊어서는 안된다. 에녹 1서에서 인자는 창조 시에 하나님이 지어준 이름이다. 그는 다른 피조물보다 앞서서 창조된다. 그는 종말에 세상을 심판하고 통치하기 위해 도래하기 전까지는 숨겨져 있다. 쿰란 문서에 따르면("**라멕의 묵시서**", "**훈련수칙**" 참조), 이 공동체는 지상적인 전투에서 이스라엘의 대적을 무찌르고 정치적 왕국을 수립할 정치적 메시아가 아닌 초자연적인 하늘의 **인자**를 대망하고 있다.

그러면 왜 이와 같은 천상의 중보자가 **사람**으로 칭해졌는가? 우선 유대교 밖에서 사람의 신적 원형인 **원초적 인간**(Original Man)에 관한 사색이 있어 왔다. 동방의 이란과 갈대아, 이집트 등에, 아티스 종파, 만디파, 마니파, 영지주의 등에 인류를 구속하기 위해서는 원초적 사람이 구속받지 않으면 안 된다는 주장이 존재하였다. 이 이상적인 하늘의 사람과 첫 번째 인간과의 동일화는 신약 성서에서 매우 중요한데, 이는 인류를 구속하기 위해 종말에 도래할 존재가 바로 그 첫 번째 사람이라는 기대로 이끌기 때문이다.

그런데 성서에서 첫 인간은 타락의 원천이었기 때문에 그 동일화를 명확하게 연결시키기가 어렵다. 그래서 원초적 사람이라는 유대외적 관념은 유대교와 접촉하게 되면서 변화를 겪지 않으면 안 되었다. 한편 유대교는 신적 사람, 즉 **인자**의 관념을 창조시와 연결시켜야 했다. 이러한 어려움으로 인해 인자에 관한 사색은 정통적인 유대교보다는 에스라 4서와 에녹 1서에서 알게 된 밀교적인 유대 집단에서 발전하게 된 것으로 보인다. 이 밀교적 유대 집단은 난점을 극복하기 위하여 두 가지 가능성을 시도하였다. 한 가지 가능성은 신적 사람과 첫 인간의 동일화에 특별한 역점을 두지 않는 것이었다. 에녹 1서는 83-90장에서 아담의 죄에 관해서 한 마디 언급도 하지 않는다. 슬라브 에녹서는 심지어 사탄이 하와만을 유혹했고 아담은 유혹하지 않았다고 강조하기까지 한다. 그래서 종말에 귀환하는 **인자**가 첫 사람과 동일 인물이라는 것을 은연중 알리려고 한 것이 아닐까? 또한 클레멘트 위서인 『**베드로의 설교**』에서 참 선지자 예수를 아담과 동일시하며, 더 나아가 인자와 아담을 동일 인물로 보고 있다. 다른 하나의 가능성은 아담의 타락에 역점을 두지 않는 것이었다. 영지주의적인 유대인 기독교인들은 아담의 타락에 관해 침묵을 지키는 가운데 더 대담한 주장을 한다. 즉 아담의 타락을 기록하고 있는 기사는 거짓말이라고 선언한다. 거짓이 사탄의 사역을 통해 성서에 스며들었다고 주장한다. 이 유대 기독교인들은 아담에게 최상의 존경을 표하며 아담을 사탄의 적으로 찬양한다. 이 입장은 구원이 원초적인 시대로의 완전한 회귀에 있다고 말한다. 그래서 성서적인 직선 시간 개념을 버리고 헬라적 순환 시간관을 주저 없이 받아들인다.

쿨만은 유대인 철학자 필로(Philo)가 인자 개념을 어떻게 풀었는지에 관심을 기울인다. 필로는 하늘의 사람과 첫 사람의 동일화를 가정하긴 하지만 성서의 타락 기사를 해치지 않을 해법을 추구한다. 이를 위해 필로는 우화적 해석법(allegorical interpretation)을 동원하여 비신화화시킨다. 필로는 창세기 1:27과 창세기 2:7의 두 구절을 대립시키면서 그것이 각각 서로 다른 아담을 말한다고 주장한다. 전자는 하늘의 사람이고, 후자는 죄와 형벌과 관계된 존재다.

필로에 의하면, 하나님은 창조 시에 두 아담을 생명으로 불렀는데, 하늘의 사람은 1:27 이후 사라진 반면에 땅의 사람은 하나님의 명령을 불순종한 아담으로 창세기 2-3장에 등장한다. 필로의 해석이 다른 유대적 해석보다 유리한 점은 그것이 아담의 타락 기사를 그대로 보존시킨다는 것이다. 그러므로 필로는 성육신도 신령한 사람의 종말론적 재림도 알지 못했다. 그는 하늘의 사람이 바로 본질상 역사 안에서 성육신된 한 사람이 되지 않으면 안 된다는 관념을 이해할 수가 없었다. 이런 의미에서 필로에게는 구원사가 의미가 없었다.

쿨만은 유대적 인자 개념을 다음과 같이 요약한다: 1) 인자는 심판과 **성도들의 나라**를 세우기 위해 오직 종말에만 하늘 구름을 타고 나타날 숨겨진 하늘의 존재다. 2) 그는 창조 시에 첫 사람과 동일화된 이상적인 하늘의 사람이다. 첫 번째 형태는 유대적 사상과 유대적 시간 개념과 부합하고, 두 번째 형태는 주로 헬라적 저작들에서 발견된다. 이러한 차이점에도 불구하고 천상적인 사람에 관심을 둔다는 점에서 두 형태는 유사성을 가진다. 그러나 두 경우 모두 천상적 사람의 성육신이라는 관념에는 생소하다. 그것보다는 오히려 그 선지자의 재환과 더 관계된다. 영지주의적 구원자 신화에 따르면, 구원이 이루어지기 위해서는 구원자 자신이 구원받지 않으면 안 되지만 성육신을 그 기반으로 삼지는 않는다.

그러면 예수는 자신을 인자로 지칭할 때 어떤 의미로 그렇게 하였는가? 단순하게 **한 사람**이라는 의미가 아니었을 것이다. 왜냐하면 유대교에서 **인자**는 존엄한 칭호로서 천상적 존재로 인식되어 왔기 때문이다. 물론 예수가 인자라는 단어를 사용할 때 그것이 단순하게 **사람들**을 뜻하는 경우도 몇 번 있었다. 예를 들어, 쿨만은 논란의 여지는 있지만 마가복음 2:27("안식일은 사람을 위하여 있는 것이

요, 사람이 안식일을 위하여 있는 것이 아니라")에서의 **사람**(헬라어로 **안쓰로포스**)과 2:28("그러므로 인자는 안식일에도 주인이니라")에서의 **인자**(헬라어로 **휘오스 투 안쓰로푸**)가 같은 의미로 쓰였다고 생각한다. 즉, 28절의 **인자**는 모든 사람 일반을 가리킨다는 것이다. 쿨만은 이와 유사한 경우로 마태복음 12:31(눅 12:10)을 들고 있다. "또 누구든지 말로 인자를 거역하면 사하심을 얻되 누구든지 말로 성령을 거역하면 이 세상과 오는 세상에도 사하심을 얻지 못하리라"는 말씀에서 **인자**는 예수 자신이 아닌 일반 사람들을 의미한다고 본 것이다. 위의 두 경우를 제외한다면, 복음서 기자는 일반적으로 아람어 **바르나샤**가 일반 사람들을 가리킬 때는 **안쓰로포스**(사람)로 번역하고 예수를 가리킬 때는 **휘오스 투 안쓰로푸**(인자)로 번역했다.

앞에서 말한 것처럼, 예수께서 모호한 의미로 **인자**를 사용하였을 가능성을 있으나 많은 경우에 칭호로서 사용하였다. 어떤 학자들은 복음서 기자가 **인자** 칭호를 만들어냈다고 주장하기도 하지만, 이것은 사실성이 희박하다. 첫째는 **인자**가 초대 교회의 공통적인 기독론적 칭호가 아니었다는 것이다. 만일 복음서 기자가 인자 칭호를 처음으로 소개한 인물들이라면 예수 자신이 화자로 되어 있을 때에만 그것을 사용하였는지 설명하기 곤란하다.

쿨만은 복음서에서 인자 개념은 두 범주로 나누어 볼 수 있다고 한다. 첫째는 예수가 미래에 성취하여야 할 종말론적 사역과 관련하여 인자 칭호를 사용하는 경우이고, 둘째는 그가 자신의 지상 사역에 적용하는 경우로 나뉜다. 종말론적 적용은 다니엘서, 에녹 1서, 에스라 4서에서 발견되는 유대적 견해에 상응하는 인자의 사용에서 찾을 수 있다. 신약 성서에서도 인자는 일차적 종말론적 기능으로서 심판을 담당한다. 요한복음서에서는 심판자로서의 예수의 기능을 강조한다. 특히 "하나님이 '인자됨을 인하여' 그에게 심판하는 권세를 주었다"(요 5:27)라고 말하고 있다. 인자의 지상 사역은 **에베드 야웨**의 역할을 수행하는 것과 관련된다. 비록 그가 하늘 구름을 타고 지상에 오지는 않았지만, 이미 그의 성육신 기간 동안에도 인자로 칭할 수가 있었다. 마가복음 10:45("인자가 온 것은 섬김을 받으려 함이 아니라 도리어 섬기려 하고 자기의 목숨을 많은 사람의 대속물로 주려 함이니라")은 인자가 에베드 야웨 개념과 결합된 결정적인 구절이다. **인자**가 유대교에서 생각할 수 있는 최상의 승귀의 선언을 표상하였다면, **에베드 야웨**는 최하의 비하 개념이었다. 바로 영광의 칭호로서의 인자가 이제 비하의 선언이 되고 있다. 그리고 에베드 야웨 칭호보다 인자 칭호를 더 선호한 것은 인자 칭호가 현재와 미래 사역을 다 포괄할 수 있었기 때문이었다고 보인다.

여기서 한 가지 짚고 넘어가야 할 문제가 있다. 고전적 신학은 종종 인자를 하나님의 아들과 대비시켰다. 그래서 인자는 인성을, 하나님의 아들은 신성을 표현해 주는 것으로 이해했다. 그러나 이것은 당시의 학자들이 인자라는 인물에 관한 유대적 관념에 정통하지 못해서 빚은 오해였다. 사실 예수가 애초에 인자라는 칭호를 자신에게 적용시켰을 때 그는 자신의 신적인 성격을 말씀하셨다는 것을 알아야 한다. 그러나 후에 예수의 지상 생애에 적용되면서 비하적 관념으로 발전한 것으로 보인다. 특히 하나님의 아들과 대비될 때는 비하적으로 쓰였다는 것이다. 이때에 인자 개념은 구약에 등장하는 히브리어 **벤 아담**(**사람의 아들**이라는 뜻)과 비슷해지는데, 이것은 하나님의 전능하심 앞에서 인간의 연약함이나 무력함을 가리켰다.

그러면 초기 기독교에서 인자 기독론은 어떤 위치를 차지하고 있었을까? 초대 기독교인들에게 있어서 예수는 그리스도요 주님이었다. 그럼에도 불구하고 복음서 기자들은 예수가 스스로를 지칭하던 **인자**의 전승을 전달해 주고 있다. 그러면 누가 예수에게 소급되는 이 전승을 후대에 전해 주었을까? 쿨만은 갈릴리인은 인자 기독론을, 예루살렘 사람들은 메시아 기독론을 발전시켰다고 하는 로메이어의 주장을 도식적 분할이라고 거부한다. 그러면서 쿨만은 아마 초대 교회 내에 있었던 **헬라주의자들**이 그러한 전승을 충실하게 따랐던 것으로 보고 있다. 그러나 헬라주의자들의 영향력이 초대 교회에서 압도적이지 못했기 때문에 인자 기독론이 흔적만을 남기고 있다고 주장한다. 그러나 쿨만의 주장은 문제점을 제시하는 수준에서 멈추고 있다.

바울은 예수를 둘째 아담이나 마지막 아담으로 지칭한다. 바울의 관념은 유대적인 사상과 전혀 다른 성격을 지니고 있는데, 이는 역사 속에 등장해 살았던 예수와 인자를 동일시한 것이다. 바울의 사상은 유대적 기독교에서 말하는 천상적 사람의 부단한 재환에 관해서나 영지주의에서 말하는 천상적 존재의 신화적 하강(descent)에 관해서 언급하지 않는다. 바울이 말하는 인자론과 관련하여 쿨만은 고린도전서 15:45 이하, 로마서 5:12-21, 그리고 빌립보서 2:5-11의 세 군데 성경 구절을 중요하게 취급한다. 바울에게 있어서 주목할 점은 복음서들처럼 **휘오스 투 안쓰로푸**(인자)라는 용어를 사용하지 않고 **안쓰로포스**(사람)를 사용하고 있다는 것이다. 그럼에도 불구하고 위에 말한 세 구절에서 인자 개념은 분명하게 나타난다.

고린도전서 15:45-47은 "기록된 바, 첫 사람 아담은 산 영이 되었다 함과 같이 마지막 아담은 살려주는 영이 되었나니, 그러나 먼저는 신령한 자가 아니요 육 있는 자요, 그 다음에 신령한 자니라. 첫 아담은 땅에서 났으니 흙에 속한 자이거니와, 둘째 아담은 하늘에서 나셨느니라"라고 말한다. 필로(Philo) 역시 첫 아담과 마지막 아담이라는 두 아담론을 말한다. 바울과 필로가 다른 것은 바울이 마지막 아담을 역사적인 나사렛 예수와 동일시했다는 점이다. 더 나아가 바울은 필로와 다르게 마지막 아담이 창조시의 첫 사람과 동일화되지 않을 수도 있다는 것을 말하고 있다고 보여진다. 바울은 예수라는 천상적 존재가 아담과 동일 인물이라는 것을 부인할 뿐만 아니라, 사실은 아담의 과오를 바로잡기 위해, 즉 첫 사람이 성취하는데 실패했던 임무를 성취하기 왔다고 말한다. 아담과 인자로서의 예수 간의 동일성은 그들의 품격에 관해서 말하는 것이 아니라 그들이 맡았던 임무의 성격이 동일함을 의미한다. 고린도전서 15장에서 인자는 이중의 방식으로 아담과 연결된다: 긍정적으로는 인자는 아담과 더불어 하나님의 형상을 나타내어야 할 그 임무를 공유하며, 부정적으로는 아담의 죄를 대신해 속죄하지 않으면 안 된다.

위의 두 번째 측면은 로마서 5:12 이하에서 두드러지게 나타난다. 로마서 5장에서 중요한 구절은 이렇게 말한다: "이러므로 한 사람으로 말미암아 죄가 세상에 들어오고 죄로 말미암아 사망이 왔나니, 이와 같이 모든 사람이 죄를 지었으므로 사망이 모든 사람에게 이르렀느니라"(12절). "그러나 이 은사는 그 범죄와 같지 아니하니, 곧 한 사람의 죄를 인하여 많은 사람이 죽었은즉, 더욱 하나님의 은혜와 또는 한 사람 예수 그리스도의 은혜로 말미암은 선물이 많은 사람에게 넘쳤느니라"(15절). "그런즉 한 범죄로 많은 사람이 정죄에 이른 것같이, 의의 한 행동으로 말미암아 많은 사람이 의롭다 하심을 받아 생명에 이르렀느니라"(18절). 이상에서 보는 것처럼 **사람/인자**로서 예수의 대속 사역은 **에베드 야웨**와 매우 밀접하게 연결되어 있음을 보게 된다. 바울은 유대교가 풀 수 없었던 인자/아담

문제에 대한 해법을 바로 인자와 **에베드 야웨**의 개념을 서로 연결하는 데서 찾았다. 모든 사람의 대표인 첫 사람 아담은 죄를 지었고, 죄로부터의 구속은 속죄를 요구하였다. 따라서 인간성의 신적 원형인 하늘의 사람 자신이 죄로부터 자유케하기 위하여 죄에 물들어 있는 인간성으로 들어오지 않으면 안 되었다는 것이다. 영지주의적 헬라 사상은 하늘의 사람은 땅에 내려오고 하늘로 다시 올라가는 것만으로도 다른 사람들을 구원하지만, 유대/기독교적 신학은 속죄의 문제를 풀지 않으면 안 되었던 것이다.

인자 개념이 두드러진 역할을 하는 바울의 세 번째 구절은 빌립보서 2:5-11이다: "너희 안에 이 마음을 품으라. 곧 그리스도 예수의 마음이니, 그는 근본 하나님의 본체시나 하나님과 동등됨을 취할 것으로 여기지 않으시고, 오히려 자기를 비어 종의 형체를 가져 사람들과 같이 되셨고, 사람의 모양으로 나타나셨으매, 자기를 낮추시고 죽기까지 복종하셨으니, 곧 십자가에 죽으심이라. 이러므로 하나님이 그를 지극히 높여 모든 이름 위에 뛰어난 이름을 주사, 하늘에 있는 자들과 땅에 있는 자들과 땅 아래 있는 자들로 모든 무릎을 예수의 이름에 꿇게 하시고, 모든 입으로 예수 그리스도를 주라 시인하여 하나님 아버지께 영광을 돌리게 하셨느니라" 이 본문은 인자, 하나님의 종, 주(Lord)라는 개념을 기독론적으로 연합시키고 있다. 쿨만은 예수가 하나님의 **본체**라고 하는 천상적 존재로부터 **인자** 개념을 연결시키고, 십자가에 죽기까지 복종하는 모습을 하나님의 고난의 종과 연결시키며, 모든 이름 위에 뛰어난 이름을 주었다는 말을 주의 개념과 연결시킨다. 특히 **주님**을 의미하는 헬라어 **퀴리오스**는 히브리어 **아도나이**의 번역인데, 이 아도나이는 야웨 하나님을 간접적으로 표현하는 단어였다. 그래서 예수가 하나님과 동등됨을 포기하고 십자가에 죽기까지 복종함으로써 **모든 이름 위에 뛰어난 이름**인 **주님**으로 불리게 되었다.

인자 개념은 신약 성서의 다른 곳에서도 발견된다. 사도행전에서 스데반은 순교하면서 "보라, 하늘이 열리고 인자가 하나님 우편에 서신 것을 보노라"(7:56)라고 말한다. 예수는 시 110편을 인용하면서 인자가 하나님 우편에 **앉아 있는** 것을 말한 것에 비해, 스데반은 **서 있는** 인자에 관해 언급한다. 스데반은 예수께서 심판자로서 인자를 보고 있는데 비해 증인이나 변호자로서 보고 있다. 요한복음 역시 바울과 다르게 **휘오스 투 안쓰로푸** 용어를 사용하면서 인자론을 전개시킨다. 그리고 특히 쿨만은 밀교적 유대교-예수-헬라주의자들-요한복음으로 이어지는 전승을 가능성 있게 보면서, 요한복음에서 인자 기독론이 중요성을 띠고 있다고 진단한다. 요한복음 3:13-14에서 인자의 승귀 사상이 강조되고 있고, 요한복음 12:23, 31에서 인자와 영광 기독론을 연결시킨다. 요한복음 1:51에서는 예수의 지상 소명과 관련하여 신성한 존재로서 부각시키며, 요한복음 5:27은 인자를 심판자로 언급한다. 요한복음 6:27, 53은 인자는 승귀된 교회의 주로서 성찬 의식을 통해 생명의 떡을 준다. 그리고 요한복음 9:35에서 날 때부터 맹인된 사람에게 "네가 인자를 믿느냐?"고 물음으로써 인자 기독론을 강화시키고 있다. 또한 요한복음 1:14-18의 내용을 통해 인자와 성육신 기독론을 연관시킨다. 이처럼 요한복음에는 나름대로 독특한 인자 기독론이 나타나고 있다. 요한계시록에는 **인자**가 두 번 등장하는데(1:13; 14:14), 두 구절 모두 단 7:13에 근거를 두고 있다. 묵시적이고 신비적인 성격의 인자 개념을 시사해 준다고 보인다. 히브리서는 아들(예수)이 하나님의 영광의 광채시요 그 본체의 형(1:3)을 지닌다고 말한다. 히브리서

2:5 이하에서는 시 8편을 인용하면서 인자가 천사들보다 우월함을 강조한다. 이처럼 초기 기독교는 예수께 대한 신앙을 인자 개념에 의해 표현했으며, 바울은 그 개념에 신학적 깊이를 더해 주었다.

3. 현재 사역과 관련된 기독론적 칭호

1) 주

오스카 쿨만은 메시아와 인자 칭호를 가지고 예수의 미래 사역을 설명하고 나서, 주(*Kyrios*)와 구주(*Savior*) 칭호를 통해서 예수의 현재 사역과 관련된 특징을 취급한다. 쿨만은 **주** 칭호가 그 중요성에 비하여 등한시되어 온 감이 있다고 지적한다. 예수를 **주**로 지칭함으로써 최초의 기독교인들은 그가 단지 과거의 구속사의 일부분이거나 미래의 소망의 대상일 뿐 아니라, 또한 살아계셔서 우리와의 친교 속으로 들어오며, 기도를 중재하고 예배 중에 임재하는 실재라는 신앙 고백을 하였다.

쿨만은 칭호를 연구함에 있어서 이제까지 해 온 방식대로 먼저 그 당시의 문화-종교적 환경 속에서 **주** 칭호가 사용된 예를 관찰하고 있다. 예수를 **주**로 고백하고 칭호로서 발전시킨 교회가 헬라주의 환경에 서였기 때문에 동방-헬레니즘적 종교들과 황제 숭배에서 **주**(Kyrios) 칭호가 어떠한 세속적, 종교적 의미를 가지고 있었는지 검토한다.

퀴리오스는 일차적으로 **주인** 혹은 **소유자**라는 일반적인 의미로 쓰여졌다. 그러다가 신적 통치자라는 절대적 개념에로 발전하게 되었다. 부셋(W. Bousset) 같은 학자는 이러한 발전에 대해 부정하면서 절대적 개념으로서의 그 칭호의 사용에 전례가 없다고 했지만 쿨만은 이러한 견해에 찬동하지 않는다. 사실 헬라주의 자체에 신적 퀴리오스 개념으로 이끌 수 있는 세속적 사용의 국면들이 있었다. 쿨만은 그 근거로서 **퀴리오스**(κυριος)와 같은 의미를 가진 헬라어 **데스포테스**(δεσποτης)와 비교하고 있다. 전자는 항상 합법적 권위라는 관념을 시사했던 반면에, 후자는 전제의 관념을 시사하였기 때문에 **전제 군주**라는 말로 사용되게 되었다. 퀴리오스만이 신적인 주의 개념으로 발전할 수 있었다는 말이다.

이처럼 헬라주의 세계에서 퀴리오스는 어떤 특별한 신성한 사람을 가리키는 말이 되었다. 이것이 황제에게 적용되게 된 것은 어쩌면 자연스러운 결과로 보여진다. 헬라적 환경 아래 놓여 있던 기독교가 이 용어와 개념에 대해 알게 된 것은 당연하다. 고린도전서 1:5 이하에 "많은 신들과 많은 주들이 있으나 우리에게는 한 하나님 … 한 주 예수 그리스도께서 계시니…"라고 한 것을 보면, 세속적 절대 권력자와 기독교적 절대자와의 구별을 알고 있었음을 지시해 준다. 황제 숭배에 관해서 말하면, 처음에는 죽은 황제들만 숭배하다가 나중에는 살아 있는 황제들에게까지 확대된다. 황제 숭배는 동방에서 발전했고 이것은 효과적인 제국의 통합에 기여하였다. 처음에는 황제가 가진 정치적 권력에 대한 한 표징으로서 퀴리오스로 칭해지다가 나중에는 신적 인물로 숭배되는 과정을 거치면서 종교적 의미로 전환되게 된 것이다. 특히 이방 신들에 명칭으로 퀴리오스를 사용한 동방 지역에서는 그것이 쉽게 이루어질 수 있었다. 이 당시 기독교인들은 물론이고 비기독교인들까지도 **퀴리오스 카이사르**(황제는 주시라)라는 선언을 들었을 때 그것이 절대적이고 종교적인 의미를 가지고 있다는 것을 알았다.

한편 유대교에서는 **퀴리오스**와 연결되는 개념을 어떻게 이해할 수 있을까? 헬라어 단어 퀴리오스가 히브리어로는 **아돈**이고 아람어로는 **마르**다. 히브리어 **아돈**은 일반적인 의미로 **주인**으로 사용되었던 말이다. 그러다가 유대인들이 야웨 하나님의 이름을 입에 담지 않았던 관습에 따라 야웨(YHWH)를 **아도나이**(Adonai; 문자적으로는 **나의 주**)로 지칭하였다. 헬라 세계에 살았던 디아스포라 유대인들을 위해 헬라어로 번역된 **칠십인역**(Septuagint; LXX) 성서는 세속적 의미(주인)와 절대적 의미(야웨)를 가진 단어 모두 **퀴리오스**로 번역하였다. 이것은 한편으로 신들에 대한 헬라적 지칭이 영향을 미친 결과였고, 다른 한편으로는 **야웨**(YHWH)를 대신한 히브리어 **아도나이**가 예배 의식에서 사용된 영향 때문이었다고 볼 수 있다. 퀴리오스가 하나님께 절대적으로 적용되게 된 것은 처음에는 보편적인 것은 아니었다. 퀴리오스의 사용은 헬라어 외경과 위경에서 더 일반적으로 나타나고 있다. 어쨌든 신약 성서 시대에는 퀴리오스가 팔레스틴이나 디아스포라 유대교에서 모두 하나님에 대한 예배문적 지칭이었다고 볼 수 있다.

아람어 **마르**의 경우가 중요한 이유는 예수와 그 제자들이 아람어를 말했던 때문이고 또한 신약 성서가 초대 교회의 예배 의식에 나오는 기도인 **마라나타**를 보존하고 있기 때문이다. **마르** 역시 일반적인 의미인 **주인** 또는 **소유자**로도 쓰여졌고, 절대적인 의미로도 사용되었다. **마리**와 **랍비**는(둘 다 **나의 선생님**이라는 의미) 단순하게 **선생님**이란 의미로 사용된 말인데, 전자가 후자보다 더 존경심을 가지고 표현할 때 쓰여졌다. 예수 생전에는 **나의 주**(마리)라고 부르던 제자들이 예수의 사후에는 그를 승귀되신 그리스도로 고백하게 된 관계로 자연스럽게 아람어 **마리**가 **퀴리오스**라는 용어로 연결되게 되었다고 볼 수 있다. 그래서 퀴리오스는 헬라적 환경에서뿐만 아니라 아람어적/유대적 환경에서도 그 연결점을 찾을 수 있다는 것이 쿨만의 입장이다. 더군다나 아람어 기도문 **마라나타**는 **마리**가 **퀴리오스**로 연결되는 고리를 제공해 준다고 보여진다.

초대 기독교인들은 예수를 **주**로 고백하였다. 그들은 예수가 **에베드 야웨**로서 순종한 후에 하나님은 그를 **주와 그리스도**가 되게 하였고(행 2:35) **모든 이름 위에 뛰어난 이름**을 주었다는 것을 강조하였다(빌 2:9). 공관복음서 가운데 마가복음(11:3을 제외하고)와 마태복음는 전혀 **주** 칭호를 사용하지 않는데 비하여 누가복음는 보다 자주 사용한다. 이것이 헬라적 환경에서 주 칭호가 기원한 것이라고 주장한다면 일리는 있지만 전체적인 설명에는 미치지 못한다. 오히려 신성한 퀴리오스 개념에 대한 헬라주의적 신념과 더불어 디아스포라 유대교에서 하나님의 성호를 대신한 칠십인역의 퀴리오스 사용이 이를 활성화시킨 측면을 고려해야 할 것이다. 이렇게 된 배경에는 초대 기독교인들이 예수를 미래적 소망으로서의 인자로서만이 아니라 그리스도의 부활로써 종말이 이미 시작되었다는 확신에 기초해서 현재적인 주로 예배하였다는 사실이 있었다.

그러므로 그리스도의 현재적 주권에 대한 증거가 초대 교회의 예배 양식에 그대로 살아 있다는 것을 확인하는 것으로 충분할 것이다. 고린도전서 16:22에는 **마라나타**(주여, 오시옵소서) 기도문이 실려 있다. 또한 아람어 기도문 **아바**(롬 8:15; 갈 4:6)가 나온다. **마라나타**라는 문구는 직설법으로 읽을 수도 있고(**우리 주께서 오신다**), 명령법으로 읽을 수도 있는데(**우리 주여, 오시옵소서**), 쿨만은 후자가 옳다고 한다. 전자가 신앙 고백문인데 비해 후자는 기도문으로서 원래의 언어를 보존했을 가능성이 더 높다는 것이다. 요한계시록 22:20이나 디다케 10:6도 **마라나타** 기도문을 싣고 있다. 특히 후자는 성찬식 예배문으로서 볼 수 있다. 초대 교회는 성찬식 예배에서 떡을 떼면서 주의 현존에 대한 기쁨과 재림에 대한 소망을 **마라나타**로 표현했다. 교회는 이미 그리스도께서 몸된 교회에 오시는 것을 체험했기 때문에, 초기 기독교인들이 어떻게 그를 교회의 주이면서 전 세상에 대한 주가 되신다고 고백할 수 있었던 것이다. 이처럼 유대적 배경을 가지고 있는 아람어 **마르**의 의미가 히브리어 **아돈**과 헬라어 **퀴리오스**처럼 절대적인 의미로 발전할 수 있는 가능성을 가지고 있었다고 보여진다. 이에 덧붙여 쿨만은 아람어 형태가 보존된 것은 그것의 원천이 예루살렘의 원시 교회였다는 기억이 있었던 것이 틀림없다고 함으로써 **주** 칭호를 헬라적 환경에만 돌리는 것을 반대한다.

요약하여 말하자면, 헬라주의 세계에서의 **퀴리오스** 칭호의 비기독교적 사용, 황제 숭배와의 관련성, 그리고 무엇보다도 칠십인역에서 하나님의 성호로 사용된 점들이 모두 **퀴리오스**를 그리스도께 대한 실제적 칭호로 만드는데 기여하였다. 그러나 만약 팔레스틴 원시 교회가 이미 그리스도를 주로 칭하지 않았다면 이 발전은 가능하지 않았을 것이다.

바울 역시 예수 그리스도의 현재적 주권에 신학적 토대를 굳건히 하였다. 바울은 로마서 10:9; 빌립보서 2:9; 고린도전서 12:3을 통하여 예수가 주라는 관념을 창시한 것이 아니라 초대 교회로 넘겨받았다는 것을 보여준다. 로마서 10:9에서 바울은 **입으로 예수를 주로 시인하는 것**과 **마음에 믿는 것**을 연결시킨다. 이것은 예수를 주로 고백하는 것이다. 빌립보서 2:9도 예수는 주라는 고백을 명백하게 밝힌다. 고린도전서 12:3은 성령에 의해서만 예수를 주로 고백할 수 있음을 말한다. 참된 그리스도인임을 부인하기 위해서는 예수를 저주하지 않으면 안되었던 초대 기독교인들이 처한 박해 상황을 고려할 때, 예수는 주가 되신다는 고백이 얼마나 진지한 의미를 가지고 있었는지 알게 해 준다. 만일 주되신 예수 말고도 또 다른 **주**(퀴리오스)가 존재한다면, 그것이 엄위한 황제라 하더라도, 기독교인들의 신앙 고백은 타당성을 잃게 된다. 그래서 요한계시록은 황제 숭배에 관한 시사로 가득차 있지만, 예수 그리스도에 대해서만 **만주의 주**요 **만왕의 왕**이라고 선언한다(17:14). 여기에서 왕의 칭호는 퀴리오스 칭호의 변형에 불과하다.

그런데 그리스도의 주권은 재림 때까지는 완전하게 실현되지 않는 잠정적 성격을 가지고 있다. 그리고 이 시기는 교회의 시대와 완전하게 일치한다. 이처럼 그리스도의 주권과 교회 간에는 잠정성 측면에서 동일함을 보이지만, 결정적인 차이점이 있다. 그것은 시간의 범주가 아니라 공간의 범주에서 그러하다. 그리스도의 주권이 미치는 영역은 교회의 그것과 동일하지 않다. 이 공간적 구분이 교회에 대한 그리스도의 주권과 세상에 대한 그의 주권을 구별할 수 있게 해 준다. 교회는 세상에 대한 주권에 한정되지만, 그리스도는 전 우주적으로 확장된다. 그것은 하늘과 땅을 넘어서며, 국가의 배후에 있는 천사적 능력인 **권세들**과 마지막 원수인 **사망**도 포함한다. 그러므로 교회는 하나님의 나라와 구별될 수밖에 없다.

2) 구주

구주(헬라어로 **쏘테르**, 영어로 Savior) 칭호는 오늘날에는 대중화된 칭호이지만 초대 교회에서는 중심적인 위치를 차지하지 못하였다. 아마 **쏘테르** 칭호가 헬라 세계에서 비기독교적 환경에 널리 유포되어 있었기 때문에 기독교인들 사이에서 환영을 받지 못하였는지도 모른다. 다른 측면에서는 **퀴리오스** 칭호가 현저한 위치를 차지하고 있었기 때문에 들어설 자리가 없었을 것이라고 추측해 볼 수 있다. 이 칭호는 빌립보서의 한 구절(3:20)을 제외하고는 대부분의 초기 저작들에서 자취를 감추고 있다. 그것은 늦은 시기에 누가와 요한복음서에 간혹 등장하다가 목회서신, 베드로후서(1:11; 2:20; 3:2, 18), 그리고 이그나티우스 서신들에서는 보다 자주 등장한다.

그러면 유대교와 헬라주의에서 **쏘테르**(σωτηρ) 칭호는 어떻게 사용되었는지 살펴보자. 먼저 구약은 하나님을 **구주**(구원자)로 칭한다. 때로는 하나님이 지정한 사명에 따라 백성들을 인도하는 일과 관련된 특정한 사람들도 역시 **구원자**라 불렀다(예: 모세, 이스라엘 지도자들, 메시아). 그러나 헬라주의에서는 그 칭호가 다른 의미를 갖는다. 여기서는 신들과 영웅들은 물론 통치자들도 구원자로 칭한다. 그 이유는 그들이 병약과 불구 같은 모든 종류의 재난과 파선과 같은 위험들, 그리고 특히 전쟁의 공포와 불확실한 실존으로부터 사람들을 구원하기 때문이다. 그래서 **쏘테르**는 신격화된 통치자들에 대한 가장 대중적인 칭호의 하나가 되었다. 이런 의미에서 보면, **쏘테르**는 **퀴리오스** 칭호의 한 변종이라고 하겠다. 한편, 신비 종교들에서는 **쏘테르**가 다른 국면을 가지고 있다. 여기서는 신적인 인물이 사망의 권세와 사물의 능력으로부터 사람들을 구원시키고 그들에게 영생을 베푸는 역할을 한다. 그러나 예수의 호칭과 관련한 논의는 신비 종교보다 통치자 숭배과 관계가 깊다고 하겠다.

이처럼 예수를 **쏘테르**로 칭하게 된 배경은 **퀴리오스**의 경우에서 본 것처럼 일차적인 연관은 헬라적 개념보다는 유대적/구약적 개념과 맺어진다고 본다. 예수께서 **구주**로 칭해지는 거의 모든 구절들은 전적으로 기독교적 특색만을 가지고 있다. 그리고 예수 자신에 의해서건 타인들에 의해서건 생전에는 한 번도 **쏘테르**로 불리워진 적이 없다. 예수를 구주로 본 것은 예수께서 병자들을 고쳤기 때문이 아니라 자기 백성을 죄에서 구원하였기 때문이다. 비록 예수를 구주로 칭한 것이 후기의 것이었다 하더라도 그러한 자각은 일찍부터 존재했다고 보아야 할 것이다. 어쨌든 **쏘테르** 개념은 기독교의 확장기에 이르러서야 성숙된 발전을 보여주었는데, ΙΧΘΥΣ(Ιησους Χριστος Θεου Υιος Σωτηρ; 예수 그리스도 하나님의 아들 구주)가 고대 기독교 신조의 일부가 되었던 것에서도 확인된다.

4. 선재와 관련된 기독론적 칭호

1) 말씀

이제 마지막으로 예수의 선재를 가리키는 기독론적 칭호들을 살펴볼 차례다. 쿨만은 이 범주에 **말씀**, **하나님의 아들**, **하나님**이라는 칭호들을 포함시키고 있다. 먼저 예수를 **말씀**, 즉 **로고스**로 지칭하고 있는 곳은 요한문서의 극히 적은 구절뿐이다. 요한복음서 서문(1:1-18), 요한1서 첫 절, 그리고 요한계시록 19:13이 전부이다.

흔히 **로고스** 개념이 요한복음서 전체를 지배한다고 생각하는 것은 잘못이다. 요한복음서에는 **인자** 칭호가 훨씬 더 많이 사용된다. 그러나 요한복음서 서문은 요한복음서 전체의 해석에 큰 영향을 미치기 때문에 이 부분에 **로고스**가 사용되었다는 것은 간과하기 어려운 일이다. 요한복음서는 마치 창세기 1:1이 **태초에 하나님이 천지를 창조하셨다**고 한 것과 대비시키기라도 하듯 **태초에 말씀이 있었**

다고 시작하고 있다. 그런데 이 로고스 개념은 기독교 이전에도 광범위하게 유포되어 있었기 때문에 먼저 헬라주의에서 어떻게 그것이 사용되었는지 살펴보는 것이 순서일 것이다.

로고스는 헬라 철학의 최초 단계에서 헤라클리투스의 저작들에 나타나며, 그 다음으로 스토아 사상에 등장한다. 여기에서 로고스는 우주를 지배하고, 동시에 인간의 지성 속에 현재하는 우주적 법칙이다. 그러므로 그것은 인격적 실체가 아니라 추상적 개념이라고 볼 수 있다. 물론 그것은 비인격적이고 범신론적인 세계혼으로써 요한의 로고스와는 전혀 다른 무엇이었다. 플라톤도 그 개념을 사용하지만, **로고스가 육신이 되었다**는 관념 같은 것은 상상할 수 없는 것이다. 그럼에도 불구하고, 그것이 다소는 인격화된 로고스에 관한 유대적 내지 이방적 개념들에 형식적으로는 영향을 주었다는 점에서, 로고스의 장구하고도 복잡한 역사에서 중요한 역할을 했다고 보아야 할 것이다.

영지주의에서는 로고스를 신-인 간의 신화론적 중간 존재로 파악한다. 그는 세계의 창조자일 뿐 아니라 계시자와 구원자이기도 하다. 영지주의는 심지어 로고스가 감정적으로 사람이 되었다고 믿기까지 했지만, 그것은 결코 진정한 성육신이라는 역사적 의미에서가 아니라 단지 신비적, 가현설적 의미에서였다. 인격화된 로고스의 기원을 어디에서 찾을 것인가 하는 것은 어려운 과제에 속한다. 신화론적 로고스 인격이 이미 비기독교적 사상에 존재했다고 볼 수도 있다. 인격화된 계시자요 구원자로서의 로고스 개념은 고대 종교들에서 엿볼 수 있다. 예를 들어 헤르메스, 애굽신 토트(Thoth)는 모두 로고스로 지칭되었다. 우리의 관심은 고대 종교에 널리 유포되어 있었던 로고스 개념을 기독교가 어떻게 새롭게 해석하고 제시하였는가 하는 것이다.

유대교에서 사용된 **로고스** 개념은 한편으로는 헬라적 영향을 받았고 다른 한편으로는 구약(특히 창세기 첫 장)으로부터 영향을 받았다. 창세기 1장의 하나님의 **말씀**은 아직 인격화되지는 않았지만 그것이 가진 강력한 의미 때문에 독립적인 고려의 대상이 종종 되어왔다. 탈굼(Targum)에서 **야웨의 말씀**을 뜻하는 아람어 **메므라 드 야웨**는 **메므라에 관한 명상**이 있었음을 증거해 준다. 또한 로고스와 **지혜**는 실체적 형태로 알렉산드리아의 환경, 즉 헬라주의적 유대교에서 만나고 있음을 보게 된다. 비록 필로의 로고스론이 통일성이 결여되어 있고 다양한 뿌리를 갖는다고는 하지만, 세계 내의 이성적 원리로서의 스토아적 로고스 개념이 두드러지게 나타난다. 로고스에 관한 초기 기독교 사상에 대해 보다 중요한 것은 지혜에 관한 유대적 사상이다. 요한복음서 서문에서 로고스와 **소피아**(Sophia; 지혜)는 매우 밀접한 유사적 개념으로 인식된다. 랍비 문서들은 선재적인 지혜를 **토라**(율법)와 동일시하고, 토라는 또한 창조의 중재자, 즉 **하나님의 딸**이 된다.

로고스 칭호는 신약 성서에서 인자나 퀴리오스 칭호들만큼 그렇게 중요한 위치를 차지하지는 못하지만, 성육신한 예수, 선재한 예수, 그리고 역사적 계시 안에서의 일체성을 매우 확실하게 표현해준다는 점에서 주목을 받기에 충분하다. 로고스 칭호와 퀴리오스 칭호는 다같이 예수의 사후에 확실하게 명명되었다. 그리고 퀴리오스 칭호가 기원을 초기 기독교 예배에 두는데 비해, 로고스 칭호는 신학적인 명상의 결과로서 생겨난 것이 확실하다. 그러나 이 명상은 물론 예배에서의 퀴리오스 체험을 전제로 한 것이다.

요한복음서에는 서문에서 사용된 인격화된 로고스 개념 말고도

말해진, 선포되어진이라는 의미에서의 **말**(로고스)이라는 단어가 핵심적인 역할을 하고 있다. 예수가 선포하는 **로고스**는 단순한 청취를 넘어 믿음의 이해를 요구하는 하나님의 중심 **계시**이기도 하다. **계시**로서의 로고스라는 그 절대적 의미가 요한복음서에서만큼 그렇게 강조되는 곳은 없다. 그러나 신약 성서의 다른 곳에서도 이 개념은 공통적으로 나타난다. 소유격에 의해 수식되는 형태로 등장하는 경우가 많다. **하나님의 말씀**, **십자가의 말씀**(고전 1:18), **화목의 말씀**(고후 5:19) 등으로 나타나는데, 이곳에서 로고스는 본질적으로 최종적이며 한정적인 계시의 성격을 갖는다. 히브리서 서문은 이 **말씀**과 옛 언약 하에서의 하나님의 사람들에 대한 개별적인 말씀 간의 구별을 매우 명확하게 표현하고 있다: "옛적에 선지자들로 여러 부분과 여러 모양으로 우리 조상들에게 말씀하신 하나님이 이 모든 말 마지막에 아들로 우리에게 말씀하셨다"(히 1:1). 요한복음서에서 예수께 대한 **말씀** 칭호가 이방 내지 후기 유대교 사상과 관련이 있다 하더라도, 그것은 모든 계시의 원천과 예수의 역사적 생애 간의 밀접한 연관성에 관한 직접적 성찰에 근거를 둔다.

한편, 요한복음서 서문에서 말하는 **말씀**은 하나님 자신으로부터 분리되지 않는다. **말씀**(로고스)은 "하나님과 함께 계셨다" 요한복음서 기자는 로고스를 **하나님**으로 칭하는데 이것은 역설적인 면을 갖는다. 한편으로 하나님과 함께 계신 분이 동시에 어떻게 하나님이 될 수 있는가? 우리는 기독론이 갖는 이러한 패러독스를 받아들이지 않으면 안된다. 이러한 패러독스를 풀려고 하지 말고 두 언명을 서로 나란히 배열하는 것이다. "나와 아버지는 하나이니라"(요 10:30)와 "아버지는 나보다 크시니라"(요 14:28)의 관계 같은 것도 패러독스에 속한다.

요약하자면, 신약 성서의 로고스 기독론을 구성하는 것은 다음의 두 가지 요소에 기초한다: 1) 일차적 요소: 예수의 생애를 하나님 계시의 중심으로 이해한 것; 바로 그의 인격 안에서 그리스도는 그가 선포하고 가르친 내용과 같다는 이해한 것, 그리고 구약의 **말씀**을 통한 창조 기사와의 관련 속에서 계시 전반의 원천에 관해 신학적으로 성찰한 것. 2) 이차적 요소: 혼합주의적 보편주의가 아닌 진정한 기독교적 보편주의를 표현하기 위해 신성한 실체에 관한 당대의 사상들을 활용한 것.

2) 하나님의 아들

예수를 **하나님의 아들**로 지칭한 것은 하나님과 그리스도 간의 관계를 아버지-아들의 특수하고도 매우 독특한 것으로 만든다. 먼저 이 칭호가 헬라주의 세계와 유대교에서 어떻게 이해되었는지 살펴보자. **신의 아들** 개념의 기원은 특히 왕들이 신들의 소생이라고 생각했던 고대의 동방 종교들에 있다. 이 믿음은 이집트에서 일반적이었다. 신약 시대의 로마 황제들에게도 역시 신의 아들이라는 칭호가 주어졌다. 그러나 헬라주의에서는 그러한 칭호가 지배자들에게만 국한되지 않는다. 어떤 종류의 신적 힘을 소유하는 것으로 믿어지는 사람이면 누구든지 다른 사람들에 의해서 **신의 아들**로 칭해지거나 스스로 그렇게 부르기도 했다(예: 티아나의 아폴로니우스, 아보노테이쿠스의 알렉산더 등). 또 신비 종교에서는 처음 입교하는 자들을 **신의 아들** 중 하나가 될 수 있다고 주장했다.

유대교에서는 **하나님의 아들** 표현이 세 가지 방식으로 이루어졌다. 첫째는 이스라엘 전 백성이 하나님의 아들로 칭해진다. 둘째는 왕들이 그 칭호를 지닌다. 셋째는 하나님께로부터 특수한 사명을 지닌 사람들(예: 천사들. 아마 메시아도 여기에 포함될 수 있다)이 그렇게 칭해진다. 이제까지 알려진 어느 고대 문서도 메시아를 명확하게 **하나님의 아들**로 칭하지 않는다는 것이 문제를 어렵게 만든다. 에녹 1서 105:2은 아마도 보다 늦은 시기의 해석일 것으로 생각한다. 이에 대한 명확한 시사는 제왕시편들이 메시아와 연관되어 있다는 데서 찾아야 할 것이다. 그리고 신약 성서가 메시아를 하나님의 아들과 동일시했다는 점도 고려되어야 한다(막 14:61; 마 16:16; 눅 1:32).

결론적으로, 구약과 유대적 하나님의 아들 개념은 본질적으로 어떤 특수한 능력의 은사에 의해서나 신성한 임신에 의한 하나님과의 어떤 본질적인 관계에 의해서가 아니고, 어떤 특수한 사명의 실행을 통한 하나님 사역에의 참여를 위한 선택이라는 관념에 의해, 그리고 선택하신 하나님께 엄격한 순종이라는 관념에 의해 특징지어진다.

신약 성서가 예수를 **하나님의 아들**이라고 칭했을 때 그것은 무엇을 의미했을까? 구룬트만(W. Grundmann)은 예수께서 우리 모두가 **하나님의 자녀들**이라는 일반적인 의미로 자신을 하나님의 아들이라고 생각했을 것이라고 말하기도 하였다. 그렇다면 이 호칭은 아무런 특수한 기독론적 의미도 갖지 못할 것이다. 바울은 오히려 그룬트만과 정반대로 추론한다. 갈라디아서 4:4 이하와 로마서 8:14 이하에서 바울은 우리의 **아들 신분**을 예수가 독특한 아들 신분을 가지고 있기 때문이라고 말한다.

앞에서 말한 대로, 공관복음서는 예수가 하나님의 아들인 것은 일차적으로 기적을 행하는 능력 때문이 아니라, 하나님의 올바른 명령을 절대적으로 순종하기 때문에 부여된 것이다. 세례 장면 바로 다음에 나오는 시험 기사는 예수를 헬라주의적 **신의 아들들**과 확실하게 구별하고 있다. 사탄은 **네가 하나님의 아들이거든**이라는 조건을 달면서, 예수에게 고난을 당하지 않고 정치적 메시아의 역할을 수행하라고 유혹한다. 공관복음서에서 기적에 기초한 헬라적 **아들** 개념을 말하는 곳은 예수가 바다를 걸으신 후 제자들이 "진실로 하나님의 아들이로소이다"(마 14:33)라고 외친 한 번뿐이다. 이 밖에는 하나님의 아들 칭호는 고난과 그에 대한 순종과 항상 관련된다. 예를 들어, 마태복음 16:16 에서의 베드로의 신앙 고백이나 마가복음 15:39에서의 백부장의 신앙 고백 문맥은 이를 입증해 준다. 따라서 공관복음서는 하나님의 아들 칭호가 헬라주의에서 유래하였다는 주장에 찬성하지 않는다. 요한복음서조차도 하나님의 아들로서의 예수의 사역이 고난과 죽음이 중심에 놓여 있음을 강조한다.

예수를 하나님의 아들로 칭할 만한 구약과 후기 유대교적 연관성이 별로 없다. 이론적으로는 왕의 관념과 관련하여 유대적 메시아가 **하나님의 아들**로 칭해졌을 가능성이 있다. 그렇다고 하더라도, 그런 칭호가 예수께 부여된 증거가 전혀 결여되어 있다는 점은 **하나님의 아들** 개념이 메시아의 본질적 속성은 아니었다는 점을 시사해 준다. 신약 성서에서 베드로의 신앙 고백(마 16:16; "주는 그리스도시오 살아 계신 하나님의 아들이시니이다")은 단지 마태복음서에서만 메시아와 하나님의 아들 간의 연결을 시사해 준다. 마가와 누가는 단지 메시아로만 고백한다.

예수는 **하나님의 아들** 칭호는 피하지 않았지만 매우 적게 사용하였다(그래서 **인자** 칭호와 같은 전형적 칭호는 아니라고 보아야 한다). 우리가 예수의 자의식이라고 칭하는 바로 그 중심에는 예수가 **하나님의 아들**이었다는 확신이 포함된다. 예수가 하나님의 아들 칭호를 사용하는데 유보적인 태도를 보인 또 다른 이유는 **인자**나 **메시**

아에 의해서 표현되는 것과는 판이하게 예수가 가진 자의식의 바로 그 본질을 나타내고 있기 때문이다. **하나님의 아들** 칭호는 예수가 아버지의 뜻과 완전한 일체성을 부단하게 체험하였다는 것에 대한 자각을 나타낸다. 따라서 예수가 스스로 **하나님의 아들** 혹은 단순히 **아들**로 말하는 몇 안되는 공관복음서 구절들에서 다음의 두 측면을 찾을 수 있다: 1) 하나님의 계획을 성취하는 가운데서의 아들의 순종; 2) 예수가 세례 받을 때 깨달았고 그가 순종의 과정에서 부단하게 체험한 심오한 비밀, 즉 그가 다른 누구도 흉내낼 수 없는 하나님께 연결되는 비밀. 수세시에 예수는 하늘로부터 음성을 듣고 **너는 내 독생자다**라는 관념과 **너는 '에베드 야웨'의 역할을 성취하지 않으면 안된다**라는 관념을 다같이 깨닫는다. 이처럼 공관복음서는 하나님의 아들을 단지 승귀의 측면으로만이 아니라 고난에의 순종이란 측면에서 이해하고 있다.

요한복음서에서는 아들이 아버지와 완전하게 일체가 된다는 특별한 주제를 강조한다. 그러나 오직 보다 높은 계시만이 예수의 아들 인식에 이르게 한다는 요한의 사상도 공관복음서 전승과 모순되지는 않는다. 마태복음 16:17에서 하나님의 아들을 계시한 분은 혈육이 아니라 하늘에 계신 아버지라고 한 것은 바로 이러한 사실을 말해준다. 마태복음 11:27에서 "아들 외에는 아무도 아버지를 아는자가 없느니라"고 한 것도 아들과 아버지의 일체성에 대하여 말한다. 심지어 마가복음 13:32(마 24:36)에서 "그러나 그 날과 그 때는 아무도 모르나니, 하늘에 있는 천사들도 아들도 모르고 아버지만 아시느니라"고 한 것도 아들과 아버지의 완전한 일체성에 대한 확신을 전제하고 있다. 예수의 자칭호는 **하나님의 아들**이 아니고 **인자**지만, 예수의 자의식에 관해 말하려 할 때에는 **에베드 야웨**" 뿐만 아니라

하나님의 아들 개념으로 인자 개념을 보충하지 않으면 안된다.

초대 교회는 부활 이후 예수를 하나님의 아들로 선포하는데 주저할 필요가 없었다. **예수는 하나님의 아들이시다**라는 것은 초대 교회의 가장 오래된 신조의 내용이었다. 사도행전 8:36-38에 보면 그것은 초기 세례식 예배문에 나타나 있는 것을 알게 해 준다. 요한일서 역시 이러한 신앙 고백의 문구를 사용한다: "누구든지 예수를 하나님의 아들이라 시인하면 하나님이 그 사람 안에 계시고 그 사람도 하나님 안에 거하느니라"(4:15). 요한1서 2:23은 명시적으로 아버지와 아들 간의 그 관계에 관한 지식이 **신앙 고백**에 중요 요소가 됨을 말한다: "아들을 부인하는 자에게는 또한 아버지가 없으며, 아들을 시인하는 자에게는 아버지도 있느니라". 그러한 신앙 공식이 바로 초대 교회에 존재했었다는 것은 히브리서가 "우리의 믿는 도리를 굳게 잡을지어다"(4:14)라는 문맥에서 예수를 하나님의 아들로 지칭한다는 사실에 의해 입증된다. 바울 역시 로마서 1:3 이하에서 "성결의 영으로는 죽은 자 가운데서 부활하여 능력으로 하나님의 아들로 인정되셨다"고 함으로써 하나님의 아들 신앙을 증거한다. 바울에게서 **하나님의 아들** 칭호가 **퀴리오스** 칭호보다 훨씬 적게 나타나는 것은 사실이지만, 예수가 **퀴리오스**인 것은 그가 처음부터 **하나님의 아들**로서 아버지의 구원 계획에 순종했기 때문이다. 마가복음서에서도 **하나님의 아들** 기독론은 중요한데, 마가는 예수가 감추어진 하나님의 아들이라는 것을 입증하려고 한다. 요한은 예수를 공개적으로 하나님의 아들로서 선포한다는 점에서 마가와 구별된다. 마태와 누가의 족보에서 인간 아버지가 없는 예수의 탄생을 말하고 있는 것은 예수의 하나님 아들되심이 동정녀 탄생보다는 **하나님께로서 난 자**로서의 하나님의 아들이라는 점을 부각시키려는 것이다.

하나님의 아들 기독론은 요한복음서를 제외하고는 히브리서에서 가장 두드러진다. 히브리서 저자는 예수의 선재라는 관점에서 **대제사장**을 **하나님의 아들** 개념과 밀접하게 관련시킨다. 요한복음서와 마찬가지로, 히브리서에서도 예수의 사명은 **아들**과 **아버지**의 독특한 하나됨에 근거를 둔다. 아들의 독특성을 논증하기 위해, 히브리서는 구약 인용문들을 사용해 아들이 만물 위에 뛰어남을 입증한다. 그는 천사들보다 우월하며(1:5), 모세보다 우월하다(3:5). 신약 성서에서 요한복음서를 제외하고는 예수의 신성이 가장 강조되는 곳은 히브리서다. 히브리서 전반에 걸쳐 대제사장 기독론은 하나님의 아들의 그것과 결합된다. 히브리서 저자는 순종의 주제가 예수의 아들로서의 자격과 연합되어 있음을 알고 있다. 특히 히브리서 7:3에서 제사장적 왕인 멜기세덱과 **아들**의 연결을 꾀하고 있다. 멜기세덱을 **아비도 없고 어미도 없는 자**로 소개할 때, 히브리서 저자는 하나님의 아들로서의 예수가 인간적 잉태와 상관없이 하나님께로부터 난 자라는 것을 강하게 암시한다. 예수는 처음부터 **하나님의 영광의 광채**시므로 하나님께서 세상에 대한 계시 속에서 그를 통해 **세상을 창조하신** 분이라고 강조하고 있다(히 1:2-3; 요 7:15 참조).

3) "하나님"

예수에게 **하나님** 칭호를 부여한 것은 그를 **퀴리오스**, **로고스**, 그리고 **하나님의 아들**로 부른 것의 연장선상에서 이해할 수 있다. 특히 **퀴리오스** 칭호는 **하나님** 칭호만큼 중요하고 어떤 경우들에는 전자가 더 중요하기도 하다. 실제로 예수께 **하나님** 칭호를 붙인 구절들은 많지 않고, 그 중 어떤 것들은 본문 비평적 견지에서 불확실한 것들도 있다.

쿨만은 **하나님** 칭호에 대한 증거는 요한복음서와 히브리서에서 가장 명확하게 제시된다고 전제한다. 쿨만은 우선 요한복음서에서 논란의 여지가 없는 두 구절을 소개한다. 요한복음 1:1("그리고 그 말씀은 하나님이셨느니라")과 요한복음 20:28(도마의 "나의 주 나의 하나님"이라는 신앙 고백)이 그것이다. 요한복음 1:1의 해석과 관련하여 쿨만은 **하나님**을 **신적 속성을 가진**과 같이 형용사적으로 번역하여(문법적으로는 그렇게 번역할 수 있는 가능성이 있다 하더라도) 그 의미를 약화시키면 안된다고 주장한다. 요한복음 20:28은 요한복음서에서 최종적 신앙 고백을 장식한다.

이 밖에 요한복음 1:18의 **독생하신 하나님**도 그러한 예에 속할 수 있다. 그러나 **독생한 아들**로 읽는 다른 사본들도 있다. 요한복음 1:18에 대한 본문 비평은 **독생한 아들**과 **독생하신 하나님** 사이에 어떤 사본이 더 정확한 읽기인가에 대한 해결책을 제시하여 준다. 원래는 **독생하신 하나님**이었는데, 이것이 가진 난점 때문에 보다 쉬운 **독생한 아들**로 대체하였다는 것이다. 요한1서 5:20 하반절도 "(예수)는 참 하나님이요 영생이시라"고 증거한다.

쿨만은 히브리서가 근본적으로 요한복음서와 같은 환경에 속한다고 보고 있기 때문에, 히브리서가 **하나님** 칭호를 예수께 적용하는 것을 당연한 것으로 받아들인다. 쿨만은 히브리서 1:8-9이 시편 45:6이하를 인용하면서("하나님이여, 주의 보좌가 영영하며 … 그러므로 하나님, 곧 너의 하나님이 기름을 네게 부어 주사") 예수를 **하나님**으로 호칭하고 있다고 주장한다. 즉, 8절의 **하나님이여**는 아들을, **주의 보좌**는 아버지를 나타내며, 9절의 **너의 하나님**은 아버지를, **(하나님)네게**(본문비평적으로 **너, 곧 하나님에게**로 볼 수 있다)

는 아들을 의미한다는 것이다. 이 경우에서조차 아버지와 아들 간의 구별은 엄연히 존재한다. 히브리서 1:10은 **하나님** 대신에 **주** 호칭을 포함하는 시편 102:25이하를 인용한다. 그러나 호칭 형식으로서는 **퀴리오스**와 **하나님** 간의 본질적 차이는 없다.

바울서신에서 예수를 **하나님**으로 직접적으로 호칭하는 구절들은 명료하게 나타나지 않는다. 쿨만은 고린도전서 8:6이 하나님과 예수 그리스도를 다같이 창조주로 언급함으로써 예수에게 **하나님** 칭호를 부여한다고 본다. 빌립보서 2:6 이하에서 바울은 예수를 **근본 하나님의 본체**로서 소개하며, 골로세서 1:15은 **하나님의 형상**으로, 골로세서 2:9은 **신성의 모든 충만이 육체로 거하시는 분**으로 말한다. 쿨만은 이러한 예와 더불어 고린도후서 12:18 역시 예수를 **하나님**으로 칭한 것으로 볼 수 있다고 주장한다. 로마서 9:5도 구두점을 어디에 찍느냐에 따라 달라질 수 있지만, 예수를 **하나님**으로 지칭하는 곳으로 볼 수 있다고 한다. 불확실한 경우들이지만 쿨만은 골로세서 2:2; 데살로니가후서 1:12; 고린도후서 1:2; 디도서 2:3; 베드로후서 1:11; 2:20; 3:2, 18; 요한계시록 19:12도 고려 대상이 될 수 있을지 모른다고 주장한다. 쿨만은 결론적으로, **하나님** 칭호가 한편으로는 **퀴리오스** 칭호와 관련되어(바울서신과 벧후), 다른 한편으로는 신적인 계시자라는 관념과 관련하여(요한문서와 히브리서) 나타난다고 하면서, 이 칭호가 기본적으로 다른 칭호들(특히 **퀴리오스**, **로고스**, **하나님의 아들**)과 본질적인 차이를 보이지 않는 것이라고 평가를 내린다.

5. 결론

쿨만은 『신약의 기독론』에서 다양한 기독론적 칭호가 아무런 종합도 보여주지 않으면서 각각의 관점에서 계시의 대상인 예수 그리스도를 이해하도록 도와준다고 지적한다. 그러나 이 모든 칭호들의 총체적 이해는 서로 영향을 주면서 기독론의 바른 성찰에로 인도한다. 쿨만은 이러한 방법론을 순환적 접근법이라고 부른다. 쿨만은 이와 함께 헬라주의와 유대교 등과 비교적 관점을 가지고 역사적-연대기적 방법과 함께 고찰함으로서 구속사의 맥락에서 기독론을 파악하도록 도와준다. 쿨만은 이를 오히려 나선형식 방법론이라고 부를 것을 제안한다.

신약 기독론은 이처럼 구속사적 관점으로부터 예수의 인격과 사역을 살펴본 것이다. 그것은 본질적으로 비역사적인 케리그마에 외부로부터 덧붙여진 신화가 아니다. 신약 성서 저자들이 이러한 구속사적 기독론을 제시함에 있어 헬라주의적 환경으로부터 온 많은 요소들에 영향을 받은 것은 사실이지만 한 가지 요소만은 예외였다: 그것은 그들이 기독론을 창조로부터 종말론적 새 창조에까지 미치는 예수 그리스도의 지상 생애가 그 중심인 하나의 구속사로 이해한 일이었다. 그러므로 모든 기독론은 신학적 고찰이 우선이 아니라 예수의 생애를 바탕으로 형성된 것이다.

예수는 수세 순간부터 자신이 하나님의 계획을 수행해야 한다고 의식하였다. 처음에는 **고난의 종**으로, **인자**로, **아들**로 인식하였다. 예수가 그의 **자의식**에 관해 의도적으로 유보하는 태도를 보여준 말씀들(**그리스도**, **그 선지자**, **주** 등)이 아직 생전에는 기독론적 의문을 일으키는 직접적인 원인이 되지 않았다. 처음에는 단지 예수의 고유한 **자의식**과는 부합되지 않는 **종말론적 그 선지자**, 혹은 **정치적 메시아-왕**에 대한 공식적 유대교적 대망의 범주 안에서만 해답을 찾을 수 있었다. 예수에 대한 기독론적 문제가 온전한 신학적 관점에서 인식되기는 오직 그의 십자가에 죽으심과 부활 이후의 체험이라는 새로운 사건들이 있은 다음이었다. 그러므로 예수의 말씀들을 기억하고 있던 초대 교회는 예수의 죽으심을 기독론적으로 이해한 **에베드 야웨**라는 기독론을 형성하였다. 다른 내부 집단들은 예수께서 **인자**로 자칭한 것을 준거로 하여 해법을 찾았다.

그러나 이 모든 시도들은 오직 예수가 현재적 주로서 교회와 온 세계와 개인들의 생활을 통치한다는 큰 깨달음에 의해서만 올바른 빛 속에 놓이게 되었다. 구속사에 따라 처음으로 일관된 기독론의 형성을 촉진시킨 것은 바로 그의 주권에 대한 체험이었다. 이러한 새로운 이해는 공동 예배, 특히 성찬 의식에서 이루어졌다. 현재적 주와 지상적 예수와의 연결은 예수 자신이 이미 부활한 그리스도가 **하나님 우편**에 **승귀**될 것으로 해석한 구약 본문인 시 110편을 근거로 이해되었다. 이것은 구속사 안에서 그리스도-선(Christ-line)의 명확성이 증대됨에 따라 더욱 더 뚜렷하게 드러났다. 예수의 지상 생애가 이제 하나님 구원 계획의 결정적인 계시라고 일단 이해되자, 그 구속선(redemptive line) 역시 그의 선재에까지 확장되었다. 그 결과로 예수의 지상 활동이 구속선의 시간적 중심이 되었다.

기독론적 발전은 초기 기독교의 선교 사역과 병행적으로 진행되었다. 그 발전은 헬라주의적-혼합주의적 사상 환경과의 접촉으로 매우 위태롭게 되었지만, 기독교인들은 이 사상과의 접촉을 거부하지 않고 심지어 신화론적 특징들마저 채용하기도 하였다. **퀴리오스** 개념을 비롯한 다양한 기독론적 해법들이 헬라주의적 환경과의 접촉에서 비롯된 바울서신, 요한복음서, 그리고 히브리서에서 처음으로 상세히 그리고 깊이 있게 전개되었다. 그러나 잊지 말아야 할 것은 헬라주의가 팔레스틴 밖에서도 작용했을 뿐 아니라 팔레스틴의 원시 교회에도 영향을 미쳤다는 점이다.

신약 성서의 관점에서 보면, 역사 속에서 일어난 중심 사역을 떠난 예수의 본성에 관한 단순 사색이란 터무니없는 것이었다. 따라서 기능적 기독론만이 존재하는 유일한 종류의 기독론이다. 쿨만의 기독론은 구속사에 바탕을 두고 있다. 그의 주장을 한 마디로 말한다면, 모든 기독론은 곧 구속사적 이해를 전제하고, 모든 구속사는 곧 기독론적 이해를 제공한다는 것이다. 다시 말해, 쿨만에게 있어서 구속사는 기독론이고, 기독론은 구속사다.

F 『구원의 역사』 : 역사의 우연성을 넘어

쿨만은 일찍이 『그리스도와 시간』(1946)을 통하여 구속사에 관한 개념을 제시하였는데, 이제 『구원의 역사』(1964)를 통하여 본격적으로 이 문제를 취급하고자 한다. 쿨만은 **구속사**라는 용어가 17-19세기에 등장하였던 **구속사적** 해석과 혼동되어 진부하게 취급되거나, **실증적, 경건한, 교회적, 무비판적**이라는 뜻으로 오해되어 학문적이지 못한 인상을 받는 것을 못마땅하게 여기면서 그의 논의를 시작한다.

먼저 이 책의 전체 내용을 일괄해 보자. 쿨만은 이 책에서 불트만 학파와의 논쟁을 통해 그의 논점을 더욱 분명하게 보여준다. 그는 과거-현재-미래로 이어지는 직선적인 구속사 개념이 역사성(만남)을 강조하는 불트만 학파의 반대를 받게 된 점에 대해 해명하고자 하였다. 쿨만은 구속사를 직선으로서 이해할 것이 아니라 역사적 우연성이나 인간의 결단을 무시하지 않는 파상선으로서 제시한다. 또한 불트만 학파의 콘첼만이 『시간의 중심』(영어로는 *The Theology of St. Luke*)이란 책에서 종말의 지연 때문에 구속사를 전개한 것으로 보는데 비해, 쿨만은 성서의 맥과 본질로서 구속사를 말한 것으로 보고 있다. 불트만 학파는 종말을 결단의 시간으로 보지만, 쿨만은 모든 결단의 시간이 종말시가 아니라 '최종시'라는 시간적 의미를 부여함으로써 구속사와 결부시킨다. 쿨만은 사건과 해석의 상호작용이 성서적 구속사가 생긴 기원의 주요 동기가 되었음을 보여준다. 2세기에 나타난 이단 사상인 마르시온주의가 그리스도 사건을 점적으로 이해하고 구약을 무시한 것에 대해 반대하면서, 이러한 관점이 20세기에도 재현될 수 있음을 경계한다. 쿨만은 신약 성서가 구약을 받아들인 것을 중시하면서 초대 교회가 두 계약의 연속성이란 개념 속에서 구속사적 지향을 보여주었다고 본다. 쿨만은 신약의 구속사에 대한 오해는 구속사와 역사의 관계를 잘못 설명한 데 있다고 지적한다. 그는 자신을 고전적 구속사학파와 혼돈하는 것을 거부한다. 구속사는 또 하나의 역사가 아니라 역사 속에서 전개되며 역사에 속하는 것으로 설명한다. 달리 말하면, 구속사는 역사 내에 있는 좁은 선만을 형성하기 때문에 동등시될 수 없는 것으로 보고 있다. 구속사는 상수적인 것(신적인 계획)과 함께 우연성이 혼합되어 있다고 강조한다. 예정과 자유가 구속사에서 공존하고 있기 때문에, 즉 상수와 우연성이 배타적이 아니기 때문에 인간의 결단의 여지가 인정된다는 것이다. 따라서 쿨만은 자신이 결단의 여지를 인정하지 않는다는 불트만 학파의 비판을 오류라고 지적하고 있는 것이다. 이것과 연속선 상에서 구속사는 '약속과 성취'라는 도식을 넘어선다고 말한다. 그리고 쿨만은 구속사의 발생을 증거하기 위하여 성서적 근거 위에 세우려고 하면서, 그리스도 사건이 바울과 요한의 사상에서 어떻게 발전되었는지를 묻고 있다. 이렇게 함으로써 구속사 신학을 주장하는 근거를 마련하며, 성서 이후의 구속사 이해를 위한 전거를 삼고자 한다.

1. 구속사의 의미

그러면 이제 구체적으로 『구원의 역사』에 나오는 내용을 살펴보도록 하자. 먼저 쿨만은 "기독교란 무엇이냐?"라는 질문에 답하려고 하면서 신약 성서 선포의 본질의 문제를 거론한다. 불트만 학파는 이 문제의 공론화에 공헌한 바가 있다. 불트만 학파는 우리 자신의 새로운 이해의 기초가 되는 결단에 대한 부름이 그 본질이라고 보았다. 쿨만은 불트만 학파의 주장을 수용하면서도 그들이 구속사 개념을 제외시키는 것에 대해서는 강력하게 반발한다. 구속사와 기독교적 실존은 반대되는 개념이 결코 아니라는 것이다. 실존주의 신학은 **점적**(punctiliar) 사건이라는 뜻으로 **역사성**이라는 개념을 사용하는데, 이는 구속사와는 반대되는 것이며, 계몽주의가 구속사관을 **역사의 우연적 진리**라고 말한 것도 구속사 개념을 올바로 이해한 것이 못된다고 비판한다.

쿨만은 구속사 개념의 발전과 관련하여 2세기에 문제가 되었던 마르시온과 영지주의에 관해 논의한다. 둘은 모두 구약을 평가 절하하는 공통점을 가지고 있었다. 영지주의는 이러한 관점에 의해 구속사를 제거한 결과, 예수의 역사적 실존을 진지하게 다루지 않고 가현설에 떨어지게 되었다. 그러나 초기 기독교는 계시와 구원을 점적인 사건으로 보지 않고 일관성 있는 구원의 발생사에서 찾고자 하였다. 신약 성서에서 구약 성서를 받아들인 것은 기독교 신앙을 구원사의 틀 안에서 파악하려 한 것이라고 할 수 있다. 2세기의 논쟁은 기독교가 일반적인 종교 혼합주의에 빠져 사라지든지 독자성을 가지고 생존하든지 하는 문제와 직결되어 있었다. 유대교와 기독교는 구속사를 신화와 동일시하지 않았다. 불트만은 **시간성**과 **역사성**을 강조하지만 이것은 인간의 점적인 결단을 의미하는 것이지 구속사를 받아들인 것은 아니다. 이러한 점에서 구속사를 올바로 인식해야 하는 도전은 오늘날에도 계속되고 있다.

슈바이처와 불트만은 구속사를 재림의 지연에 따른 당혹감에서 생겨난 해결책으로 보는 경향이 있다. 두 사람과 그 학파는 예수에게는 구속사관이 생소하였다는 주장을 한다. 이 점과 관련하여 세 가지 면을 고찰할 필요가 있다. 그것은 현재적 종말론과 미래적 종말론에 관한 논의, 구속사와 종말론의 관계에 대한 논의, 그리고 역사로서의 계시에 관한 논의다. 우선 슈바이처의 **철저 종말론**은 예수가 자신이 살아 있을 때 종말이 올 것으로 기대한 것으로 본다. 이러한 일이 일어나지 않자 예수는 자신의 죽음을 하나님의 나라가 오는 날로 해석했다는 것이다. 그 후 임박한 종말을 기대했으나 그것도 이루어지지 않았다. 그래서 재림의 지연으로 말미암아 구속사적 관념이 생기고 강조점이 미래에서 현재로 옮아오게 되었다는 것이다. 슈바이처의 철저 종말론에 반대해서 다드(C. H. Dodd)는 **실현된 종말론**에 대해서 말한다. 다드는 요한복음서에 대한 해석을 중심으로 하나님의 나라가 이미 궁극적인 의미를 가지고 예수의 활동과 더불어 시작되었다고 말한다. 그런데 예수는 하나님의 나라가 현재 속에 실현된 것으로 보았으나, 원시 교회의 어떤 부류의 사람들은 하나님 나라의 여명을 미래로 바꿈으로써 차이가 생기게 되었다고 한다. 슈바이처와 반대 방식으로 그 간격이 생기게 된 것이라고 볼 수 있다. 쿨만은 슈바이처의 이러한 철저 종말론적 입장과 다드의 실현된 종말론적 입장을 다같이 거부하면서 **이미**(already)와 **아직도 아니**(not yet)라는 긴장 관계로서 종말론을 이해하고자 한다. 종말론의 뿌리는 종말이 임박했다는 기대에 있었던 것이 아니고 신약의 구속사적 특징이 되는 이 긴장에 있었다는 것이다. 그것은 예수 안에 이미 존재하고 있었다고 보기 때문에, 초대 기독교에서는 재림의 지연이 근본적 문제는 아니었다.

슈바이처와 그의 학파는 재림의 지연이 예수의 종말론을 시간적으로 이해하여 구속사로 변형시키고 직선적으로 연장시켰다고 본다. 반면에 불트만과 그의 학파는 재림의 지연이 한편으로는 실존론적으로 종말론을 발전시키고, 다른 한편으로는 시간적인 요소를 받아들여 구속사적으로 발전시켰다고 분석하였다. 불트만은 실존론적 발전을 바울과 요한에게서 확인하면서 이것이 바른 방향이라고 진단한다. 잘못된 구속사적 해결 방안은 **초기 카톨릭주의**(early catholicism)에 의한 해결책으로서, 이는 누가복음서와 사도행전에서 발견된다고 한다. 이러한 구속사적 의미는 재림의 지연에 따른 당혹감 때문에 덧붙여진 것으로서 아무 가치가 없다고 평가한다.

쿨만은 슈바이처와 불트만의 견해를 비판한다. 후기 불트만 학파의 한 사람인 한스 콘첼만은 이러한 견해를 더욱 발전시켜 심지어는 쿨만의 사상에 정면으로 도전한 점을 지적한다. 쿨만이 『그리스도와 시간』에서 신약 신약의 본질이라고 표현한 **시간의 중심**이라는 개념을 콘첼만은 자기 책의 제목으로 삼아, 그것이 신약의 견해가 아니라 누가의 견해라는 점을 부각시키려고 했다는 것이다. 그래서 누가는 구속사를 택하는 대신 예수의 종말론을 포기했다는 주장을 하였다. 그러나 쿨만은 이러한 견해를 구속사에 대한 정당한 평가를 저버린 편향된 견해라는 점을 분명히 밝힌다.

불트만과 그의 제자들은 구속사에 대해 전적으로 부정적인 판단을 내린다. 구약은 이스라엘 역사로서 이미 **끝난** 것이다. **율법의 종말**은 **역사의 종말**을 뜻한다고 한다. 그러므로 실존론적으로 아무 것도 우리에게 말해주지 않는다고 한다. 그렇다면 구약은 신약과의 연관 속에서 구속사적 연속성을 보여주지 않는다고 말하는 셈이다. 불트만 학파는 **말씀의 사건**과 **객관화하는 진술**을 구별함으로써 구속사를 긍정적으로 평가할 자리를 남겨 놓지 않는다. 불트만은 예수에 대한 **형식적 사실**만을 강조함으로써 가현설에 떨어질 위험성을 안고 있다. 그러나 쿨만은 복음서의 케리그마가 역사적 예수를 대상으로 삼고 있기 때문에, 역사적 예수와 케리그마 사이에 어떤 연속성이 있어야 한다고 본다. 쿨만은 마르틴 캘러를 지지하면서 그리스도를 믿는 신앙은 학자들이 짜 맞춘 예수의 전기와는 아무런 상관이 없고 다만 초기 교회가 선포한 그리스도만이 결정적이라고 강조한다. 교회가 복음서 전승에서 예수를 묘사한 그대로의 그리스도가 또한 역사학적으로도(historisch) 정확하다고 지적한다. 불트만은 이 같은 문제를 전혀 다른 각도에서 보고 있다. 그에게는 사건 자체의 객관적 성격이 결정적인 중요성을 갖지 않으며, 오히려 그 사건과 만나는 우리의 만남, 신앙 자체의 행위, 결단 및 자기 이해만이 중요하다. 그러나 역사적 예수와 초기 기독교 신앙의 그리스도 사이에 연속성을 말하려고 하면 누구든지 구속사에 관해서 함축적으로 말하지 않을 수 없게 된다는 것이 쿨만의 생각이다.

쿨만은 신약 해석학의 목표를 초기 기독교인들의 신앙의 기원과 내용, 그리고 신앙 양식을 이해하는데 있다고 말하면서, 신앙이 무엇인지 알지 못하면 해석에 도달할 수 없다고 하는 점에서 **선이해**가 불가피하다고 지적한다. 다시 말해 객관성에 대한 추구는 주관적 전제로부터 완전히 자유로울 수 없다는 것이다. 그러나 전제 없는 주석이 불가능하다는 불트만식 해석학은 그것이 너무 지나치게 강조된다는 점에서 경고를 받아야 한다고 쿨만은 생각한다. 전제를 완전히 없앨 수는 없지만 그것이 객관성을 추구하는데 있어서 철저함을 배제하는 것이 되어서는 안된다는 입장이다.

쿨만은 『구원의 역사』에서 주요 용어를 해설함으로써 용어상의 혼란이나 오해를 막고자 한다. 그가 제시하고 있는 용어 해설은 **구속사**, **종말론**, 그리고 **묵시 문학**에 관한 것이다. 먼저 **구속사**라는 용어와 관련하여, 쿨만은 신약에서 구속사와 가장 유사한 용어는 **오이코노미아**(οικονομια)라고 한다. 오이코노미아는 하나님의 **구원의 경륜**이라는 의미로 신약 성서에서 사용되고 있기 때문이다. 사실 **구원**과 **역사**는 서로 합치될 수 있는 성질을 가지고 있지 않다. 이 둘은 서로 모순된다. 그런데도 19세기의 구속사학파는 교의학적으로 둘을 서로 무리하게 합치시키는 오류를 범하였다. **구속사**와 **역사**는 동일하지는 않지만 유비가 있다. 이 유비는 세 가지 면에서 고찰될 수 있다. 첫째는 둘을 서로 연관시킬 수 있는 원리에 역사적으로 도달하지 못하더라도 일련의 연관된 사건과 관계하고 있다는 점이다. 둘째는 하나님의 구원의 계획안에는 역사적 우연성이 들어설 수 있는 여지가 있다는 점이다. 셋째는 구원의 개별적인 사건이 역사에 포함되어 있다는 점이다. 이러한 점들을 생각하면, **구원**과 **역사**를 결합한 **구속사**라는 용어는 타당성을 가지고 있다고 본다.

종말론이라는 용어와 관련하여, 쿨만은 불트만의 용어 사용에 문제점이 있다고 비판한다. 불트만은 **결단의 시간**을 종말론적 용어로 이해하고 있는데, 이는 종말론이 기본적으로 시간적 요소를 가진 것이기 때문에 잘못된 것이라고 한다. 물론 신약 성서에서 **종말론**, **종말론적**, **종말의 때**와 같은 말들이 현재에 관련되지 않는다는 것은 아니다. 사실 종말의 때는 미래인 동시에 현재라고 보는 것이 신약 성서의 독특한 종말론이다. 그러나 **종말의 때**의 개념은 실존론적 방식으로 이해할 것이 아니라, **최종적인 때**라는 시간적 의미로 이해해야 한다. 이것이 쿨만이 불트만과 구별되게 종말론이라는 용어를 사용하려는 이유다.

쿨만은 **묵시 문학**의 용어에 대하여 해설하면서 그것과 **종말론**은 서로 구별되는 것으로 보고 있다. 묵시 문학이 하나님의 직접적인 계시를 환상을 통해 표현하는 것이라면, 종말론은 현재 일어나는 사건에서 미래에 대한 하나님의 메시지를 알아내는 것이다. 묵시 문학은 인간의 호기심을 충족시켜 주기 위한 상세한 묘사에 관심을 가지며 구속사와는 상관이 없다. 요한계시록은 미래를 현재의 경험, 즉 박해나 선교의 경험과 특히 미래를 예상하는 예배에서의 모든 경험이라는 입장에서 본다. 미래는 모든 구속사에서처럼 전해 내려오는 구속사의 전승과 관련되어 보여진다. 이런 점에서 요한계시록은 다른 묵시 문학과는 구별되는 것으로 쿨만은 보고 있다.

2. 구속사와 계시의 관계

그러면 구속사적 방법은 어디에서 기원하는가? 쿨만은 이 질문에 대하여 대답하면서 초기 기독교인들이 신앙 고백문으로부터 시작하여 복음서의 기록에 이르기까지 신약의 사건을 구약과 관련시켰다는 점에서 논의를 시작한다. 또한 쿨만은 신약 성서에서 구속사의 과거와 현재와 미래를 하나로 엮어주는 중심적인 사건으로서 그리스도의 십자가와 부활이라는 중심점을 들고 있다. 이러한 기본 전제를 가지고 우선 사건과 해석의 상호 관계에 대해서 논구한다.

쿨만은 먼저 구약의 여러 문서 전통들 (J, E, D, P 문서)이 앞의 사건들을 해석한 바탕 위에서 그 시대의 사건들을 관련짓고 있음을 밝힌다. 다시 말해 각 문서 전통은 해석을 계시에 귀속시키면서 그것이 구속사를 형성하는 것으로 보고 있다고 한다. 이러한 계시의 중개자는 구약에서 예언자다(신약의 경우는 사도들). 이처럼 계시의 역사와 해석의 역사는 밀접하게 연관되어 있으며, 구속사는 양자를 포괄하는 개념으로 파악된다.

예언자가 구속사를 인식하는 과정은 몇 단계를 거친다. 그는 먼저 그 시대의 단일 사건에서 하나님의 구원의 계획에 대한 계시를 경험한다. 그런 다음 이 사건을 과거의 계시와 연결되는 일련의 사건 속에 포함시킨다. 비록 이것이 구속사 전체를 계시하는 것은 아니지만, 이러한 방식으로 구속사적 전승을 앞뒤로 창조와 종말까지 연장하여 나간다. 다시 말하자면, 예언자가 직접 증인이 된 적나라한 사실이 있고, 이 사건에 대한 신적 계획의 계시가 드러나며, 그리고 나서 이전의 구속사적 계시와의 연상이 이루어져서 구속사에 편입된다. 다음 예언자들은 이 계시를 재해석하여 구속사를 확장하여 나가게 된다. 이같은 과정이 계속되면 신적인 구원 계획이 점점 더 분명한 상수(constant)가 된다. 또한 구속사적 해석은 역사적 보고와 함께 비역사적 요소까지 사용하거나, 역사적 사건에다 전설과 신화도 포함시켜 풀이한다. 그러므로 케리그마에서 신화적 요소를 제거하려는 불트만적 시도는 바람직하지 않다. 왜냐하면 케리그마가 사건과 관련해서 발전될 때 그것은 애초에 그 기원에서부터 역사와 해석, 역사와 신화를 구별하지 않고 있기 때문이다. 이것은 해석학적 순환 논리를 보여준다. 우리는 오직 해석을 통해서만 역사적 사건에 이를 수 있다. 그러나 동일한 방법에 의하여 역사적 사건이 우리를 케리그마적 해석에로 인도해야 하는 것이다.

그러면 신약 성서에서는 사건과 해석이 어떻게 나타나고 있는가? 신약에서 구속사는 비교적 단기간에 이루어졌지만 그 과정은 구약의 경우와 다르지 않다. 신약에서 케리그마를 형성하여 나간 과정은 역시 삼중적인 양식으로 진행된다. 첫째로, 사건과 관계하는 새로운 계시와 더불어 그 사건은 옛 케리그마에 동화된다. 둘째로, 이러한 기초에서 옛 케리그마가 새롭게 해석된다. 셋째로, 계시를 받는 자가 해석된 계시에 동화된다. 이러한 계시는 성육신과 같은 수직적인 차원과 역사와 연결된 수평적 차원을 포함한다. 신약에서는 구속사를 인식하는 연결이 이중적으로 이루어지는 것이 보통이다. 한편으로는 예수 자신의 케리그마와 관계되고, 다른 한편으로는 구약의 케리그마와 관계된다.

쿨만은 최근의 **역사적 예수**에 관한 논의가 복음서의 사건들과 함께 그것의 구속사적 해석이, 예수의 사후 제자들에 의해 선포된 것이 아니라 예수 자신으로부터 비롯되었다는 사실을 놓치고 있는 점을 지적한다. 제자들이 예수의 부활 사건 이후 하나님의 계시를 분명하게 알게 된 것은 사실이지만, 부활 사건에 대한 해석은 예수 자신에게까지 소급되지 않고서는 올바로 이해되지 않는다. 즉 제자들이 선포하기 전에 예수 자신까지 소급되는 케리그마가 이미 있었다.

그렇기 때문에 예수의 케리그마와 제자들의 해석을 분리하기가 극히 힘들게 된다(이것은 케리그마를 초기 교회의 산물이라고 보는 불트만의 견해와는 사뭇 다르다). 불트만은 예수가 자신을 **하나님의 수난받는 종**이나 **인자**라고 생각했다고 하는 견해를 받아들일 수 없다. 왜냐하면 그렇게 되면 예수가 구속사의 관념을 가지고 있다는 것을 인정하게 될 것이기 때문이다.

그러나 쿨만은 불트만의 이러한 견해를 거부한다. 또한 쿨만은 예수를 역사의 중심으로 선포한 대담성은 부활절에 의하여 야기된 케리그마에 대한 교회의 재해석에 근거한 것이 아니라, 예수께서 설교와 더불어 그의 가르침과 생애를 통해 의식적으로 성취한 것에 기초한 것이라고 주장한다. 초기 기독교의 새로운 해석에는 나사렛 예수가 신적인 계획을 수행하여 이스라엘의 전역사를 성취하여 세상에 구원을 가져온 분이라는 것과, 이러한 케리그마가 구약에 직접 호소하지 않고 역사적 예수의 생애와 선포라는 요소를 포함되어 있다. 초기 교회의 일차적 관심은 예수의 **생애**에 있었던 것이다. 초기 교회는 부활의 빛에 비추어 새로운 해석을 예수의 케리그마와 즉시 결합시켰다. 초기 교회의 케리그마는 다시 말하자면 역사적 예수로 소급된다는 사실이다.

신약 성서에서 신앙은 어떻게 구속사와 관계하는가? 첫 번째 증인들의 신앙은 구속사적 일련의 사건과 결합시키는 결단으로 작용하였다. 그들은 자신들이 신적인 구원의 계획을 선포한 점에서 그 계획의 일부가 된다는 자의식을 가지고 있었다. 이것은 이중적 방식으로 이루어졌는데, 먼저 증인들은 이전의 증인들에게 주어진 신적인 구원의 계획에 대한 해석을 믿는다. 그들은 또한 그들이 선포한 이 계획의 해석을 믿는다. 그러므로 구속사를 믿는 모든 신앙은 동시에 증인들의 계시적 기능을 믿는 신앙이다. 계시적 과정을 구속사에 포함시키는 것은 성서적 관념 전체에 특유한 것이다. 그래서 하나님의 역사를 믿는 신앙이 여기에서 즉시 계시의 전달자를 믿는 신앙, 즉 그리스도를 믿는 신앙이 된다.

바울 사도는 로마서 9-11장에서 하나님이 이스라엘과 이방인에 관하여 구속사로서 선포된 계시에 관하여 말한다. 그것은 **하나님의 부요함과 지식과 지혜의 깊이**로서 나타난 것이다. 고린도전서에서는 이 지혜가 성령의 역사로 이루어짐을 밝힌다. 요한복음서에서도 특수한 신학적 의도를 읽을 수 있다. 예수의 생애를 선포하는 복음서 저자는 구속사 속에 속해 있다는 의식을 갖고 있다. 이 모든 것이 구속사적 관점을 특징짓고 있다. 이러한 구속사적 계시를 믿는 사도들의 신앙은 삼중적으로 제시된다. 첫째로, 그것은 새로운 사건과 그것의 구원의 의미를 믿는 신앙이다. 둘째로, 그것은 신적인 사건에 관하여 그들 이전에 남들이 전해준 것을 믿는 신앙이다. 셋째로, 그것은 양자의 연합을 믿는 신앙이고 그들 자신이 이 연합에서 해야 할 역할을 믿는 신앙이다.

그러나 불트만은 구원의 만남이 오직 점적인 사건에서만 일어날 수 있다고 말한다. 하나님의 구원 계획의 계시가 그렇게 분명하다면 결단을 위한 여지가 남아 있지 않을 것이라는 것이다. 그렇지만 신약 증언에서 결단의 **지금**은 그에게 **결단의 상황 속에 언제나 있는** 것을 뜻하지 않고, 일관된 구속사의 특수한 시점, 즉 예수의 죽음과 부활 이후 재림 이전까지에서의 결단을 뜻한다. 그렇지 않으면 그 결단은 아무 것이나를 위한 결단이 되고 만다고 쿨만은 지적한다. 불트만이 이 결단을 실존론적 이해와 관련해서 파악한다면 신약 성서와 부합하지 않는다는 것이다. 쿨만의 말처럼, 신앙을 위한 결단은 **안전성을 구하기 위한 필요성**에서 생긴 것이 아니라, 구속사의 사건들에 압도당하여 그 사건들 상호간의 관계에 대하여 통찰할 때 생기는 것이다.

한편 성서의 구속사는 발전하는 양상으로 나타난다는 점을 지적해야 하겠다. 발전의 관념은 신구약 성서의 경전에서 제시되고 있다. 경전 안에서 구속사는 연속성과 변화, 즉 상수와 우연성이라는 관점에서 이해될 수 있다. 구속사는 연속되지만 그 가운데 변화된 재해석의 형태로 나타난다는 것이다. 구속사적 관점은 새로운 사건과 더불어 한걸음씩 확장되고, 교정되고, 해석된다. 이러한 해석이 신구약을 통해 최종적인 표현에로 도달한다. 구속사적 계시의 진전은 변화와 수정을 의미하지만 하나님의 신실하심이 흔들리는 것은 아니다. 그러한 의미에서 역사적 우연성도 구속사의 일부가 된다. 그렇기 때문에 구속사의 발전 단계를 너무 단순화시켜 억지로 **약속과 성취**의 도식으로 몰아가는 것은 잘못이다. 왜냐하면 구속사의 과정 속에 나타나는 우연성을 공평하게 취급하지 못하기 때문이다. 요한복음 14:12의 예에서 보는 것처럼, 어떤 특수한 성취는 자주 장차 올 더 큰 어떤 것에 대한 약속이다. 로마서 3:2 이하와 로마서 9-11장에서는 인간의 죄와 불신앙에도 불구하고 하나님의 구원 계획이 신비스럽게 성취되는 것에 대해 말한다. 신적인 계획과 인간의 책임이라는 두 요소는 구속사의 불가결한 구성 요소로 자리잡고 있다.

그렇다면 우리는 성서에서 구속사가 연대순으로 제시되어 있는 곳을 찾을 수 있는가? 구약은 이스라엘 역사를 기초로 하여 기록되어 있기 때문에 비교적 연대순으로 되어 있지만, 신약의 경우는 거의 그러한 모습을 볼 수 없다. 신약에는 구속사를 말해주는 단편만이 존재하기 때문에 신약 성서에 구속사관 전체가 존재하는지 여부에 관해서 논란이 있어 왔다. 신약에 구속사관이 존재하지 않는다는 근거로서 신약에서는 과거와의 관계가 단지 **점적이고 순간적**이라는 것과, 초기 기독교에 나타난 임박한 종말에의 기대를 들고 있다. 그러나 하나님 나라의 도래에 대하여 말하고 있는 가운데서도 그것을 구약에 나오는 과거의 구원 과정과 연결시키고 있으며, 초기 교회가 구약을 받아들이는 전제 하에서 새로운 이스라엘로서 스스로를 인식하고 있다는 점에서 이러한 주장은 설득력이 없다. 신약에서 구속사에 관한 예를 들어 보자. 갈라디아서 3:6-4:7에서 바울이 **신앙의 구속사**를 아브라함부터 시작하고 있고, 로마서 4장에서도 이와는 다른 방식이지만 역시 아브라함부터 시작한다. 로마서 5:12 이하에서는 아담으로부터 시작된 유형론적 고찰을 보여주며, 로마서 7장에 나오는 율법에 관한 진술은 낙원 이야기의 구속사관에 의거하고 있고, 로마서 9-11장에 나오는 전 구절이 구속사를 향해서 기술되고 있다. 로마서 8:18이하에서는 피조물과 인간의 연대성에 대해 언급하면서 구속사의 전 과정에 피조물이 참여한다는 것을 밝힌다.

신약 성서에서 이렇게 제시되고 있는 구속사는 유대교에서 넘겨받은 사고 구조에서 말미암은 외적인 형식이 아니라 신학적 문제에 대한 대답이라는 것이 핵심이다. 사도행전에서 베드로는 교회에 성령을 부으시는 것을 요엘 예언의 성취로 본다. 사도행전의 저자는 여기에서 단순하게 랍비적 방식으로 구약을 인용하는 것이 아니라, 성령의 역사에 나타난 구속사적인 통찰을 보여준다. 베드로의 오순절 설교에서는 **성서로부터의 증거**를 제시할 뿐만 아니라 구속사적 사건의 연대적인 순서를 들고 있다. 스데반의 연설도 상세한 내용을 가진 구속사적 개관을 포괄하고 있다. 히브리서에서도 구속사적 단편들을 발견할 수 있다. 하나님께서 **이전에 선지자들을 통하여 조상**

들에게 말씀하신 것과 이 모든 날 마지막에 아들을 통하여 말씀하신 것을 특수한 신학적 관점으로 기록하고 있다. 이상의 논의는 유형론적 방법에 근거하고 있음을 지적할 수 있다.

유형론(typology)은 구속사적 배경을 전제하면서 병행 대조시키는 방법이다. 이에 비해 알레고리(allegory)는 성서의 구속사적 의미가 제거되고 그것을 구속사에서 분리된 어떤 진리를 표현하는 방식이다. 따라서 알레고리적 해석에서는 구약의 본문과 신약의 상황 사이에 있는 역사적 발전이 아무런 의미도 없다. 신약의 저자들이 유형론적 방법으로 구속사를 기술한 것은 랍비들과는 달리 하나님의 구원 계획을 통찰하고 있었기 때문이었다. 즉 이것은 초기 기독교인들이 구속사관의 기원을 계시에다 두고 있었음을 보여주는 것이다.

3. 구속사와 역사의 관계

성서적 구속사는 사건과 해석의 상호 영향에 의하여 기원한 것이다. 사건과 케리그마적 해석을 분리해서 본다는 것은 거의 불가능한 일이지만(예: 구약에서 **사건**과 **말씀**은 똑같은 단어인 **드바림**으로 표현한다), 인간의 입장에서 보면 사건이 해석에 대하여 우위에 서는 것만은 분명하다. 그렇다면 현상학적으로 사건과 해석은 어떻게 발전된 구속사에서 관계되고 있는가?

구속사에서 일련의 사건들은 역사학적으로 통제 가능한 요소(역사)와 통제 불가능한 요소(신화)가 뒤섞여서 기술된다. 역사적인 보고와 신화적인 자료는 설화적 성격을 가지고 밀접하게 연결되어 있어서 양자를 분리한다는 것은 매우 어렵다. 불트만 학파는 구속사를 일차적으로 특징지어 주는 것이 신화라고 보고 비신화화시켜야 한다고 주장하였지만, 사실상 이것은 불가능한 일이다. 쿨만은 올바른 비신화화는 신화를 역사화하여, 즉 역사를 해석하는 방법으로 해야 한다고 말한다. 불트만처럼 신화를 실존론과 같은 생소한 철학에다 적용시키면 안된다고 보고 있다. 그리고 구약은 신화를 이스라엘 역사에다 굳게 결합시킴으로써 역사화하였다고 지적한다. 다시 말해, 신화는 구속사관에 봉사하는 위치에 놓여 있고, 그 역사의 중심에는 역사학적으로 통제 가능한 사건이 서 있다는 것이다. 그러므로 신화의 해석적 기능은 이중적이다. 한편으로는 신화는 구속사의 중심 부분을 구성하는 역사적 과정의 위치를 알게 해 준다. 다른 한편, 역사적인 중심 부분의 틀 안에서 신화는 하나님에 의하여 상이한 역사적 사건들 사이에 만들어져 있는 연관성을 이러한 사건들의 설화 속에 삽입함으로써 살아 있는 것이 되게 한다. 신화는 그것의 신화적인 성격은 박탈당할 수 있으나 설화적 형식은 빼앗기지 않는다. 신화는 역사적 사건이 가지고 있는 구원의 성격을 해명하는데 봉사한다. 신약에서 종말에 관계된 신화는 철저하게 역사화되어 있다. 종말론은 일차적으로 그것이 역사적 사건들과 맺는 관련에 의하여 규정되는 것이지 그 반대가 아니다. 따라서 성서적인 의미에서 본 비신화화 논의는 구속사를 제거한다는 의미가 아니라 구속사를 더 심화시킨다는 의미를 갖고 있다.

쿨만은 신약의 구속사에 관한 논의가 오해를 받고 있는 이유가 구속사와 역사의 관계를 바르게 설명하지 못하기 때문이라고 본다. 고전적 구속사학파는 헤겔의 변증법적 사관을 구속사에다 그대로 투사해 놓았기 때문에 논박을 받게 되었다. 역사와 구속사를 설득력 있게 구별하려면, 구속사 중 역사학적으로 확증 가능한 요소, 즉 이

른바 역사적 중간 부분과 역사를 비교하는 것이 좋을 것이다.

구속사와 역사는 모두 사실과 사실의 해석으로 구성된다. 그런데 사건과 해석에서 계시가 담당하는 역할이 역사와 구속사를 구별하게 만든다. 구속사에서 사건은 신적 계시로 경험되고, 그것에 대한 설명과 해석은 신적 계시로 귀착된다. 구속사에서 사건에 대한 기술은 세속사의 경우보다 훨씬 더 밀접하게 해석과 연결되어 있다. 그래서 구원의 사건으로서 계시의 행위는 항상 구속사에 포함된다.

구속사와 역사 모두에서 사건은 모두 역사의 틀 안에서 일어난다. 그러나 구속사는 역사 옆에 나란히 있는 또 하나의 역사가 아니다. 구속사는 역사 속에서 전개된다는 의미에서 역사에 속한다. 그러나 구속사의 본질은 구속사가 역사적 관점에서 보면 아주 현저한 간격을 보여주고 완전하게 도약에 의하여 전개된다는 것이다. 이러한 의미에서 구속사는 역사와 동등하게 취급할 수 없다. 역사가 연대순의 일련의 사건이 중단없이 전개되는데 비해, 구속사의 사건들은 하나님의 선택이라는 비합리적인 신학적 관념에 근거를 둔 간격을 보여주는 것이다. 구속사에 있어서 모든 사건들이 대등하게 취급되지 않고 어떤 것들은 **간과**되고 어떤 것들은 **선택**되어 강조된다. 즉 하나님의 구원의 역사를 보여주는 것들만을 선택한다. 예를 들어, 누가는 베드로와 바울의 죽음이 역사적으로는 중요할지 모르지만 구속사적 사건으로서는 중요성이 없다고 보았기 때문에 기술하지 않는다. 그러면서도 구속사는 상수(constant)와 우연성을 다같이 본질적인 것으로 파악한다. 하나님의 선택이 중요한 기준이지 인간의 합리적인 이해가 기준이 아니기 때문이다. 하나님의 선택은 인간의 죄의 결과다. 인간의 죄를 떠나서는 구속사 전체를 이해할 수 없다. 만인의 죄는 소수의 선택에 이르지만, 그것의 목적은 만인의 구원이다. 그래서 구약은 한 민족의 역사에 국한되어 있으면서도 이방인들의 역사를 배제하지 않고 있다. 구속사가 모든 역사를 대상으로 삼고 있다는 의미에서 구속사는 세속사와 만나게 된다.

신약 성서에서 구속사를 이루고 있는 모든 시간은 예수 그리스도의 십자가와 부활이라는 결정적인 사건의 발생을 향해 있다. 하나님의 계획에 나타난 구속사 전체는 이 한 사건 안에 잠재적으로 포함되어 있다. 과거 사건은 이 사건을 향하여 있고, 현재 사건은 이 사건으로부터 나오며, 미래 사건은 보편적이고 영구적인 완성이라는 점에서 이 사건을 묘사해 준다. 그러므로 구속사는 역사의 피안을 향하지 않고 하나의 구원 사건을 향하고 있다고 말할 수 있다. 이러한 점 때문에 종말론은 과거의 구속사로 소급된다.

불트만 학파는 성서적 현재에 관한 통일된 견해가 성서에서 발견되지 않는다고 한다. 현재를 구속사의 중간기로서 이해하는 사람들은 오직 나중에 등장한 신약의 **초기 카톨릭** 문헌(일차적으로 사도행전과 누가복음서)에서만 현재가 과거와 미래와 함께 연결되어 있다고 생각한다. 그러나 불트만 학파는 바울과 요한은 현재를 구속사의 중간기로서 보지 않았다고 주장한다. 예수와 바울과 요한에게는 당장 현재의 구원 사건은 오직 역사 안에서 매이지 않은 사건으로서 **나**에게 호소해 오는 **전적 타자**와의 점적인 **만남**일 뿐이다. 그리스도는 역사의 종말이며, 구속사는 이 본래적 **케리그마**의 부차적 변형이라는 것이다.

그것은 일견 옳은 듯이 보인다. 예수는 그의 세대가 지나기 전에 종말이 올 것이라고 선포하였기 때문이다. 그러나 신약 성서의 저자들은 더 오랜 간격, 즉 불확실한 지속을 염두에 두었다. 구속사에 나타나는 이러한 **발전**과 **수정**은 구원의 사건으로 파악되는 새로운 사실과 연합되고 계속되는 케리그마와 동반된다. 그렇기 때문에 불트만과 같이 예수의 본래적인 말씀을 실존론적으로 해석하여 구속사와 단절시키는 것은 비판받아 마땅하다. 구속사에서 말하는 **지금**은 **영원한 지금**이 아니라 과거 및 미래와 함께 결합되어 있다. 즉 현재의 **지금**은 구속사와 결합되어 있다. 분명히 구속사의 현재 시기 내에는 개별적인 **점적인** 결단을 위한 자리가 있다. 그래서 불트만 학파의 표현은 수긍할 만한 점이 있다. 그러나 이러한 개별적인 결단들이 막연한 탈세상화의 구조 안에서 생길 필요도 없고 한층 더 막연한 **전적 타자**를 위한 것은 더욱 아니다.

신약의 입장에서는 구속사에 나타난 현재의 의미가 그리스도인의 모든 결단을 위한 구조를 창조한다. 이것은 초기 기독교의 기독론에 잘 나타나 있으며, 오래된 신앙 고백문 형식에 현재 시기에 대한 지배적인 표현이 드러나고 있다. 그러나 이러한 현재적 지배가 초기 기독교에 있어서 고립되어 있다는 의미는 아니다. 오히려 그것은 전 구속사에 확고하게 자리잡고 있다. 결정적인 사건들은 그리스도의 죽음과 부활이며, 비록 현재에 대한 초기 기독교의 태도가 자연히 전면에 나와 있을지라도 그것은 여전히 그리스도의 죽음과 부활을 향하고 있다.

그런데 현재를 일방적으로 **종말론적**이라고 하는 표현은 정확한 것이 되지 못한다. 구약과 신약을 구별하는 새로운 요소는 종말론이 아니기 때문이다. 구약과 특히 후기 유대교 신학은 대부분 종말론을 특징으로 하고 있는 것은 사실이지만, 신약에서 특징적인 것은 **이미 이루어졌음**과 **아직 완성되지 않았음** 사이에, 즉 현재와 미래 사이에 있는 **긴장**이다. 예수의 설교를 비롯해서 신약의 전체 신학이 이러한 긴장의 특성을 가지고 있다. 그래서 초기 교회의 열광주의는 종말에 대한 기대 자체 때문에 생겨난 것이 아니라, 그것의 기초를 제공해 주는 **이미** 때문이었다. 비록 예수께서 누가나 그 밖의 다른 신약 저자들과는 대조적으로 매우 짧은 시간의 중간기만을 염두에 두었을지라도, 신약 성서에는 현재와 미래 사이의 시간적 긴장이 현저하게 나타나 있다.

반면에 슈바이처나 다드(C. H. Dodd)는 이러한 구속사적 관점을 논박한다. 그들은 이러한 긴장을 나중에 등장한 소위 **초기 카톨릭적** 신약 문헌에 돌리면서, 예수는 하나님 나라에 대하여 순전히 미래적이거나 현재적인 기대를 했다고 주장한다. 슈바이처는 오직 미래적이기만 한 종말론을, 다드는 오직 이미 실현되기만 한 종말론을 통해서 현재의 구속사적 긴장을 제거하고자 한다. 슈바이처보다는 다드가 예수의 말씀에서 새로운 요소를 더 잘 표현하고 있다고 볼 수 있지만, 다드조차도 장차 올 나라에 대한 미래적 진술이 미래적 특징을 여전히 보존하고 있으며, 이미 일어난 왕국의 여명에 대한 현재 진술과 매우 밀접하게 연합되어 있다는 점을 간과하였다. 그리하여 다드는 종말론을 플라톤적으로 재해석한 셈이 되고 말았다. 이런 점에서 **실현된 종말론**보다는 **실현되고 있는 종말론**이라고 하는 개념이 구속사와 잘 부합한다고 볼 수 있을 것이다.

쿨만은 『그리스도와 시간』에서 **중심점**이라는 개념을 사용하였다. 그런데 많은 사람들은 그것을 결정적인 시간적 정점으로 보지 않고 같은 길이를 가진 두 시기 사이의 전환점을 뜻하는 것으로 오해하였다. 그래서 그들은 그리스도가 **종말**이지 **중심점**이 아니라고 생각했다. 그러나 비록 바울이 예수는 율법의 종말이라고 했다 하더라도 이것이 구속사의 종말을 의미한 것은 아니었다. 사람들은 종말이 모든 구속사와 마찬가지로 그리스도 안에 포함되어 있기 때문에, 새로운 것을 가져오지 못한다고 오해하였다. 결정적인 미래 사건들이 그리스도의 삶과 죽음과 부활에서 예기되어 있으므로, 아직도 실현시켜야 할 것이 아무 것도 남지 않았다고 생각한 것이다. 그것은 마치 구약의 사건들이 그리스도 사건 안에서 재발하므로, 그리스도가 오기 전에 그 사건들이 아예 일어날 필요가 없었다고 주장하는 것과 같다. 모든 사건은 그리스도 사건을 향하고 있다고 해서 개별적인 사건들의 특수성이 없어지거나 필요없는 것은 아니다. 새로운 사건은 언제나 다가온다. 이러한 점에서 구속사의 전과정은 의미를 가진다고 할 수 있다.

기대와 긴장 사이의 실제적 관계는 슈바이처 학파와 불트만 학파가 생각하는 것과는 정반대다. **이미**와 **아직도 아니** 사이의 긴장은 가까운 미래에 대한 좌절된 기대의 결과가 아니다. 그 반대로 신약에 나오는 기대는 장차 올 하나님 나라가 이미 그리스도 안에 존재하고 있다는 확실성의 결과다. 종말론에 있어서 영구적인 요소는 비시간화된 결단의 상황이 아니라, 시간적으로 이해된 긴장의 보존이다. 그리고 임박한 종말의 기대는 특별히 **이미**와 **아직도 아니** 사이의 긴장에 대한 강력한 열광적 경험에 근거하고 있다. 긴장의 시간인 현재의 시간적 특색은 『그리스도와 시간』에서 사용한 비유에서 잘 표현된다: "결정적인 전투는 싸워 이겼으나, 전쟁이 아직도 불확실한 시간 속에 계속된다" 이 **지금**은 종말론적인 성령의 시간이며, 교회의 시간이요, 복음 전파의 시간이다. 이 구속사적 시간 영역 안에서 우리는 개인적인 **결단**을 해야 한다.

그리스도를 결정적인 **중심점**으로 하여 구속사는 똑같은 두 부분으로 나뉘지는 않는다. 결정적인 전환이 이미 그리스도 안에서 일어났기 때문에, **이미**가 **아직도 아니**보다 더 비중이 크다고 볼 수 있다. 신약 시대에 실현된 **이미**는 물론 미래에 기대되었던 것의 성취만을 의미하지 않고 오히려 우리 배후에 놓인 구속사의 과거 전체의 성취도 의미한다. 그러므로 신약의 현재를 이해하려면, 우리는 그리스도 이전에 있던 과거를 향하여 계속적으로 방향을 정하고 있어야 한다. **이미**의 실재는 그리스도인들로 하여금 **아직도 아니**의 극복을 희망하도록 만들어 준다. 과거 구속사의 성취는 종말이 임박한 미래에 기대되는 곳에서도 구속사의 종말을 의미하지 않는다. 종말 이전에 있는 시간의 간격이 가정되는 곳에서는, 그것이 아무리 짧을지라도 중간기를 구속사 속으로 합체시키는 일이 시작되는 것이다.

4. 신약 성서와 구속사

불트만 학파는 바울과 요한을 한편으로 놓고 누가와 초기 카톨릭 문헌을 다른 한편에 놓아 서로 구별하려고 하였다. 전자는 시간적 종말론은 껍데기에 불과하고 자기 이해에 있어서 결단하도록 호소하고 있는데 비해, 후자는 임박한 종말에 대한 기대를 버리고 시간적 구속사로 대치시켰다고 한다. 그러나 쿨만은 이러한 구분에 반대한다.

쿨만은 신약 성서가 전반적으로 구속사를 지지한다고 말하면서 그 증거를 제시하고자 노력하고 있다. 쿨만은 이러한 문제를 다루면서 그 기준으로서 세 가지를 든다: 첫째로, 현재에서의 성취와 시간적 미래에서의 완성 사이에 있는 구속사적 긴장이 예수에게 나타나는가? 둘째로, 예수의 종말론은 구원의 의미 있는 기간인 현재에 대하여 정말 무관심했는가? 셋째로, 중간기가 비록 짧다고 하더라도 예수의 죽음 너머로까지 매우 짧게나마 연장되었는가? 이러한 질문에 긍정적으로 답할 수 있다면 그의 주장이 설득력을 갖게 된다고 본 것이다.

쿨만은 이러한 질문을 다루는 데 있어서 기본적으로 방법론에 있어서 확실히 하고 넘어가고자 한다. 그것은 복음서에서 예수의 진정한 말씀을 그렇지 않은 것과 구분해야 하는 문제와 관련이 되어 있기 때문이다. 따라서 쿨만은 양식비평적 방법론에 대하여 어떠한 평가를 내리고 어떠한 태도를 취해야 할 것인지 결정해야만 하였다. 쿨만은 그의 초기 연구에서 양식비평에 대하여 긍정적인 태도를 보여주기도 하였지만, 시간이 흐르면서 그 방법론에 회의를 느끼게 된 것을 보여준다. 진정한 예수의 말씀을 결정하는 양식비평이 정한 기준은 임의적인 것이라서 학문적으로 신뢰하기 어려운 점이 많다고 비판한다. 그렇다고 해서 쿨만이 양식비평을 전적으로 거부하는 것은 아니다. 예를 들어, 예수의 어떤 말씀이 전승에서 발견되는 다른 예수의 말씀과 모순이 되어 그들이 서로 배타적일 때, 어떤 말씀이 예수 당시의 환경에서 정말 생각할 수 없는 상황을 전제할 때, 그리고 공관복음서의 문학적 비교가 어떤 말씀이 나중에 만들어진 것이라는 결론을 이끌어낼 때는 양식비평의 결과를 받아들여 예수의 말씀으로 받아들이지 않기로 기준을 제시한다.

그러면 신약 성서에서 구속사를 지지해 주는 증거를 어디에서 찾아낼 것인가? 쿨만은 먼저 예수의 선포 자체에서 구속사의 특징인 현재와 미래의 긴장이 파악된다고 말한다. 복음서는 이에 대해 무엇을 말해 주는가? 먼저 세례자 요한이 "당신이 오실 그분입니까? 아니면 우리가 다른 분을 더 찾아야 합니까?"(마 11:3)하고 물었을 때, 예수는 이사야서를 인용하여 자신이 메시아의 사역을 성취하고 있음을 밝힌다. 이것은 하나님의 나라를 가지고 올 분이 여기 있다고 말함으로써 하나님 나라의 현존을 증거하고 있는 것이다. 이러한 해석은 **힘센 자**를 결박하는 것에 관한 말씀(막 3:27과 평행구들)으로 확증된다. 예수에게는 현재와 미래에 관한 진술이 병립되어 있어도 문제가 되지 않는다. 왜냐하면 예수 자신이 하나님 나라를 그 자신의 인격 속에 실현되어 있는 것으로 보기 때문이다. 누가복음 10:18은 "나는 사탄이 하늘에서 번개처럼 떨어지는 것을 보았다"고 증거한다. 그리고 "만일 내가 하나님의 손가락으로 귀신을 쫓아낸다면, 하나님의 나라가 이미 너희에게 임하였다"(눅 11:20)고 말하고 있다. 이 모든 것은 사탄을 이미 이겼고, 이제 예수의 죽음을 통해서 그리고 종말론적인 투쟁을 통해서 이 승리를 최종적으로 획득하게 될 분으로서의 자의식을 예수가 가지고 있었음을 전제하는 것이다. 또한 예수께서 자신의 권위로 죄를 용서한 사실은 유대인들에게 있어 충격적인 일로서 그가 메시아적 자의식을 가졌음을 잘 보여주는 것이기도 하다. 그러므로 **하나님의 고난받는 종**이나 **인자**와 같은 메시아적 칭호들은 교회에서 덧붙인 것이 아니라 예수 자신이 생전에 스스로 인정한 것으로서, 그의 구속사적 사역에 대한 자각에 중요한 단서가 된다. 그리고 마가복음 1:15을 **하나님의 나라가 왔다**고 번역함으로써 실현된 종말론을 지지하는 것으로 볼 것이 아니라, **하나님의 나라가 가까이 왔다**고 번역함으로써 구속사의 긴장을 말해주는 것으로 보아야 할 것이다.

복음서에는 미래에 관해서 말하는 예수의 말씀도 많다. 심판에 관한 말씀들, 메시아적 식사에 관한 말씀들, 인자의 날에 관한 말씀들, 주기도문의 구절(**나라가 임하옵시며**) 등이 그것이다. 예수의 말씀에 이렇게 현재와 미래가 공존하고 있는 것은 구속사적 긴장(**이미 이루어진 것**과 **아직 완성되지 못한 것** 사이의 긴장)을 표현해 주는 것으로 볼 수밖에 없다. 현재에 대한 진술도 완성과 관계되고, 미래에 관한 진술도 현재에 근거를 두고 있는 것이다. 종말이 갑자기 오지만 언제 올 지 모른다는 예수의 말씀은 이러한 긴장 관계를 잘 표현해 주고 있다.

그렇다면 예수의 선포에서 종말 이전의 시간에 구속사적 의미가 주어져 있다고 보아야 하는가? 다른 말로 하면, 예수에게 있어서 여전히 이 짧은 시간이 구속사적 의미를 가지고 있는가 하는 질문이다. 이것은 예수의 말씀과 초기 교회의 메시지 사이에 구속사적 의미를 가지고 있는 연속성이 있는가 하는 것과도 관계된다. 쿨만은 이 문제에 관해 특별히 세 가지 말씀들(막 9:1, 마 10:23, 막 13:30)을 해석함으로써 대답하고자 한다. 이 말씀들은 제한된 시간 영역 안에 종말을 위한 날짜를 정하는 **걸림돌**을 취급하고 있다. 물론 불트만은 예수의 종말론이 미래적일 필요가 없다고 생각하기 때문에 이러한 걸림돌은 없다. 그러나 쿨만은 이러한 걸림돌을 피해 가려고 하지 않는다.

마가복음 9:1은 "하나님의 나라가 능력으로 오는 것을 보기 전에는 죽음을 맛보지 않을 사람들이 여기 서 있다"고 말한다. 불트만 학파는 이것을 예수의 진정한 말씀으로 보지 않고, 교회가 예수의 말로 만든 **위로하는 말씀**이라고 진단한다. 학자들은 이렇게 해석함으로써 예수께서 종말이 그의 세대 동안에 있을 것이라고 예언했다는 걸림돌을 피하고자 시도하였다. 쿨만은 이 말씀에서 죽음을 맛보지 않을 **몇몇 사람들**이 있다는 것도 중요하지만, 그들 중 대부분이 죽을 것이라는 점을 예상한 것도 마찬가지로 중요하다고 본다. 이 말씀은 "이 모든 일이 일어나기 전에는 이 세대가 지나가지 않을 것이다"(막 13:30)라는 진술과 비슷하다. 여기에서 예수는 하나님의 나라가 살아 있던 세대에 속한 모든 사람이 죽기 전에 올 것이라는 것을 말했는데, 이것은 그 세대에 속하는 사람은 아무도 재림 전에 죽지 않을 것이라는 뜻이 아니고, 대부분의 사람이 죽을 것임을 강조한 것이다. 이것은 마태가 "너희가 이스라엘의 모든 성읍을 다 다니지 않아서 인자가 올 것이다"(마 10:23)라고 한 것에서 더 분명히 논증된다. 예수는 이 말씀을 통해 하나님 나라의 도래는 당시 살아 있던 세대와 연결되지 않고 지금 수행되고 있는 제자들의 선교적 과제와 연결되어 있다는 것을 강조한다. 이상의 설명을 종합하여 보면, 복음서의 세 말씀들은 하나님 나라의 임박한 도래만큼이나 구속사적 하나님의 계획에 대해서 말한 것이라고 결론을 내릴 수 있다.

그렇다고 해서 남아 있는 시간이 예수에게 무의미한 것은 아니었다. 그렇기 때문에 예수는 제자들에게 **깨어 있으라**라고 권고한 것이다. 구원의 의미는 남아 있는 시간에도 유용하게 적용된다. 예수의 종말론은 구속사와 연결되어 있는 것이다. 예수는 구속사에 기초한 **중간기 윤리**를 말함으로써 실존주의나 열광주의에 빠지지 않고도 시간적 긴장성을 유지하려고 하였다고 볼 수 있다. 예수의 선포에 있어서 자신의 죽음 너머로까지 연장되는 현재는 이미 종말이다. 그러나 이것은 예수가 구속사의 종말이라고 하는 주장을 결코 합리화시키지 않는다. 그 반면에 마지막 때는 완전히 구속사에 속한 것으로 이해된다. 그 까닭은 그 기간이 아무리 짧을지라도 그 자체의 의미를 가지고 있어서 다른 것들과 구별되기 때문이다.

구속사에 속한 짧은 중간기에 대한 예수의 이해는 중간기와 과거와의 연관성 속에 함축되어 있다. 그런데 구속사의 과거는 단순한 과거가 아니라, 항상 현재에 의미를 부여하며 구속사 안에서 그것의 과제를 성취하도록 하는 과거다. 예수는 **점적인** 방식으로 과거를 이해하지 않고 현재의 종말론적 이해를 가능하게 만드는 것으로 보았다. 예수의 구속사적 사고 경향성을 알아보려면 그가 가졌던 자의식을 성찰해 보는 것으로 족하다. 예수는 자신이 과거의 전체 구속사를 성취한 분으로 의식하였기 때문에 인자와 하나님의 고난받는 종으로 자칭하였다. 그러므로 예수의 자의식은 불트만이 주장하는 것처럼 초기 교회가 그리스도의 메시아성을 믿는 신앙 때문에 만든 부차적인 것이 아니다. 예수는 자기 자신의 인격까지도 구속사 속에 포함시켰다. 예수는 그가 행하고 선포한 모든 것과 더불어 구속사적 사건이었다. 그가 말한 하나님의 나라가 가깝고 갑자기 온다는 소식은 구속사를 폐기하는 것이 아니라 구속사를 포괄한다. 예수의 말씀과 구약의 구속사 사이의 연속성은 죄로부터의 자유를 말하는 예수의 역할 속에 함축되어 있다. 예수가 세례자 요한과의 관계를 통해 자신을 규정하려돤 제자들의 시도를 받아들인 것에서 보는 것처럼, 과거와 관련을 맺는 것은 단지 유대적인 사고 방식을 인계받는 것이 아니라, 현재의 위치를 구속사 속에 두는 데에 의미를 가지고 있다. 예수는 구속사가 자신의 삶 속에서 성취되고 있음을 알고 있었고, 매 순간 정해진 하나님의 구원의 계획대로 진행된다는 것을 의식하였다. 그래서 자신 속에서 성취되는 하나님의 구원 사건의 성격을 계시하였다. 왜냐하면 하나님은 구속사의 하나님이기 때문이다.

처음에는 하나님의 나라가 매우 가까운 것으로 여겨졌지만, 부활 이후, 특히 오순절 사건 이후에는 성령을 경험한 교회는 **현재**에 대한 고양된 의미를 가지고 종말론적 시간을 연장하여 보게 되었다. 그러므로 연장된 시간이 누가에서 처음으로 발견된다고 하는 것은 적절하지 못하다. 구속사적 사고는 새로운 사건들의 해석에 있어서 점진적으로 발전한다고 보기 때문에, 누가는 이 해석의 발전에 있어서 최종점을 가장 생생하게 표현하고 있으며, 중간기에 대한 어떠한 연대적 제한도 두지 않고 있다. 그 후의 발전은 중간기의 지속에 대한 문제에 관한 것이다. 예수는 그 간격을 잠시 지속될 것으로 보았으며, 후에 신약 저자들에 의해서 이 간격이 늘어났다고 해서 그들이 중간기의 외부적 형식을 늘리는 것에 관심이 있었던 것은 아니다.

구속사관은 중간기의 연장에 따라 변한 것은 사실이다. 동시에 그대로 남아 있는 사실은 이스라엘의 구속사가 마지막 때로 집중되어 있고 마지막 때는 두 부분으로 나뉘어 있어서, 과거가 성취되고 종말이 예기되는 간격과 실제의 종말이 있다는 것이다. 이러한 의미에서 구속사는 언제나 함축적으로 여러 시기로 나뉘어 있었고 예수에게서도 그러했다. 이 최종 시간이 무한정 지속된다는 생각은 예수께서 그 날과 그 때는 알지 못하고 하나님의 나라는 갑자기 온다고 강조한 가운데 은연중 미리 드러나 있었다. 그런데 누가에서 새로운 것은 그가 구속사의 여러 시기에 대하여 성찰한다는 것이었다.

쿨만은 이처럼 구속사관이 재림의 지연 내지 실패에 대한 임기 응변의 문제 해결 방안이 아니라는 점을 강조한다. 이것을 입증하기 위하여 쿨만은 신약에서 실제로 재림의 지연으로 생긴 문제에 대해서 분명하게 말하는 구절이 두 군데밖에 없다고 지적한다. 베드로후서 3:3 이하와 요한복음 21:22 이하가 그것이다. 전자는 "조롱하는 자들이 말하기를 … 그리스도가 다시 오신다는 약속이 어디 있느냐?"고 간접적으로 재림의 지연을 언급하며, 후자는 예수의 사랑하는 제자가 재림 때까지 살아 있을 것임을 가정하고 있다. 이처럼 비록 재림 지연이 기정 사실로 받아들여진 후에도 신약에서는 이에 대한 실망을 찾아보기 어렵다. 만일 재림이 오지 않았어도 위기가 생기지 않았다면, 그것은 예수의 종말론에 있어서 장차 올 재림을 믿는 신앙을 위한 기초, 즉 **이미**에 근거를 둔 기초가 중요한 것으로 여겨졌기 때문이다. 이것은 예수의 부활과 더불어 결정적 사건이 이미 일어났다는 신념이 흔들리지 않았다는 것을 말해준다.

시간의 연장은 실망으로 나타난 것이 아니라 오히려 긍정적인 것으로 경험되었다. 초기 교회가 시간의 연장을 긍정적으로 경험하도록 만든 것은 예수의 부활에 대한 확신과 더불어 성령의 구체적인 역사였다. 종말을 예기하는 성령의 역사(방언, 치유, 재산 포기 등으로 나타난)는 너무나 압도적이어서 하나님 나라의 지연이 조금도 **괴롭히는 문제**가 되지 않았다. 오히려 종말 이전에 하나님의 구원의 계획을 이루는 수단으로 온 세상에 복음을 전파하는 과제가 있다고 생각하였다. 연장된 기간을 구속사에 포함시키는 것은 신학적으로 꾸며낸 것이거나 임기 응변의 해결책이 아니라, 오히려 새로운 사건의 해석이었다. 이러한 과정은 구속사의 발전에는 언제나 있어 왔던 일이었다.

그렇다면 바울서신으로부터는 구속사를 어떻게 이해하여야 할 것인가? 바울은 **결단의 지금**(예: 고후 6:2)을 강조하고 있으며, 구속사를 유대교적 유산에 뿌리를 두고 있는 것 같기 때문에 바울이 구속사를 강조하고 있지 않다고 비판하는 견해도 있다. 그러나 바울은 구속사적 견해를 잘 보여준다고 본다. 바울은 구속사와 관련 없는 우의적(allegorical) 해석을 거의 하고 있지 않으며, 오히려 구속사관과 잘 결합하는 유형론적 해석을 더 자주 하고 있다. 바울은 초대 교회로부터 케리그마를 전수받았는데, 이 케리그마에는 십자가와 부활이 창조로부터 종말에 이르는 구속사 전체에서 일어나는 결정적 사건들이라고 해석되어 있다. 바울은 종말 이전에 **복음이 모든 이방인에게 전파되어야 한다**는 이유 때문에 중간기를 설정하고 있으며, 로마서 9-11 장에서 유대인과 이방인 모두를 포함하는 하나님의 구원 계획을 강조하고 있다. 바울은 다메섹 도상에서 복음을 받은 방법을 **계시**(갈 1:12)라고 명백하게 말했으며, 이방인에게 전도할 사명을 **구원의 신비**와 연결시킨다(롬 11:25). 비록 이러한 구속사의 지혜가 헬라인들에게는 **어리석음**으로 비춰졌지만, 이것은 또한 **하나님의 지혜**(롬 11:33)으로 불리워진다.

바울은 **시간이 짧다**(고전 7:29)고 말하지만, 그에게는 이 간격이 하나님의 구원 계획에 있어서는 완전히 필요 불가결한 부분이다. 그것의 의미는 **역사의 종말**이라는 뜻에서 약화되어서는 안된다. 로마서 9-11장에서 바울은 이방인 전체가 들어오고 믿지 않는 이스라엘이 개종되는 구원의 때인 간격이 필요함을 역설한다. 바울이 **결단의 지금**을 강조하는 것은 사실이지만, 그것이 구속사적 개념에 반대되는 예증은 아니다. 결단의 **지금**은 점적인 것이 아니라 하나님의 구속사적 연속성과 결부되어 있다. 바울은 그리스도를 통하여 세상을 하나님과 화해시킴으로써 **은혜받을 만한 때**(고후 5:18)의 시점에서 있음을 알았다.

그러므로 바울 신학은 **이미**와 **아직도 아니**의 긴장 관계 속에서 파악되어야 한다. 바울의 성령 개념, 교회 개념, 성례전 및 윤리관(특히 고전 7:29-31)이 모두 그 긴장의 지배를 받고 있다. 그 긴장은 결코 개인의 실존에만 관계된 것이 아니라, 실존의 전제인 구속사 전체에 관계되고 있다. 바울은 성령을 **보증**(고후 1:22; 5:5)과 **첫열매**(롬 8:23)라고 함으로써, 성령이 구속사에 대하여 맺는 기본적인 관계를 표현해 준다. 더 나아가서 로마서 8 장의 성령론은 구속사 없이 이해할 수 없다. 성령은 우리가 **후사**가 됨을 보증한다. 이것은 구속사적 특징을 가진 종말론적 개념이다. 바울은 또한 성령의

신음에 대해서 말함으로써 **아직도 아니**라는 긴장을 표현한다.

바울에게 있어서 교회는 이러한 긴장이 잘 드러나는 곳이다. 하나님의 나라와 교회는 동일시되지 않는다. 그리스도는 **교회의 머리**이면서 동시에 **교회의 몸**이 된다. 그래서 바울은 명백히 모순되는 것처럼 보이는 직설법과 명령법을 밀접하게 연결시킨다. 우리는 구원받았지만 구원을 이루어야 한다. 우리는 거룩하지만 계속적으로 거룩함을 추구하여야 한다. 로마서 6:1-11과 6:12-19는 이러한 직설법과 명령법의 관계를 잘 보여주고 있는 예에 속한다. 만일 이러한 긴장이 바울의 교회관에 기본적인 의미를 가지고 있다면, 이것은 교회가 언제나 구속사적 실재라는 뜻을 가지고 있음을 보여준다.

물론 바울에게 있어서 강조점은 **이미**에 놓여 있다. 죽음과 죄가 이미 정복당했기 때문에 긴장은 상당히 **완화**되었다. 고린도후서 5:17에는 기뻐 외치는 소리가 나타나 있다: "그러므로 누구든지 그리스도 안에 있으면 그는 새로운 피조물이다. 옛 것은 지나갔고 보라 새 것이 왔다". 그러나 이 말씀을 구속사적으로 해석하지 않으면 탈세상화하는 의미로 전락하고 만다. **이미**에 입각한 **현재**에 대한 강조는 세례와 주의 만찬에서 분명하게 드러난다. 성례전은 구속사적 관심의 대상이 아니라면 아무 의미가 없다. 왜냐하면 성례전은 과거를 현재로 만들고 장차 올 것을 예기함으로써 **이미**를 실현시키기 때문이다. 바울의 위대한 신학적인 업적은 그가 초기 기독교의 특징이던 성례전의 종말론적 관련성만 보존한 것이 아니라, 세례와 주의 만찬을 위한 신학적 기초를 아주 일관되게 예수의 죽음과 부활 사건 속에 확립해 놓았다는 데 있다. 요한의 세례는 단순히 미래의 계약만을 가리키지만, 기독교적 세례는 예수 그리스도의 십자가 사건과 결합되어 구속사 전체와 관련되는 특징을 지닌다. 신약의 세례는 옛 계약의 상징인 할례와 죄의 용서를 위해 베푼 요한의 세례를 이어받아 성령을 주시는 초기 기독교의 세례로 완성된다. 그러므로 신약의 세례는 옛 계약을 성취하는 새 계약으로서의 성격을 지닌다. 즉, 구속사적 의미를 지닌다.

바울에게는 과거가 단지 과거가 아니라 현재의 빛에서 구속사로 보여진다. 구속사는 이스라엘 역사에서 찾을 수 있는 하나님의 구원 계획이라는 상수(constant)와 연결되지만, 무엇보다도 예수 그리스도 안에서 성취되고 전진하는 역사다. 바울이 해석하는 대로 보면, 구속사 전체는 우리가 상수(constant)인 하나님의 구원 계획이 자꾸만 다시 인간이 자신을 하나님의 자리에 서려고 하는 불순종하는 인간의 죄 때문에 훼방당한다는 것을 감안할 때만 비로소 상수인 동시에 우연성을 가진 것으로 이해될 수 있다. 바울은 유대인과 이방인의 죄 때문에 그리스도를 통한 구속사가 드러나게 되었다고 하면서, 이를 위해 하나님은 먼저 예수의 십자가에서 자신을 계시한 뒤, 유대인과 이방인의 원죄를 용서하여 그리스도 안에서 행하신 하나님의 구원 사업에 동화시켰다고 본다. 물론 과거와 현재와 미래라는 구속사적 국면은 모두 그리스도의 죽음과 부활이라는 결정적 사건에 근거한다.

쿨만은 바울서신에서의 구원사를 다룬 뒤 신약 성서에서 그와 쌍벽을 이루는 요한복음서와 구속사의 관계를 집고 넘어간다. 요한복음서는 주지하다시피 종말론의 핵심을 비신화화하여 실존론적으로 이해되도록 함으로써 구속사에 반대한다는 견해가 불트만 학파로부터 제기되었다. 물론 쿨만도 요한복음서가 다른 문서의 종말론보다 **아직도 아니**보다는 **이미**에 초점을 맞추고 있다고 인정한다. 그러나 쿨만은 요한복음서의 결단의 상황이 전적으로 구속사에 기초를 두고 있다고 함으로써 논점을 첨예화하고 있다. 쿨만은 요한복음서가 구속사를 말할 뿐 아니라 실제로 강조하고 있다고 하는 점을 네 가지 측면에서 제시한다: 1) 예수의 역사적인 삶을 모든 역사의 중심으로 평가한다. 2) 예수의 생애가 현재의 교회와 관계가 있다. 3) 예수의 생애가 창조로까지 소급되는 과거의 구속사와 관계가 있다. 4) 예수의 생애가 종말론과 관계가 있다.

요한복음서에서 저자는 예수의 역사적 생애가 하나님의 구원의 과정 전체의 중심인 동시에 하나님의 모든 계시의 중심으로 기록한다. 하나님께서 예수 그리스도의 성육신에서 그의 영광을 계시하였다면(요 1:14), 나사렛 예수는 하나님께서 세상과 관계하여 이루신 모든 행위의 도구가 되는 것은 당연하다. 성육신하신 예수의 사역은 세례로부터 시작하여 모든 사람들 앞에 공적으로 드러났다. 그리고 요한복음서 저자는 예수의 생애가 구속사적 의미를 가지고 있다는 것을 성령에 근거하여 제시한다(요 14:26). 예수 그리스도의 지상사역에 기초한 케리그마는 목격 증언과 신앙 해석의 두 측면으로 되어 있다. 즉 **보고, 믿었다**(요 20:8)는 표현이 등장한다. 그것은 역사적 사건과 신앙적 해석이라는 이중적 측면을 드러내는 것이다. 요한복음서 저자는 처음에는 깨닫지 못한 것을 성령의 도움으로 **기억**해 내는데, 이 기억은 유일회적 사건이 구약의 과거 사건 및 교회 안에서 장차 올 사건과 연관된다는 것을 아는 지식을 말한다. 이러한 연결은 그리스도가 살아난 후, 즉 보혜사가 등장한 다음에 비로소 제자들에게 드러났다는 것을 말해준다(요 7:39). 다시 말해서, 부활의 빛에서 볼 때 비로소 구속사의 의미를 바르게 알게 되었다는 것이다.

요한복음서는 영지주의적 색채에도 불구하고 영지주의적인 복음서들과 다른 복음서가 된 것은 예수의 생애를 구속사로 묘사하려는 의도 때문이었다고 보여진다. 예를 들어 요한복음 7:1 이하에서 예수는 "나의 때는 오지 않았으나, 너희의 때는 항상 여기 있다"(요 7:6)고 말하고 있는데, 이는 예수께서 결정적으로 확정된 하나님의 계획에 따라 그의 일을 수행해 나갈 생각이었다는 것을 말해준다. 예수는 그의 중심적인 시간(때)을 그의 죽음으로 보고 있다. 요한복음 9장에도 보면, 맹인을 두고 "하나님의 역사가 그 사람 안에 나타나도록 하려는 것이다. 우리는 그 역사를 담당해야 한다. 아직 낮이기 때문에 일해야 한다"는 요지의 말씀을 하신다. 11장에서도 나사로가 죽은 시점에 예수는 베다니에 있지 않은 것을 기쁘게 여긴다. 그 까닭은 같이 있었으면, 죽은 자들로부터 나사로를 살릴 기회를 얻지 못하게 되고, 그래서 하나님께 영광을 돌리지 못할 것이기 때문이었다(요 11:15). 예수의 생애에 대한 구속사적 관점은 요한복음 5:17에서 가장 강한 표현을 발견할 수 있다. 예수는 안식일에 38년 된 병자를 고친 후, "나의 아버지께서 지금까지 일하시니 나도 일하고 있다"고 신성모독으로 오해될 만한 말을 한다. 이는 예수가 하나님의 구원 활동의 중심에 서 있다는 것을 시사한다. 예수가 십자가에 **들려서**(요 3:14; 12:32) 죽어야 한다고 이중적인 뜻을 가진 말을 사용한 것도 구속 역사를 마치고 아버지께로 돌아가는 것을 말하려고 한 것이다. 지리적인 언급을 할 때도 이러한 구속사적 관심을 보여준다. 예수께서 왜 갈릴리나 유다로 가야 했는지를 논평하거나(요 4:43 이하 참조), 유다에서 갈릴리로 가면서 사마리아로 통과하여야 **하겠다**(필연성을 강조하는 헬라어 δει가 사용됨)고 말한 것은 모두 하나님의 구원 계획을 성취하려는 의도를 강조한 것이다. 이 모든 내용은 예수의 역사적 생애가 구속사의 의미로 이해되었다는 것을 지시해 준다.

요한복음서에서 예수의 생애는 현재의 교회와 어떤 관계가 있는 것으로 묘사하는가? 먼저 요한복음서에는 **교회**라는 용어는 등장하지 않는다. 그러나 요한복음서가 교회의 복음서라는 것을 부인하지 못한다. 예수는 교회의 예배에 현존하시는 분으로 인식되고 있고, 요한공동체의 삶의 자리는 교회적 배경을 잘 드러내 준다. 성전 예배의 모티프는 요한복음서에서 자주 등장한다. 서언(prologue)에서 예수는 우리 가운데 **거하신 분**(1:14)으로 묘사된다. 여기에는(하나님의 성전 임재를 통한) 하나님의 영광을 뜻하는 **쉐키나**라는 말과 같은 어원을 가진 단어가 사용되고 있다. 하나님의 임재는 더 이상 성전과 같은 어떤 장소에 결부되어 있지 않고 성육신하신 로고스의 인격과 결부되어 있다. "너희는 하늘이 열리고 하나님의 천사들이 인자 위로 오르락 내리락하는 것을 볼 것이다"(1:51)는 말은 벧엘과 같은 장소는 철폐되고 인자가 그것을 대신할 것임을 시사해 준다. 요한복음서에서 성전 청결 사건이 복음서 서두(2:13 이하)에 위치한 것도 성전을 예수의 몸으로 대체하는 주제를 강조한 것이다. 4장의 사마리아 여인과의 대화에서는 성령과 진리로 드리는 예배를 말함으로써 성전 제의와 구별한다.

성전이 그리스도로 말미암아 대치되었기 때문에, 그리스도께서 친히 그의 교회 안에서 행하시는 세례와 주의 만찬 이 두 가지가 요한복음서에서는 중요한 역할을 한다. 불트만은 요한복음서가 성례전에 대해 관심이 있다고 하는 무성례주의 내지 반성례주의 입장을 취하지만, 쿨만은 요한복음서 안에 성례전에 대한 관심으로 가득차 있다고 보고 있다. 물론 쿨만 역시 제도화된 내용으로서의 성례전에 대해 말하지는 않는다. 그러나 예수의 생애 전체가 성례전적 의미를 내포하고 있음을 열거한다. 예를 들면, 가나의 혼인 잔치(2:1 이하)와 오병이어의 기적(6:1 이하)은 간접적으로 주의 만찬에 대해 말하는 것이다. 예수가 옆구리를 찔린 것(19:34)은 세례와 주의 만찬에 동시에 관계된 것이다.

요한복음서에서 예배와 관한 관심 못지 않게 선교에 대한 관심도 나타난다. 요한복음서에서는 선교의 기원을 **다른 사람들**(4:38)의 선교 활동에 두고 있다. 이들은 누구인가? 쿨만은 이들이 초기 교회의 **헬라주의자들**이었을 것이라고 보고 있다. 사도행전에 보면, 스데반의 순교 이후 헬라주의자들은 성전을 극단적으로 거부해서 예루살렘에서 쫓겨났는데, 나중에 사마리아로 돌아와 혼합주의의 본산으로 만들었다. 반유대적이고 반이교적인 종교에 속해 있던 주민들이 살던 사마리아에서의 선교가 이교 세계에서의 선교로 전환된 이방 선교의 중심지가 되었다. 그리하여 사마리아 선교가 강조된 것이다. 그런데 열 두 사도들은 헬라주의자들과 같은 극단주의를 따르지 않은 것 같으며, 따라서 사마리아에 요한과 베드로를 파송하여 사마리아인들에게 안수를 하게 하였다(행 8:14 이하). 요한복음서의 저자도 12:20 이하에서 예수의 생애 동안에 예기된 구속사에서 이러한 중요한 확장을 보여준다. 거기서 우리는 예수를 뵙고자 하였던 헬라인들에 대해 듣는다. 그리고 그들에게 예수는 먼저 죽어야 할 것을 말함으로써 그의 선교의 지평을 모든 사람들에게로 확장한다. 4장에서 "밀알 하나가 죽지 않으면 한알 그대로 있고, 죽으면 많은 열매를 맺는다"(24절)고 한 것이나, 10장에서 선한 목자에 대해 말한 것 등은 모두 이방인에게 초점이 맞추어져 있다. **다른 신자들**에 대하여는 11:52과 17:20에서도 언급하고 있다. **유대인들과 이방인들**로 구성된 교회는 요한복음서의 문제였다.

누가는 교회의 창립을 속편인 사도행전에서 다룬다. 그러나 요한은 예수의 생애에 대한 자신의 특징적인 관점에서 구속사를 제시한다. **그 때가 올 것인데, 지금이 그 때다**라고 한 것은 종말론적 긴장의 특징일 뿐만 아니라, 예수의 생애를 교회적인 관점에서 보려는 저자의 견해를 나타내 준다. 14-17장의 고별 강화에도 구속사와 관련해서 요한복음서 저자가 가진 중요한 관심을 예수의 생애와 교회를 관련시키면서 보여준다. 이처럼 요한복음서에는 예수의 생애는 교회와 밀접한 관련성을 가지고 서술된다.

다음으로는 예수의 생애와 과거의 구속사, 즉 이스라엘의 역사와의 관계에 대해서 알아보자. 쿨만은 그리스도 안에 있는 신자가 참 이스라엘이라는 구속사적 자기 이해는 바울적일 뿐만 아니라 요한적이라고 하는 것을 지적한다. 이것은 "자기 백성이 말씀이신 예수 그리스도를 받아들이지 않았다"는 서문에 일찍이 암시되어 있다. 복음서 전체는 모세와 아브라함을 비롯하여 구약을 계속하여 인용하면서 구속사와의 관련성을 암시한다.

요한복음 8:41에 의하면 믿지 않는 유대인들은 **아브라함의 후손**이 아니라고 말한다. 예수를 믿는 사람이야말로 진정한 아브라함의 후손인 것이다. 요한복음 8:56은 **아브라함이 예수의 날을 보고 기뻐했다**는 표현이 나온다. 이는 그리스도가 아브라함보다 선재하였고, 그리스도는 과거의 구속사까지 역사하였다는 것을 말해준다고 하겠다. 또한 과거의 역사와 예수의 생애의 연결은 세례자 요한이 예수를 소개하는 역할을 한 것과 관련되어 있다. 예수와 세례자 요한의 관계는 구속사적 계기로서 이해하지 않고서는 바르게 이해할 수 없다. 모세도 구속사 안에서 맡은 그의 역할을 보유하고 있으나 동시에 그 역할은 성취자가 되시는 그리스도의 빛에서만 규명된다.

광야에서 뱀을 든 모세를 유형론적으로 언급하면서(3:14) 구속사와의 관련성을 심화시킨다. 6장에서는 광야에서 먹었던 만나를 하늘로부터 온 생명의 떡이 되신 예수 그리스도를 대비시키면서 말하고 있다. 요한복음서에서 구약은 극복되어야 할 대상이지만 구속사 안에서 이스라엘이 담당하는 역할을 부정하는 것은 아니다. 왜냐하면 이스라엘은 예수를 구속사와 연결시키는 역할을 하고 있기 때문이다. 그렇기 때문에, 예수는 사마리아 여인에게 옛 종교 의식은 거절하였지만 "구원은 유대인들에게서 온다"(5:22)고 말씀하셨다. 새로운 창조에 대한 설명도 구약의 창세기를 본받고 있다. **태초**라는 의미와 **말씀**과 **지혜** 사상은 후기 유대교 및 헬라주의 사상과 깊은 연관이 있다. 거기에다가 창세기에서 **빛이 있으라**고 말한 것과 요한복음 1장에서 **말씀**과 **생명**과 **빛**을 동일시한 것은 서로 밀접하게 연결되어 있다. 이처럼 이스라엘의 과거 역사와 예수의 생애는 구속사로 서로 맞닿아 있다.

마지막으로, 요한복음서에서 예수의 생애는 종말론과 어떤 관련을 맺고 있다고 볼 수 있는가? 불트만 학파에서는 시간적 종말론이 요한의 사상과 어울리지 않는다고 강조하지만, 쿨만은 종말론 역시 구속사 안에서 이해되어야 한다고 주장한다. 예수의 생애 속에 **실현된** 종말론이 강조되어 있다고 해서 그것이 실현되지 않은 모든 종말론을 제거되었다는 의미는 아니다. 비록 요한복음서에서 **이미**, 즉 실현된 종말론적 입장이 공관복음서보다 더 강조되어 있는 것은 사실이지만, 긴장은 여전히 존재하고 있다. 구속사적 과정 전체가 요약되어 있는 그리스도의 인격이 요한복음서의 전면에 아주 뚜렷하게 나타나 있기 때문에, 그리스도 안에는 종말의 예기가 들어 있다는 것이다. 고별 강화에서도 교회의 때에 관하여 말한 모든 교훈은 미래적 종말론의 배경에서만 이해할 수 있다. 요한복음서에서 현재와 미래가 관계를 맺을 때, 미래가 현재에 의하여 완전히 삼켜버려진 것으로 이해하면 안된다. 더 말할 것도 없이 요한복음서에는 미래의 사건들과 장차 올 종말을 염두에 두고 있는 허다한 구절들(5:28; 6:39, 40, 54; 11:24; 12:48)이 있다. 이처럼 요한복음서에서 미래적 종말론은 구속사적 맥락 속에서 예수의 생애를 이해하고 받아들인다면 그것이 차지하고 있는 적절한 자리를 인정할 수 있게 된다.

IV

오스카 쿨만의 영향과 공헌

Ⅳ 오스카 쿨만의 영향과 공헌

이상에서 우리는 쿨만의 신학적 배경과 주요 저서에 나타난 그의 신학 사상에 관해 살펴보았다. 비록 쿨만의 주요 저서에서 그의 신학 사상의 특징과 강조점을 파악할 수 있다 하더라도, 쿨만의 다양한 관심과 신학적 업적을 주요 저서에만 국한한다고 하는 것은 그의 사상에 대한 전반적인 관찰에 한계를 드러낼 수 있다고 생각된다. 그래서 이곳에서는 그의 신학적이고 교회적인 영향과 공헌을 보다 폭넓게 정리하여 보려고 한다.

첫째로, 쿨만은 성서 신학 분야에 있어서 많은 영향을 끼쳤고 지대한 공헌을 하였다. 쿨만은 신약 학자였지만, 그가 다룬 신학적 과제는 조직 신학자의 그것을 많이 닮았다. 물론 쿨만의 방법론은 성서 주석적 방법론에 입각하고 있지만 다분히 통일된 신학 개념을 찾아내려고 하였기 때문이다.

오늘날 오스카 쿨만의 신학을 소위 **구속사**의 개념으로 말하는 것은 상식처럼 통하고 있다. 그러나 이 구속사 개념은 쿨만에게서 비롯된 것은 아니다. 그것은 오히려 호프만(Hofmann)과 슐라터

(Schlatter)에 더 귀속될 것이다. 다만 쿨만은 이 개념을 신약 성서를 해석하는 지배적 원리로서 더욱 다듬고 발전시킨 장본인이라고 할 것이다.

쿨만의 구속사 개념은 1940년대의 노력의 결과로 보여진다. 특히 1946년에 출판된 『그리스도와 시간』에서 첫 번째 완성된 형태를 발견하게 된다. 헌터(A. M. Hunter)는 1900-1950년대의 신학 저서 중 쿨만의 그것을 가장 중요한 여섯 권의 저서 중 한 권으로 평가할 정도다. 『그리스도와 시간』은 신약 성서, 아니 전체 성서의 신학의 기초를 이루고 있는 문제에 관하여 검토하고 있다.

쿨만의 신학 사상에 영향을 준 사람으로서 특히 알버트 슈바이처와 루돌프 불트만, 그리고 칼 바르트를 들 수 있다. 슈바이처는 종말론을 신학의 중심적인 문제로 부각시켰고, 불트만은 양식 비평적 방법론에 관한 개척적인 연구로 원시 교회의 역사적 상황을 재건하는데 공헌하였고, 바르트는 신약 성서의 기독론 중심의 해석을 강조하였기 때문이다. 그러나 쿨만은 이 세 사람이 모두 이교적인 철학적 관념을 사용하였기 때문에, 신약 성서의 자연스럽고 독립적인 메시지를 밝히는 데 부적합하다고 비판하였다. 따라서 쿨만은 신약 성서의 본질적인 요소를 성서 자체 안에서 찾으려고 노력하였다.

쿨만은 성서에서 시간을 가리키는 용어들을 검토하는 가운데 시간과 역사에 대한 성서적 개념을 밝혀내었다. 쿨만은 헬라적 시간관이 순환적인데 비해, 성서적 시간관은 직선적이고 목적적이라고 하는 것을 말하면서, 창조로부터 종말까지 연결되는 연속적인 구원의 사건이 역사 속에서 일어난다고 지적한다. 그래서 시간은 하나님이 인간의 구속을 성취하기 위해 행동하는 영역이며, 역사는 구속사(*Heilsgeschichte*)며 계시사(*Offenbarungsgeschichte*)가 된다.

이 시간 개념 안에 암시되어 있는 바는 특히 시간과 영원의 관계인데, 바르트의 영원 이해와 달리 쿨만은 영원을 시간과 질적으로 다르지 않은 무한한 세대의 연속으로 이해한다는 점이다.

쿨만이 생각하는 시간과 역사에 대한 이해는 구속사 안에서 예수 그리스도가 차지하는 자리에 의해서 규정된다. 쿨만은 신약 성서가 성육신 혹은 **그리스도 사건**을 중심점으로 주저없이 확인하여 준다고 본다. 유대교에서도 메시아의 도래를 역사의 중심으로 보고 있지만, 그것은 미래적이다. 그러나 기독교는 메시아를 나사렛 예수로 믿기 때문에, 새 시대가 이미 시작되었다고 보는 점에서 유대교와 구별된다. 쿨만은 이러한 점 때문에 기독교에서는 종말론에 대한 새로운 평가를 내려야 한다고 보고 있다. 전통적으로 종말론은 재림과 관계된 것으로 보았던 것에 비해, 쿨만은 성육신과 함께 시작하여 재림에서 완성된다고 봄으로써 종말론이 모든 구원 사건과 관련된다고 해석한다. 따라서 교회는 하나님의 전체적인 구원 계획 속에서 중간 기간에 속한다.

쿨만은 구속사를 보다 넓은 세속 역사 속에서 한정된 흐름을 형성하고 있다고 보고 있다. 구속사는 전체적인 일반 역사와 구별되지만 떼어놓을 수는 없다고 한다. 그러나 구속사에 대한 경험적인 증거를 말하기는 어렵기 때문에, 그것은 논리나 형이상학이 아니라 신앙의 문제라고 못박는다. 나사렛 예수의 십자가 처형은 로마 군인에게는 골치아픈 유대 예언자를 제거하는 것으로 비쳐졌을지 모르지만, 신앙의 눈에는 인류를 위해서 역사 속에 나타난 하나님의 구원 행동의 절정으로 해석된다는 것이다. 쿨만은 시간을 신약 성서 케리그마의 핵심 요소로 본 점에서 불트만과 견해를 달리한다. 왜냐하면 불트만은 시간을 단지 신화의 틀이나 요소라고 강조하면서 복음의 내적 진리를 확실하게 하기 위하여 제거되어야 할 대상으로 보았기 때문이다. 또한 쿨만의 주석 방법은 슈바이처와도 다르다. 비록 두 사람이 모두 종말론을 그리스도의 역사적 중심성의 관점에서 이해했지만, 슈바이처가 그리스도 사건 속에서 임한 하나님의 나라를 철저하게 미래적으로 본 것과 비교해서 쿨만은 오히려 과거적으로 이해하고 있기 때문이다.

쿨만이 시간과 역사에 관한 성서적 개념을 연구하여 많은 학문적 공헌을 하였지만, 이것은 어쩌면 신약 성서에 나타난 그리스도의 개념(기독론)을 연구하기 위한 예비적인 성격을 가졌다고도 볼 수 있다. 쿨만은 1957년에 『신약 성서의 기독론』을 저술하였다. 쿨만은 언어학적-역사적 주석 방법을 사용하여 신약 성서 본문에 나타난 기독론적 언급을 구속사와 관련시켜 논구하였다. 이것은 불트만이 하이데거의 철학적 언어로 기독론을 설명하려 한 것을 거부하고자 한 시도였다.

쿨만은 신약 성서의 기독론적 문제를 **예수 그리스도는 누구인가?** 라는 단순한 질문으로 축약한다. 쿨만은 신약 성서가 이러한 근본적이고 실제적인 질문에 대하여 그리스도의 자체 평가와 초대 기독교 공동체의 인식을 잘 말해주고 있다고 보고 있다. 신약 성서의 증언은 형식적이고 형이상학적인 성격을 가지고 있지 않고 선포적이고 고백적인 성격을 가지고 있다고 평가한다. 그러면서도 양식 비평 방법론을 통해서 기독론적 칭호들의 역사성을 밝히려고 함으로써 신약 성서가 가진 신앙 고백적인 특성과 역사적인 특성을 다함께 붙잡으려고 하였다.

예수의 칭호들은 예수 그리스도의 인격과 사역을 의식적으로 구별하지 않는 진술로서 신학적인 의미가 함유된 것으로 간주되었다.

그러한 칭호들은 예수와 초대 교회의 사람들 마음 속에 철학적인 분석을 통해 자리잡은 것이 아니라 역동적인 상황 등 속에서 나온 것이다. 쿨만은 복음서들이 이 칭호들을 통해서 예수의 자의식과 사명감을 드러내 보여준다고 믿고 있다. 예수의 칭호들 가운데는 그의 예언, 중보, 창조, 통치, 그리고 구원과 같은 의미가 명시적이거나 암시적으로 드러나고 있다. 쿨만은 기독론적 칭호들을 예수 그리스도의 지상 사역, 미래 사역, 현재 사역, 그리고 선재와 관련하여 구분하고 있다. 그의 이같은 연구의 결론은 구속사가 초대 교회의 기독론적 발전을 드러내고 있다는 것이다.

이 밖에도 쿨만의 신학적 공헌 중의 하나는 기독교 세례와 관련된 것이다. 쿨만은 1948년에 관한 책을 썼다. 이것은 열띤 반응을 곧 바로 불러 일으켰고, 그 해에 프랑스어와 영어, 스웨덴어와 아이슬란드어로 번역되었다. 이러한 책을 쓰게 된 동기는 칼 바르트에 의해 공격을 받은 유아 세례를 옹호하기 위한 것이었다. 쿨만은 세례가 예수로부터 기원된 것이 아님을 인정하였지만, 그것이 특징적으로 기독교적인 것이 된 것은 예수 그리스도로부터 말미암은 것이라고 주장하였다. 또한 요한의 세례는 예비적 성격을 지닐 뿐이어서, 기독교 세례는 예수 그리스도의 죽음과 부활 이후 비로소 가능해 졌다고 하였다. 쿨만은 십자가를 예수의 일반적인 세례의 기회로서 언급함으로써 그리스도의 수난이 모든 백성을 위한 것임을 천명하였다. 예수는 십자가의 죽음과 부활을 통한 세례 안에서 모든 백성들과의 연대성을 확실하게 보여주었다.

쿨만은 예수의 종의 역할이 세례가 모든 백성을 위한 것이라는 점에서, 그리고 개인적 반응과 관계없이 유효하기 때문에 일반적인 세례 속에 의미가 함유되어 있다고 강조하였다. 그러나 바르트는 신앙이 세례의 조건이 된다는 입장을 견지하였다. 쿨만에 따르면, 그리스도의 세례는 만인에게 영향을 주지만 그리스도의 몸에 참여하는 외적인 표시로서 개인적인 세례의 필요성을 유지하는 것이라고 하였다. 신앙은 세례 다음에 따라오는 것이지 선행하는 것이 아니라고 말하였다. 그렇기 때문에 세례의 의미를 의식하지 못하는 유아에게도 세례는 유효하다고 주장하였다. 쿨만은 세례가 오순절 사건 이후에는 계약 백성이 되었음을 인정하며(구약의 할례를 승계하여 완성하는 의미로서), 죄를 깨끗하게 하는 것으로(개종자 세례) 받아들이게 되었다.

1956년에 쿨만은 현대 신학계에 두 종류의 저술을 통해 공헌하고 있다. 『국가와 하나님의 나라』라는 저서가 그 첫째며, **"영혼 불멸인가, 죽은 자의 부활인가?"**라는 논문이 그 둘째다. 종말론적 공동체로서의 교회가 세속적인 세상 속에 존재함으로 인해서 국가와 하나님의 나라의 관계는 항상 신학의 관심 사항이 되어왔다. 특히 두 번의 세계 대전을 거치면서 교회와 국가의 관계는 시의적절한 주제였다. 예수 당시에도 로마 제국에 대항하는 열심당이 있었고, 예수는 **하나님의 것은 하나님께, 가이사의 것은 가이사에게**라는 슬로건을 통해 열심당의 방식에 의문을 제기한 바 있었다. 하나님의 나라와 열심당의 환상을 동일시하는 것에 대하여 예수는 반대하였는데, 이는 하나님의 나라는 인간적이 나라가 아니라 신적이 나라이며 그것이 전적으로 실현되는 것은 현재가 아니라 미래라는 이유에서였다.

쿨만은 예수의 이러한 가르침이 바울과 요한계시록에서 어떻게 취급되었는지를 분석하였다. 바울은 로마서 13장과 고린도전서 6:1 이하와 2:8에서 국가는 하나님의 도구가 아니며 하나님의 예비적인 조치로서, 그것을 인정하는 한에서 그리스도인은 국가에 복종해야 한다고 결론지었다. 요한계시록 역시 국가의 문제를 중요하게 다루었는데, 그것은 황제 숭배를 주장하면서 국가를 신성시하는 잘못에 대하여 저항하여야 했기 때문이다.

쿨만은 또한 헬라적인 영혼 불멸과 기독교의 부활의 차이를 확실히 하고자 하였다. 쿨만은 1955년 4월 하바드 대학교에서 행한 인간의 불멸에 관한 잉거솔(Ingersoll) 강연에서 이 문제를 취급하였고, 이를 바탕으로 바르트 70회 생일 기념 논문집에 위의 논문을 기고하였다. 쿨만은 그리스도인이 죽게 되면 죽음을 이기신 그리스도의 승리에 참여하게 되지만, 재창조된 영체를 포함하는 온전한 부활에 이르기 위해서는 마지막 때까지 기다려야 한다고 결론짓고 있다. 죽은 그리스도인들은 잠자는 상태에 있게 되지만, 또한 성령으로 인하여 그리스도와 특별한 관계를 향유하게 된다고 가르친다.

둘째로, 쿨만은 교부학(Patristics) 연구에 공헌한 바 크다. 쿨만은 일찍이 클레멘트 위서(Pseudo-Clement)에 관한 연구에 관심을 기울였다. 이것은 기본적으로 기독교 소설의 형식으로 된 것인데, 이 내용 중에서 베드로와 영지주의자 시몬 마구스와의 논쟁이 핵심 문제로 등장한다. 이 문서들이 가명적인(pseudonymous) 작품임에도 불구하고 주목을 받는 것은 3-4세기의 이단 종파 가운데서 기독교 사상의 발전과 관련된 정보를 얻을 수 있기 때문이다. 클레멘트 위서들은 유대적 기독교인 에비온파의 교리를 보여주는데, 이 파는 기독교는 유대교로부터 추방된 형태에 불과하다고 주장한다. 그리고 에비온파는 예언자의 직무에 대해 크나큰 강조를 보여준다. 하나님은 예언자들을 통하여 자신을 계시하며, 이 중에 그리스도가 있다. 그는 예언자일 뿐 구주는 아니다. 클레멘트 위서는 기독론을 가지고 있지 않다. 왜냐하면 영지주의적 경향성 때문에 그리스도의 독특한 예언자적 직무를 보지 못하기 때문이다. 쿨만은 이러한 일방적인 예언주의에 대한 강조가 기독교 이후에는 이슬람에서 발견된다고 지적한다.

1930년에 나온 클레멘트 위서에 대한 연구는 6년 뒤 원시 기독교의 성만찬에 관한 논문의 출판으로 이어졌다. **원시 기독교**라는 용어를 사용한 것은 1세기의 사도 시대와 사도 후기 시대를 포괄하여 교부 전통의 초기 단계를 포함하기 위한 것이었다. 서두에서 쿨만은 성만찬에 관하여 두 갈래의 초기 전통이 있었다고 하는 리츠만(Lietzmann)의 가설을 수용한다. 리츠만은 그리스도의 죽음과 관련된 히폴리투스 예배 의식과 재림과 식탁 교제를 강조한 오래된 이집트 예배 의식을 가정한다. 리츠만은 최후의 만찬과 성만찬에 대한 원시 기독교의 축하는 서로 연속성이 없다고 주장하였다. 바로 이 점에서 쿨만은 의견을 달리하고 있다. 쿨만은 바울 이전과 바울 전승이 예수의 최후 만찬과 임박한 죽음에 대한 회상을 반영하고 있다고 논증한다. 사도행전 2:46에서 초기 기독교인들이 기쁨으로 떡을 떼는 것을 상기시키면서, 쿨만은 부활하신 주님과 함께 떡을 뗀다고 하는 확신을 가졌음과 관련시킨다. 바울 전승에서 새 계약의 확립, 죄의 용서에 대한 확신, 그리고 그리스도의 몸인 교회에 참여한다는 고양된 의식이 성만찬의 특징을 이루고 있음을 지적한다.

1943년에 쿨만은 『초기 기독교 신앙고백문』이란 글을 통해 교부학에 있어 또 다른 업적을 보여준다. 먼저 쿨만은 신약 성서가 너무 길어 간결한 기독교 신앙을 표현해 주기 어렵기 때문에 신앙고백문이 등장하게 되었다고 밝힌다. 그리고 신앙고백문들이 등장하게 된 삶의 자리를 다섯 가지로 설명한다. 세례와 요리 문답, 정기 예배에서의 예배 의식과 설교, 축귀 기적, 박해 상황 속에서의 그리스도에 대한 고백, 그리고 이단들에 대한 논쟁적인 진술이 그것이다. 그리고 초기 기독교 신앙고백문들은 처음에는 기독론적 요소만을 가지고 있었다고 함으로써, 신조에 있어서의 그리스도 중심성을 거론한다.

1950년에 『원시 기독교 예배』가 출판되었는데, 이 책에서는 초기 기독교 예배의 특징들을 다루고, 2부에서 요한복음서와 원시 예배와의 관련성을 취급하고 있다. 초기 기독교 예배에 관한 자료로서 신약 성서를 비롯하여 디다케, 순교자 저스틴의 첫째 변증론, 플리니가 트라얀에게 보낸 첫 번째 편지 등 주후 150년까지의 문학적인 자료들을 포괄하고 있다. 쿨만은 초기 기독교 예배가 그리스도의 몸을 세우기 위한 목적을 가지고 있다고 강조한다. 쿨만은 원시 기독교 예배의 형식에 대해 말하면서, 성령의 자유(방언, 예언)와 예배의 질서 사이에서 조화로운 균형을 이루고 있는 데서 그 특징을 찾고 있다. 성령은 모든 예배의 순서 안에서 구속사의 대리자로서 임재하고 있었다고 한다. 2부에서 쿨만은 요한문서가 매우 성례전적인 성격을 가지고 있음을 밝히려고 노력한다.

『초대 교회』(The Early Church)는 쿨만의 논문들을 모아놓은 책으로서 그 안에는 신약 성서 주석, 신학, 그리고 교부학에 관한 논문들이 실려 있다. 특별히 이곳에는 12월 25일을 성탄절로 삼고 있는 서방 교회의 전통과 1월 6일을 성탄절로 정하고 있는 동방 교회의 전통이 실제로 로마 제국의 축제와 관련됨을 말하고 있다. 그러나 쿨만은 성탄절을 역사적인 정확성 때문에가 아니라 성육신에 대한 신학적인 사실 때문에 지켜온 것임을 강조한다. **고대 교회의 신학적 문제로서의 복수적 복음서**라는 논문은 신학과 교부학의 관심을 다같이 다룬다. 복음서가 여러 개였다는 사실은 하나의 복음서로는 교회의 필요를 다 채우지 못했음을 반증한다고 지적한다(누가복음서 서문 참조). 한 때 『디아테싸론』(Diatessaron)이라는 하나의 종합 복음서를 만들어 사용한 적이 있지만, 각 복음서의 독특한 신학적인 통찰력을 고려하지 못했기 때문에 사라지게 되었다고 하는 점도 언급한다. "**초기 기독교와 문명**"(Early Christianity and Civilization)이라는 논문에서는 주후 1-2세기에서 교회가 세상과의 관계를 어떻게 맺었는지를 평가하고 있다. 1세기에는 교회가 임박한 재림에의 기대 때문에 세상과 유리되어 있었다고 지적한다. 현재의 세계와 모든 구조는 다 일시적이기 때문에 궁극적인 가치를 지니지 못한다고 보았다. 그리스도만이 최종적인 권위를 행사할 수 있었다. 그러나 2세기에는 이러한 1세기의 견해가 때로는 지지를 받고 때로는 도전을 받는 상황이 발생하게 되었다. 2세기에 나타난 이단과 혼합주의로 인해 교회 안에는 두 가지의 불행한 반작용이 나타났다. 알렉산드리아의 클레멘트는 모든 윤리적 문제에 있어 스토익학파의 개념을 받아들였고, 터툴리안과 몬타누스주의자들은 분리주의와 금욕주의를 옹호함으로써 교회의 문제를 풀려고 하였다. 이것은 성서의 관점과 다르게 세상으로부터의 도피를 부추기는 것이었다. 그러나 『디오그네투스의 편지』는 **나그네처럼 세상 안에서 살아가라**고 올바르게 권고하였다.

셋째로, 쿨만이 성서 비평 분야에 남긴 공헌을 들 수 있다. 쿨만은 무엇보다 철학적 사변을 신약 성서 해석에서 제외시키려고 하였다. 쿨만이 1925년에 쓴 첫 번째 논문이 양식 비평에 관한 것이었다. 쿨만이 양식 비평에 관심을 보이던 시기는 바젤에서 쿨만과 동료 교수로 있던 슈미트(K. L. Schmidt)와 더불어 불트만, 디벨리우스가 양식 비평의 선구자 역할을 하던 때였다. 불트만은 초기에는 쿨만은 양식 비평의 동지로 생각하였다.

그러나 쿨만은 다른 양식 비평학자들과 달랐다. 불트만은 복음서의 이야기들이 신학적 편견으로 각색되어 있기 때문에 역사적 예수를 재건하는데 사실상 가치가 없다고 말했다. 그러나 쿨만은 같은 양식 비평학자로서 초대 교회 공동체와 예수를 구분하는데 유용하며, 역사적 예수에게 더 가까이 인도한다고 생각하였다. 쿨만은 양식 비평의 연구를 기독론 연구에 긍정적으로 활용하기도 하였다.

불트만은 회의론적 역사 이해와 실존론적 방법론을 결합하여 신약 성서를 재해석하려고 함으로써 하르낙이나 슐라이어마허가 범했던 잘못을 반복하고 말았다. 그들은 신약 성서 안에서 알맹이와 껍질을 구분하여야 한다고 보았다. 그러나 쿨만은 이들이 복음서의 본질적 요소인 구속사를 진지하게 취급하지 못하였다고 비난하였다. 불트만이 종말론에 대한 형이상학적 재해석을 시도하였을 때, 쿨만은 불트만과 동지적 관계를 청산하지 않을 수 없었다. 쿨만은 불트만의 비신화화 프로그램이 역사적 예수를 거부하였던 이전의 영지주의자들이나 가현설주의자들과 매우 흡사하게 닮았다고 생각하였다. 예수의 죽음을 유일한 역사적 사실로 수용한 불트만이었지만, 실존적 결단을 오히려 강조하였기 때문에 쿨만에게서 주관적인 실존주의적 해석이라는 비난을 받았다. 십자가는 주관적으로 재해석되기 이전에, 인간의 반응과 상관없이 객관적인 역사적 사실이라는 점을 쿨만은 강조하였다. 현대의 과학적인 방법론도 신약 성서의 **어리석음**을 대체하지는 못하였으며, 하나님은 예수 그리스도의 인격 속에서 역사에 결정적으로 개입하여 우리의 구원을 성취하였다.

1961년 다시 한 번 쿨만은 불트만 학파의 역사적 예수 문제의 취급 방식을 공격하고 나섰다. 그는 불트만 학파가 당대의 철학적 주제를 가지고 고전적인 자유주의가 저지른 잘못을 반복하였다고 비난하였다. 불트만은 양식 비평과 하이데거의 실존주의 비평을 교묘하게 결합하였는데, 이것이 쿨만에게는 신약 성서의 메시지를 파괴하는 것으로 비쳐졌다. 건전한 역사 비평이 철학 때문에 희생되는 결과를 가져왔기 때문이다. 쿨만은 실존주의가 역사의 예수와 교회의 그리스도를 결합하려 시도하였는데, 그것이 역사와 주석에 기초하기보다는 실존주의 철학에 의지하고 있었기 때문에 부적절하다고 보았다.

쿨만은 고등비평(High Criticism)에 관한 논문에서 역사 비평과 신학의 연결이 이루어져야 함을 지적하였다. 쿨만은 계시의 내재적 권위는 심리학적이거나 문화적인 설명과는 관계없이 자체의 용어에 의해서만 알 수 있다고 말한다. 하나님은 역사 속에서 우리의 구원을 위해 활동하시기 때문에 역사적 분석과 검토는 필수적이라고 보고 있다. 그러나 알레고리적이고 실존론적 해석은 역사를 본질적인 것으로 취급하지 않기 때문에 잘못이라고 지적한다. 하나님의 진리는 인간의 말과 역사적 상황을 통해서 전달되기 때문에, 언어학적-역사적 해석 방법론은 중요하다고 한다. 그러나 쿨만은 이러한 자료를 다루는데 있어서 전문적이 되어야 하지만 동시에 겸손함도 잃지 않아야 함을 강조한다.

넷째로, 쿨만이 교회 일치 운동에 있어서 많은 영향을 끼친 것을 간과할 수 없다. 쿨만은 특히 개신교와 로마 가톨릭 교회의 오래된 앙숙 관계가 해소되기를 바라면서 성서 주석을 통해 그리고 실제적인 조언을 통해 도움을 주려고 하였다. 쿨만은 제2바티칸 공의회에 1962, 1964, 1965년 개신교 옵저버 자격으로 참석하기도 하였다.

쿨만은 신학적이고 교회적인 담론을 위해 1952년 『베드로: 제자, 사도, 순교자: 역사적이고 신학적인 연구』라는 책을 썼다. 그의 책은 교회 일치에 기여하는 역할을 하였다. 이 책은 2부로 되어 있는데, 1부는 역사적 베드로의 문제를 다룬 것이고, 2부는 베드로로 말미암아 생긴 역사적이고 신학적인 문제들을 분석한 것이다.

쿨만은 요한복음 21:16 이하에서 부활하신 예수가 베드로를 **페트로스** ('바위'라는 뜻)라고 지칭한 것을 역사적으로 신빙성 있는 전통으로 보고 있다. 그리고 베드로와 바울 사도의 관계에 있어 서로 생각보다 입장 차이가 크지 않았던 것으로 해석한다. 베드로의 신학에서 중요한 요소로서 복음의 보편적 성격과 종 기독론을 들고 있다. 그리고 신약 성서가 베드로의 순교를 언급하고 있지 않기 때문에, 성서 외적 자료(클레멘트 1서, 이그나티우스의 로마서)를 인용하면서 신빙성에 문제가 있음을 알고도 베드로가 로마를 방문하여 거기에서 순교한 것으로 추정하고 있다.

2부는 베드로가 초대 교회에서 어떠한 위치를 점하고 있었는지를 다룬다. 마태복음 16:17 이하가 논란의 대상이 된다. 베드로를 이후 교회의 수장으로까지 인정하는 것이냐를 두고 개신교와 가톨릭의 입장을 갈라놓고 있는 구절이기도 하다. 쿨만은 불트만과 달리 베드로의 신앙 고백의 역사성을 인정한다. 그러나 베드로의 특별한 지위와 권위는 그의 당대에 국한한다는 견해를 밝힌다. 베드로의 역할이 독특하긴 하지만 반복되는 성격은 아니라는 것이다. 따라서 쿨만은 언어학적-역사적 해석 방법을 통해 로마 가톨릭의 견해를 부당하다고 지적하고 있는 셈이다.

쿨만은 성서와 전통의 문제를 계속하여 다루었다. 쿨만은 **전통**이라는 어휘 연구를 통해, 복음서(막 7:8)에서 사용된 **전통**(헬라어로 **파라도시스**)이라는 용어가 사람들이 멀리해야 할 **사람들의 전통**을 가리키지만, 서신(살후 2:15)에서 사용된 **전통**은 사람들이 고수해야 할 것으로 구별하였다. 그리고 이러한 전통을 교회에서 역동적으로 살아 있게 하는 것은 성령의 역할이라고 보았다. 따라서 기독교 전통은 부활하신 그리스도에게서 기원하여, 목격자들인 사도들에게 계기되었고, 성령을 통해 교회에 온전하게 보전하는 것으로 설명하였다.

이러한 의미에서 쿨만은 사도직과 감독의 계속되는 직무를 구별하였다. 사도는 부활하신 주님을 목격한 사람들에게 자격이 주어진 것이고, 사도의 보고는 계시적인 성격을 가지고 있는 것으로 보았다. 그러나 교회의 지도자(감독, 주교)는 그것을 전달하는 책임을 맡는 것 뿐이라서 무오한 권위를 갖는 것은 아니라고 하였다. 교회는 일찍이 2세기에 성서와 전통을 구별하기 시작함으로써(정경화 과정) 구속사에 대한 인식을 하게 된 것을 보여준다. 로마 가톨릭은 사도적 의식과 2세기의 감독직에 대한 잘못된 생각을 하였기 때문에 근본적으로 차이를 드러내게 된 것으로 본다. 쿨만은 또한 신약성서에서 이방인 교회가 예루살렘의 가난한 성도들을 위하여 헌금한 예를 본받아, 개신교와 가톨릭 사이에 구별하지 말고 헌금을 모아 공동적인 구제 사업에 동참할 것을 호소하기도 하였다. 쿨만의 이러한 노력은 개신교와 가톨릭 사이에 교리적인 차이가 엄연히 존재함에도 불구하고, 교회 일치를 향한 행동을 적극적으로 전개한 예로 평가받을 만하다.

V

오스카 쿨만의 신학 사상 평가

V 오스카 쿨만의 신학 사상 평가

20세기의 구속사학파의 대표자로 인식되어 온 오스카 쿨만은 독자적인 학문적 성과를 남겼다. 쿨만은 19세기의 자유주의 신학을 비판하고 극복하는 가운데서 두각을 나타내기 시작하였으며, 동시에 20세기의 주요 신학자들인 바르트나 불트만의 변증법적 신학과도 차별화하는 모습을 보여주었다. 자유주의가 하나님과 인간의 근본적인 조화에 기초하여 **역사의 예수**를 보여주려 했다면, 변증법적 신학은 **전적인 타자**로서의 하나님과 **성서의 독특성**을 강조하여 **새로운 해석학**을 제시하였다. 쿨만은 위에 언급한 신학적인 두 흐름에 의해 영향을 받았고 어느 정도 그 관점을 공유하였다고 할 수 있다. 변증법적 신학이 하나님과 인간의 존재론적 차이에 강하게 압도되어 있었다면, 쿨만의 주된 관심은 정확한 역사적인 탐구를 통해서 신약 성서 신학의 독특성을 증명하려 하였다. 그러므로 쿨만의 관심은 철학적이라기보다는 역사적이다. 다시 말해서, 바르트와 불트만은 하나님과 인간 사이에 존재하는 수직적 간격에 집중한 반면에, 쿨만은 초기 기독교와 20세기의 기독교 사이에 존재하는 수평적 간격을 메우려고 하였다. 그러했기 때문에 변증법적 신학은 핵심 주제에 초점을 맞추었다면 쿨만은 구속사 전체를 통한 하나님의 계시에 초점을 맞추게 되었다.

변증법적 신학자들은 역사가 신앙에 결정적인 무엇을 제공해 주지 못한다고 생각하였다. 오히려 신앙은 하나님이 역사를 통해 계시한 구원 사건이나 교리에 대한 반응에서가 아니라 하나님과 즉각적인 개인적인 만남의 결과로 발생한다고 보았다. 쿨만은 사도적 전승, 즉 신약 성서를 **즉각적인 객관적 계시**로서 이해했으며, 하나님이 역사를 떠나서 사람들에게 직접 계시한다고 하는 개념에 반대하여, 계시를 전달하는 성령 또한 역사의 옷을 입고 나타나야 했다고 지적하였다. 이처럼 변증법적 신학과 쿨만을 구별하고 있는 점은 하나님의 계시가 모든 사람들에게 인식할 수 있게 인간의 역사 속으로 흘러들어 왔다는 개념에 있다. 쿨만은 신약 성서의 사도적 전승사에서 구체화된 이러한 계시를 과학적인(문학적이고 역사적인) 방법으로 연구할 수 있다고 생각하였다.

그러나 동시에 쿨만의 과학적 객관성에 대한 열망은 변증법적 신학과 두 가지 점에서 공유하는 측면을 보여준다. 즉 신약 성서가 초역사적인 핵심 주제인 그리스도의 영을 가리키고 있다는 점과 해석자는 역사적 탐구가 시작되기 전에 그리스도의 영과 만나지 않으면 안된다고 하는 신념이 그것이다. 그러나 핵심 주제와 먼저 만나야 한다는 이러한 관념은 역사적-언어학적 주석이 신학을 통제할 수 없다는 것을 의미하였다. 왜냐하면 해석자가 주석하기 전에 역사를 초월한 만남이 선행되어야 하기 때문이다. 쿨만에게는 두 가지 선택이 가능하였다. 역사 비평적 주석의 우위에 서는 바르트적인 주제적 주석을 발전시키거나 초역사적 핵심 주제와 먼저 만나야 할 필요성에 대해 더 이상 생각하지 않고 순수하게 역사적인 방법론을 승인하는 일이었다. 물론 쿨만은 후자를 택하였다. 성서 본문을 핵심 주제에 비추어서 이해하지 않고 핵심 주제를 성서 본문의 빛 아래서만 이해하는 방법론을 선택한 것이다. 쿨만은 점차적으로 그리스도의 영에 대한 초대 교회의 경험이 **역사**, 즉 나사렛 예수 그리스도의 삶, 죽음, 부활에서 발생한 것에 기초하고 있음을 강조하게 되었다. 더 나아가서, 쿨만은 성서가 구원사에 대한 하나님의 전체적인 계획이라는 문맥 안에서 그리스도-사건을 말하고 있는 것으로 이해하였다.

쿨만은 성서적 계시에서 사건들이 가지는 우선성을 강조하였다. 쿨만은 케리그마적 해석이 예수의 역사적인 말씀과 행동에 대한 지식이나 구원사와 같은 일련의 사건들에 달려 있지 않다는 불트만의 주장에 반대하면서 역사적 예수의 탐구에 관한 새로운 논의를 전개하였다. 쿨만은 케리그마가 역사의 예수와 단절된 것으로 정의된다면 그것은 역사적 기초에서 벗어난 가현설적 메시지가 되어 역사적 예수와 불연속성을 보이게 될 것이라고 정면으로 반대하였다. 구원사의 사건들과 그 해석 간의 연결은 역사 비평적 연구가 긍정적인 기능을 하는 한 보존되어야 한다고 생각하였다. 구원사는 사건과 그 해석을 모두 포함하지 않으면 안된다는 것이 쿨만의 주장이다.

하나님은 구원사를 통하여 자신을 계시한다는 쿨만의 주장은 인류가 아직 하나님의 전체적인 구원 계획을 보지 못하였다는 개념을 포함하고 있다. 하나님께서 과거에 행하셨고 지금 행하시고 있는 것은 종말에 행하실 것과 함께 관찰하지 않으면 안된다. 이러한 이유 때문에 종말론은 쿨만의 구원사 이해에 핵심적으로 작용한다. 예수 그리스도 안에서 종말은 **이미** 역사 속으로 들어왔기 때문에 그리스도인의 희망은 과거 사건에 달려 있다. 그러나 동시에 그 희망은 그리스도의 재림이라는 또 다른 사건을 통해 미래에서 완전하게 실현될 것이다. 그러므로 구원사의 종말론은 **실현된** 것이면서 동시에 **미래적인** 성격을 가진다. 그것은 **이미**와 **아직 아니**이라는 시간적인 긴장에 의해 특징지어진다.

이러한 종말론적 긴장이 그리스도-사건에 의해 창출되었다는 사실은 기독론을 쿨만의 구원사에서 핵심적인 것으로 만들고 있다. 예수 그리스도는 전체적인 구원사의 틀을 떠나서 이해될 수 없고, 또한 구원사는 그리스도-사건을 떠나서 이해될 수 없다. 이것은 자연스럽게 사건 중심의 **기능적** 기독론으로 이끈다. 이 기능적 기독론은 그리스도의 **존재**나 **본성**보다는 **사역**에 초점을 맞추는 것이다. 기독론에 대한 이러한 접근은 정경적인 성서가 모든 정경 후기 전통에서는 거부되었던 규범적인 위치를 갖고 있음을 암시하는 것이다. 성서는 전통보다 우선한다는 것이 쿨만의 일관된 주장이다. 왜냐하면 성서는 목격자들의 신빙성 있는 증언과 영감에 의해 기록된 특성을 보여주기 때문이다.

순수하게 주석적인 작업에 기초한 신학에 대한 쿨만의 관심은 많은 사람의 공감을 얻었다. 쿨만은 초대 교회에서 성서가 **의미했던** 바와 20세기에서 성서가 **의미하는** 바 사이에 존재하는 역사적 간격을 메울 필요가 있다고 생각하였다. 칼 바르트와 불트만은 성서가 의미하는 바를 찾으려고 노력하였지만 성서가 원래 무엇을 의미했었는지를 충분하게 고려하지 못하였다. 바르트와 불트만은 성서 저자들과 오늘날의 교회가 동일한 실재를 만났기 때문에 성서가 오늘날에도 의미를 지닌 것으로 보았다. 그러나 이러한 접근 방법이 문제가 있다. 바르트와 불트만은 **핵심 주제**와 **계시**를 성서를 오늘날의 교회에 연결시키는 방법으로 정의하였기 때문에, 계시를 일반적인 인간의 역사라는 영역에서 이해하는 결과를 낳게 되었다. 쿨만은 성서가 오늘날 우리에게 무엇을 의미하는가라는 질문을 하기 전에 신약 성서 저자가 무엇을 의미했는가를 기술하는 것이 중요하다고 생각하였다. 이러한 기술적인 작업은 모든 성서 신학의 핵심이다. 그러나 오늘날의 교회에 성서가 어떤 의미를 지니고 있는가 하는 문제는 이러한 기술적인 작업으로부터 자동적으로 주어지는 것은 아닐지 모른다. 바르트와 불트만이 기술적인 작업을 중요하게 여기지 않고 현대적인 적용에 지나치게 몰두한 잘못을 범했다면, 쿨만은 반대로 현대적인 적용보다는 기술적인 작업에만 집착하는 잘못을 범했다. 신학적인 작업을 1세기의 히브리 사상 범주 안에 국한시키려 했다는 말이다. 그러나 결국 이 기술적인 작업과 현대적인 적용은 서로 얽혀 있다는 것을 잊어서는 안될 것이다. 쿨만은 이러한 점을 해결하고자 계시를 구원사의 중심이라는 개념으로 정의하였다. 자유주의 신학자들은 계시를 하나님의 구원 계획보다는 인간의 종교적 통찰력의 진화라는 개념으로 정의하였다면, 불트만은 나사렛 예수의 육체적 부활을 떠나서 우리에게 다가온 하나님의 **결단의 요청**을 강조하였다. 그러나 이러한 **역사**와 **결단**의 개념을 성서 본문에 억지로 덮어씌우려 해서는 안된다. 그래서 쿨만은 신약 성서 본문을 후대의 교리에 의해 제기된 질문에 종속시키지 않으려고 주의를 기울였다. 그렇지 않으면 신약 성서 저자들이 의도한 것과는 다른 것을 강조할 위험성에 항상 노출될 것이다.

바르트와 불트만이 성서가 **의미했던** 것과 오늘날에 **의미하는** 것을 혼동해서 사용했다면, 쿨만은 그것을 구분하려고 했다고 볼 수 있다. 성서에는 저자가 의도했던 **의미**(meaning)가 있다. 그것은 다른 사람, 사상, 상황과의 관계로서 파악되는 **의의**(significance)

와는 구별되어야 한다. 성서 본문의 의미는 그러므로 결정적인 성격을 가지고 있다. 그런데 그것은 시간과 함께 변화한다. 역사 속의 특정한 상황과 관련하여 표현된 언어와 사고 형태에 따라 **의의**의 변천을 보인다. 그러나 **의미**가 변한 것이 아니라 그것을 표현하는 언어와 사고 형태가 변한 것이다. 이러한 관점에서 쿨만이 신약 성서의 본문을 **계시**로서 인식한 것은 신학적 진술에 대한 역사적인 통제를 가능한 것으로 만들어 준다. 다시 말해서, 성서적 계시는 과거에 발생한 사건일 뿐만 아니라 오늘날에도 해당되는 규범이 될 수 있는 것이다. 이것은 가다머(Gadamer)가 말하는 **지평의 융합**(fusion of horizons)이라는 개념과도 잘 부합한다. 다시 말해서, 해석이란 해석자 자신의 지평과 과거의 지평과를 결합시키는 가운데 일어난다는 것이다. 이것은 해석자의 지평과 성서 본문의 지평이 구별된다는 것을 전제하고 있다. 그렇다면 해석자는 자신의 역사성을 어느 정도 초월하여야 한다는 말이 되고 자신의 경계 밖에 있는 지평을 다루어야 한다는 것을 의미한다. 이처럼 성서의 의미가 계속되는 역사의 산물에 불과하다면, 어떻게 그것이 진리라고 하는 정당성을 확보할 수 있는가 하는 문제가 발생한다. 그렇게 되면 가다머의 급진적인 역사적 상대주의는 결정적 의미를 상실한 채 역사의 우연이라는 위치로 전락되고 만다.

쿨만은 해석자의 개인적인 경험이나 문화적인 의식보다는 역사 속에 나타난 계시에 신학의 기초를 놓으려 한다. 이 규범적 계시의 개념을 구원사의 중심점, 즉 그리스도-사건과 신약 성서의 증거를 연합시키는 중심점에 위치시킴으로써, 신학을 바로 이 역사적 기초에 세우려는 해석학적 관점을 보여준다. 이것은 우리가 성서 저자들의 결정적인 의미를 그리스도-사건에 부여하도록 도와준다. 그것은 우리의 주관적인 신학적 편견에 기초한 것이 아니라 우리 밖에 존재하는 역사인 정경에 기반을 둔 것이다.

쿨만이 계시와 역사의 관계에 관해서 말하면서 일관성을 보여주지 못하는 면도 발견된다. 한편으로 쿨만은 계시가 사건과 해석으로 구성되어 있다고 하면서도, 다른 한편으로 성서가 사건의 역사적 성격에 관한 해석과 케리그마적 의미에 관여된 왜곡된 영향을 보여준다고 말한다. 이는 사건과 해석은 불가분리한 관계를 가지고 있으며, 성서의 내용은 단순한 사실에 대한 보고가 아니라 오로지 해석된 사건들이라고 말하면서, 역사 비평적 성서 해석의 결과를 수용할 수밖에 없는 태도를 보여주고 있는 것이다. 쿨만은 성서학자로서 해석의 배후에 놓여져 있는 사건 그대로의 모습을 찾아야 할 의무를 느꼈다. 쿨만은 사건 그대로의 모습이 결정적인 의미를 스스로 드러내지 못한다는 생각을 한 것 같다. 이런 생각은 계시의 역사란 사건과 해석 모두를 포함한다는 그의 주장에 반대가 되는 것처럼 보인다. 왜냐하면 쿨만의 성서의 왜곡과 변형에 대해 적지 않게 언급하고 있기 때문이다. 성서의 왜곡에 대한 쿨만의 언급이 쿨만의 반대자들에게 위안을 줄 수 있을지 모르지만, 그것이 전부는 아니다. 비록 쿨만이 인간적 오류 가능성 때문에 성서의 왜곡을 말하였다 하더라도, 그는 성서가 교회를 위한 적절한 규범이 될 만큼 역사적으로 신빙성이 있다고 보고 있다.

성서가 충족성을 가지고 있다고 쿨만이 강조하고 있음에도 불구하고, 성서의 왜곡을 피할 수 없는 인간적 상황이 빚어낸 결과로 보고 있는 사실은 쿨만의 입장이 변증법적 신학과는 엄연히 다르다는 것을 보여준다. 왜냐하면 변증법적 신학은 하나님을 인간과 구별되는 전적인 타자로서 보며, 하나님의 말씀은 인간사의 범주 속에서 인지적이고 객관적인 계시로서 표현될 수 없는 것으로 간주하기 때문이다. 쿨만은 계시와 역사가 철저하게 분리되어 있다는 생각을 거부하면서 그 둘은 중요한 점에서 서로 만난다고 주장한다. 그러면서도 동시에 인간의 역사는 내재적으로 왜곡될 수밖에 없다는 생각을 가지고 있다. 그러나 성서 기자들이 인간이기 때문에 계시적 사건의 의미를 왜곡시키지 않을 수 없었다고 말하는 것은 잘못이다. 그렇다면 성서학자들의 연구에 의해서 밝혀진 사건 그대로의 모습이 결정적인 의미를 가지지 못할 것이기 때문이다.

그렇다면 성서 기자들이 전달하고자 하는 의미에서 진실된 것은 형식은 문화적으로 조건지워져 있다는 사실일 것이다. 그렇지만 문화적 조건과 왜곡은 서로 다른 것으로서 구별되지 않으면 안된다. 왜냐하면 문화적 조건은 형식과 관계한다면, 왜곡은 내용과 관계되기 때문이다. 형식은 시간과 장소에 따라 다양한 문화적 형식을 띨 수 있지만 본질적인 내용은 변화되지 않을 수 있는 것이다. 그러므로 어떤 성서 기자의 진술이 자기 문화에 관련되어 있다고 하는 사실이 진리를 왜곡한 것이라고 단정지을 수 없다고 본다. 만약 쿨만이 성서 기자들이 단지 인간이어서 왜곡시킬 수밖에 없었다고 말했다면 오히려 전반적으로 더 일관된 입장을 견지했을지 모르겠다. 문화적 조건(cultural conditioning)이라는 용어 대신에 문화적 조정(cultural accommodation)이라는 표현을 썼다면 더 좋았을 것이다. 문화적으로 조정된 계시는 특정한 독자에게 적절하게 표현된 것이라는 개념으로 이해되었을 것이다. 문화적으로 조정되었다는 개념은 성서적 계시의 역사적 특성을 충분하게 인식하면서도 동시에 원리적으로 성서 기자의 의도된 의미가 가진 규범적 위치를 보존할 수 있기 때문이다.

쿨만이 말하는 계시와 역사의 관계에 입각한 방법론은 성서 해석에 있어 역사적인 탐구와 공통 기반을 가지도록 해 준다. 이것은 바르트, 불트만 등 **신해석학**에서 주장하는 주제적 해석 방법론이 결여하고 있는 것이기도 하다. 이러한 관점에서 본다면, 쿨만은 19세기의 자유주의 신학과도 맥이 닿아 있다. 왜냐하면 자유주의 신학도 기독교를 역사적 현상으로 보아 역사적 탐구가 필요한 대상으로 파악했기 때문이다. 그러나 쿨만은 역시 자유주의 신학을 넘어서고 있다. 자유주의 신학은 역사 속에서 하나님의 행동이 자체적으로 우리에게 어떤 결정적인 의미도 주지 못하며, 하나님에 의해 해석되지 않으면 인류를 향한 하나님의 심원한 뜻이 밝혀지지 않는다고 함으로써, **역사적 예수**라는 성서적인 역사의 사건들에 대한 편협된 이해에 초점을 맞추었다. 이에 반해 쿨만은 예수의 생애와 운명을 중심으로 한 사건들과 성서 속에 기록된 해석들 모두를 계시의 역사로 보고 있다.

다시 말하자면, 하나님의 자기-계시 속에서 하나님은 또한 자신에 관한 정보를 계시한다. 하나님은 역사를 통해 계시한다. 그러나 그것은 해석되지 않으면 알 수 없는 계시다. 그러므로 하나님의 자기-계시는 두 개의 이야기를 가진 것이나 다름없다. 쿨만의 계시에 대한 두 이야기 모델은 그의 비평가들이 생각하는 것처럼 역사를 무용지물로 만드는 것이 아니다. 오히려 그 반대로 역사는 계시를 전해주는 유용한 수단이 된다. 역사로서의 계시가 의미를 가지려고 하면, 그것은 오직 그리스도에 대한 사도적 증언을 통한 방법밖에는 없다. 다른 말로 하자면, 계시의 사건들은 역사 밖에서 오는 지식과 관련된 것일 때는 무의미한 것이 되고 만다. 그러므로 그리스도-사건은 영감을 받은 사도들의 증언으로서 이해되어야만 하며 그 반대가 될 수는 없다.

쿨만은 처음에는 **신약 성서가 나에게 무엇을 말하는가?**라는 철학적 질문보다 **신약 성서가 의미하는 바는 무엇인가?**라는 역사적 질문을 가지고 씨름하였다. 그러다가 점점 더 전체적인 의미에 대한 관심으로 진전을 보였다. 성서 기자들의 메시지가 단지 한 개인에게만 관련되는 것이 아니고 하나님의 전체적인 구원의 계획 및 전세계의 역사와 관련된다고 하는 것을 깨달았다. 우리가 성서를 그 자체의 말로 이해하려 한다면, 일관성과 타당성을 동시에 보여줄 것이다. 성서는 하나님의 구원 계획과 연관되어 있다는 점에서 일관성을 가지고 있으며, 시대를 초월해서 모든 사람에게 적용되고 있다는 점에서 타당성을 가지고 있다. 이것이 쿨만이 말하려고 하는 초점이다.

쿨만은 1930년대 이래 활발하게 논의되던 성서 신학 분야에 많은 공헌을 하였다. 자유주의 신학이 성서를 유대인과 기독교인의 종교적 관념의 개론 정도로 생각하였던 것에 비해, 쿨만은 이것을 성서의 본질적인 통일성을 회복시키는 것으로 간주하였다. 특히 종교사학파가 히브리적 요소를 대부분 제거하고 헬라적인 영향력을 강조하는 것에 반대하였다. 비록 쿨만의 방법론이 신학적인 논리 전개에 있어 일부 자료에 치중하는 선택적인 면을 보인다고 하여 비판을 받기도 하였지만, 구속사와 같은 성서 신학의 주요 주제에 집중하려는 그의 경향성 때문이었다는 점을 이해한다면 크게 문제가 되지는 않을 것이다. 예를 들면, 구속사를 연속적인 **카이로이**들로 구성된 것으로 본 견해나, **초기 기독교 신학은 거의 기독론이었다**는 대담한 주장과 같은 것이다. 신약 성서에 **시간**에 대한 다른 견해가 있을 수 있고, 기독론 이외에 **신론**도 존재한 것이 사실이라 하더라도, 이것이 쿨만이 주장하는 주요 주제를 희석시키지는 않는다고 본다.

쿨만이 기독론을 히브리적 사고 방식에 의거하여 **기능적 기독론**에 집중한 것도 쿨만의 경향성을 보여주는 것이다. 헬라적 사고 방식이 존재론에 기울어져 있다고 보고, 그리스도가 **행한** 것을 통해서만 그의 **존재**를 알 수 있다고 하는 히브리적 접근 방식은 독특하기도 하고 편향적이기도 하다. 사실 신약 성서에서 그리스도의 **사역**(work) 이외에서도 그의 신적 존재를 지지하는 곳이 많이 있다. 다만 우리는 쿨만이 언어학적-역사적 방법론을 통해 기능적 기독론의 특색을 강조하려 한 것뿐이라는 점을 감안해야 한다는 것이다.

이제 결론적으로 쿨만의 신학의 특색을 간추려 보자. 쿨만의 신학은 19세기의 자유주의와 20세기의 변증법적 신학의 문제점을 인식하면서 나름대로 독자적인 신학을 모색하였다는 데서 그 장점을 찾을 수 있다. 쿨만은 성서 전체를 해석하는 틀로서의 성서 신학의 중요성을 누구보다 높게 평가하였다. 이러한 점에서 쿨만의 신학의 공헌은 무엇보다도 **구속사** 신학을 확립하였다는 데 있다. 이를 통해 쿨만은 신약 성서만이 아니라 성서 전체와 하나님의 구원 활동이 일어난 전체 역사를 해석하는 패러다임을 제공하였다.

둘째로, 쿨만은 성서 자체를 강조하였다. 전통과 정경의 문제를 다룰 때나 역사와 계시의 문제를 다룰 때, 쿨만은 항상 성서를 주석하는 데서 그 해답을 찾으려고 하였다. 그래서 그를 비판적으로 보는 사람들은 **성서주의자**(biblicist)라고 부르기도 했다. 그러나 쿨만은 신약 성서 신학을 어떤 신학 학파나 철학 학파에 의해 영향을 받기보다 성서 중심으로 나아가고자 하였다. 쿨만이 종교사학파나 실존철학을 경계한 것은 그런 이유 때문이었다. 슐라이어마허나 불트만은 항상 그의 공격 대상이었던 이유를 이해할 만하다. 그의 언어학적-역사적 연구 방법은 **순수하게 과학적인** 방법론으로서 성서 주석에 기초한 방법론이었다.

셋째로, 쿨만은 교회를 중요시하였다. 신학은 교회에 봉사하는 학문이라는 생각을 보여주었다. 쿨만은 신학자가 개인적인 기독교 신앙을 가지고 있지 못하면, 학문의 결과가 사뭇 달라질 수 있다는 것을 스스로 증명해 준 셈이다. 똑같이 양식 비평을 연구하였으면서도 불트만 학파가 역사적 예수로부터 멀어지는 결과를 낳은 것과 달리, 쿨만은 이를 통해 역사적 예수와 기독교 복음의 원시적 형태에 더 가까이 갈 수 있다고 생각하였던 것이다. 쿨만은 "우리가 예수 그리스도의 자신의 아들됨에 대한 증거를 믿음으로 받아들임으로써, 그리고 그리스도의 거룩한 뜻을 행함으로써 우리 스스로 그의 아들이 될 때에만 비로소, 우리는 예수 그리스도가 '하나님의 아들'임을 알 수 있다"고 말한 바 있다. 쿨만은 개신교와 가톨릭의 대화와 협력에도 실제적인 관심을 기울였는데, 이 역시 전체 교회를 생각하는 실천적인 모습을 보여준 것이다. 오스카 쿨만의 이러한 신학적 공헌은 신학적 학문이 사변적인 면에 치우치기 쉬운 풍토를 바꾸어 나가는 데 계속적으로 영향을 미치게 되기를 희망한다.

부 록

부 록

① 오스카 쿨만의 주요 논문 및 저서 목록

"Les recéntes études sur la formation de la tradition evangelique." *Revue d'histoire et de philasophie religieuses* 5 (1925), 459-477, 564-579.

"Les problèmes posés par la méthode exégétique de l'ecole de Karl Barth." *Revue dihistoire et de philasophie religieuses* 8 (1928), 70-83.

Le problème littéraire et historique du roman pseudo-clémentin. Étude sur le rapport entre le gnosticisme et le judéochristianisme, Études d'histoire et de philosophie religieuses, 23. Paris, 1930.

"La signification de la Sainte Céne dans le christianisme primitif," *Revue d'histoire et de philosophie religieuses* 16 (1936), 1-22 ("The meaning of the Lord's Supper in Primitive Christianity," *Essays on the Lord's Supper*, Ecumenical Studies in Worship, I. Richimond, 1958).

"Le caractère eschatologique du devoir missionaire." *Revue d'histoire et de philasophie religieuses* 16 (1936), 210-245.
"Les traces d'une vieille formule baptismale danes de Nouveau Testament," *Revue d'histoire et de philosophie religieuses* 17 (1937), 424-434.
"Le pensée eschatologique d'après un livre recent." *Revue d'histoire et de philasophie religieuses* 18 (1938), 347-355.
"Quand viendra le royaume de Dieu?" *Revue d'histoire et de philasophie religieuses* 18 (1938) 174-186.
"Königsherrschaft Christi und Kirche im Neuen Testament," *Theologische Studien* 10. Zollikon-Zürich, 1941 ("The Kingship of Christ and the Church in the New Testament," trans. by S. Godman, in *The Early Church*. Philadelphia, 1956).
"Eschatologie und Mission im Neuen Testament," *Evangelisches Missionsmagazin* 85 (1941), 98-108. ("Eschatology and Missions in the New Testament," trans. by O. Wyon in *The Background of the New Testament and its Eschatology*, Studies in honor of C. H. Dodd. Cambridge, 1956).
"Les origines des premières confessions de foi," *Revue d'histoire et de philosophie religieuses* 21 (1941), 77-110.
"La signification du baptême dans le Nouveau Testament," *Revue de théologie et de philosophie* 30 (1942), 121-134.
Les premières confessions de foi chrétiennes, Cahiers de la Revue d'histoire et de philosophie religieuses 30 (1943). Paris, 1948. (*The Earliest Christian Confessions*, trans. by J. K. S. Reid. London, 1949).
"The Plurality of the Gospels as a Theological Problem in Antiquity" (1945), trans. by S. Godman, in *The Early Church*. Philadelphia, 1956.
Christ and Time, The Primitive Christian Conception of Time and

History (1946), trans. by Floyd V. Filson. London, Philadelphia, 1951, 1964). 『그리스도와 시간』 김근수 역. 서울: 도서출판 나단, 1987. (채위 역, 세계기독교사상전집 11, 신태양사, 1975).

Weinachten in der alten Kirche. Basel, 1947 ("The Origin of Christmas," trans. by A. J. B. Higgins, in *The Early Church*. Philadelphia, 1956. "고대 교회의 성탄절," 윤성범 초역. 『기독교사상』 5호. 1957, 12).

Baptism in the New Testament (1948), trans. by J. K. S. Ried, *Studies in Biblical Theology*, I. London, 1950, 1951, 1952, 1954, 1956.

Early Christian Worship (1950), trans. by A. Stewart Todd and James B. Torrance. Philadelphia: Westminster, 1953. 『원시 기독교 예배』 이선희 역. 현대신서 134. 서울: 대한기독교서회, 1984.

"'Kyrios' as Designation for the Oral Tradition concerning Jesus," *Scottish Journal of Theology* 3 (1950) 180-197.

Peter: Disciple-Apostle-Martyr. A Historical and Theological Study (1952), trans. by Floyd Filson. London: SCM Press, 1953.

The Early Church. Ed. A. J. B. Higgins. Trans. A. J. B. Higgins and Samuel Godman. Philadelphia: Westminster, 1953.

"Rudolf Bultmann's Concept of Myth and the New Testament." *Concordia Theological Monthly* 27 (1956), 13-24.

"The Significance of the Qumran Texts for Research into the Beginnings of Christianity," *Journal of Biblical Literature* 74 (1955) 133-141.

The State in the New Testament (1956), trans. by F. V. Filson. New York: Charles Scribner's Sons, 1962. 『국가와 하나님의 나라』 민종기 역. 서울: 여수룬, 1999.

"Immortality of the Soul or Resurrection of the Dead? The Witness of the New Testament" (Ingersoll Lectures 1955), *Harvard Divinity School Bulletin* 53 (1955-1956) 19; 5-36. "영혼 불멸인가, 죽은 자의 부활인가?" 『영혼 불멸과 죽은 자의 부활』 복음주의신학총서 제 5권 (대한기독교서회, 1965) 12-47.

"The Meaning of the Lord's Supper in Primitivity." *Essays on Lord's Supper*. Trans. by J. G. Davies. Atlanta: John Knox Press, 1958, 5-23.

A Message to Catholics and Protestants (1958), trans. by J. Burgess. Grand Rapids, 1959.

"A New Approach to the Interpretation of the Fourth Gospel" (1958), *Expository Times* 71 (1959) 8-11 (Oct.); 39-42 (Nov.).

The Christology of the New Testament. Philadelphia: Westminster, 1959. (Second edition. Trans. by Shirley C. Guthrie and Charles A. M. Hall, 1963). 『신약의 기독론』 김근수 역. 서울: 도서출판 나단, 1988.

"Autobiographical Sketch." Trans. Terence N. Tyce. *Scottish Journal of Theology* 14/3 (1961) 228-233.

"Out-of-Season Remarks on the 'Historical Jesus' of the Bultmann School" (1960), trans. by J. L. Martyn. *Union Seminary Quarterly Review* 16 (1961) 131-148.

"Reply to Catholic Critics." Trans. Robert P. Meye. *Scottish Journal Theology* 15 (1962), 36-43.

Heil as Geschichte. Tübingen: J. C. B. Mohr/Paul Siebeck, 1965.

"Andacht zur Eröffnung der S. N. T. S. am 30. August 1965 in Heidelberg." *New Testament Studies* XII (1965-66), 140-144

Vorträge und Aufsätze 1925-1962. Ed. Karlfried Froehlich. Zurich: Zwingli Verlag, 1966.

Salvation in History. Trans. Sidney Sowers. New York: Harper & Row, 1967. 『구원의 역사』 김광식 역. 서울: 대한기독교출판사,

1978.

The New Testament: An Introduction for the General Reader. Trans. Dennis Pardee. Philadelphia: Westminster, 1968. 『신약성서입문』 강성위 역. 삼성문화문고 시리즈 126 권. 서울: 삼성미술문화재단, 1979.

"The Relevance of Redemptive History." Trans. John Hare. *Soli Deo Gloria: New Testament Essays in Honor of William Childs Robinson.* Ed. J. McDowell Richards. Richmond: John Knox Press, 1969, 9-22.

"Primal Events, End Events, and Redemptive History." Trans. J. Louis Martyn. *The Old Testament and Christian Faith.* Ed. Bernard W. Anderson. New York: Herder & Herder, 1969, 115-123.

Jesus and the Revolutionaries. Trans. Gareth Putnam. New York: Harper & Row, 1970. "예수와 그 시대의 혁명가들." 황성규 역. 『신학사상』 제 11집 (768-799).

The Johannine Circle. Trans. John Bowden. Philadelphia: Westminster, 1976.

오스카 쿨만에 관한 주요 참고도서 및 논문 목록

Ambrosiano, A. *L'Eucaristia nell'esegesi di Oscar Cullmann*, 1956.

Arrieta, J. S. *La Iglesia del Intervalo: Aspecto Escatologico Del Tiempo De La Iglesia En Oscar Cullmann*, 1959.

Benoît, Pierre. Book Review of Oscar Cullmann's *La Tradition. Revue Biblique* 62 (1955) 258-264.

Bini, L. *L'intervento di Oscar Cullmann nella discussione Bultmanniana*, 1961.

Bouttier, M., "L'oeuvre d'Oscar Cullmann," *Foi et Vie*, 44 (1946), 819-831.

Dorman, Theodore M. *The Hermeneutics of Oscar Cullmann* (San Francisco: Mellen Research University Press, 1991).

Frisque, J. *Oscar Cullmann. Une theologie de l'histoire du salut*. 1960.

Froelich, Karlfried. "Die Mitte des Neuen Testaments. Oscar Cullmanns Beitrag zur Theologie der Gegenwart." *Oikonomia: Heilsgeschichte als Thema der Theologie. Festschrift für Oscar Cullmann*. Ed. Felix Christ. Hamburg: Herbert Reich Verlag, 1967, pp. 201-213.

Harsveld, E. "The Theology of Oscar Cullmann" (unpublished thesis, Union Theological Seminary, New York), 1956.

Hermesmann, Hans-Georg. *Zeit und Heil. Oscar Cullmanns Theologie der Heilsgeschichte* (Paderborn: Verlag Bonifacius-Drückerei, 1979).

Schlaudraff, Karl-Heinz., "Heil als Geschichte"? *Die Frage nach dem heilsgeschichtlichen Denken, dargestellt anhand der Konzeption Oscar Cullmanns* (Tübingen: J. C. B. Mohr [Paul Siebeck], 1988).

Steck, K. G., "Die Idee der Heilsgeshichte. Hofmann-Schlatter-Cullmann," *Theologische Studien* 56 (1959).

Szabo, A. *Oscar Cullmann theologiai Munkassaga* (1925-1955). Dissertation, 1955.

Wallace, David H., "Oscar Cullmann," in *Creative Minds in Contemporary Theology* (Philip E. Hughes, ed. 2nd edition. Grand Rapids: Eerdmans, 1969) 163-202.

김관석, "오스카 쿨만의 기독론," 『기독교사상』 5권 11호 (1961년 11월호) 12-16.

김광식, "구속사 신학자 오스카 쿨만," 『기독교사상』 20권 1호 (1976년 1월호) 75-82.
김영한, "쿨만의 구속사 신학과 판넨베르크의 보편사 신학 (I)," 『신학사상』 30호 (1980) 578 ff.
김영한, "쿨만의 구속사 신학과 판넨베르크의 보편사 신학 (II)," 『신학사상』 31호 (1980) 769-790.
박봉랑, "오스카 쿨만에 있어서 교회와 국가," 『신학연구』 21 집 (1979) 117-160.
정일선, "쿨만의 구속사관과 그 문제점-그리스도와 시간을 근거로," 『기독교사상』 13권 9호 (1969년 9월호) 112-122.
황성규, "불트만과 쿨만의 종말론 비교 연구," 『신학연구』 12집 (1971) 59-80.

오스카 쿨만

구속사 신학의 주창자

2015년 8월 25일 인쇄
2015년 9월 1일 발행

저 자 • 이 달
발행자 • 김 형 태
발행처 • 한남대학교 출판부(글누리)
대전광역시 대덕구 한남로 70
전화 • (042) 629-7722, 7536
인쇄처 • 도서출판 이 화
전화 • (042) 255-9707~8

ISBN 978-89-7066-361-6 93230

〈정가 13,000원〉